Julius Levin
Johann Sebastian Bach. Biographie

SEVERUS Verlag

Levin, Julius: Johann Sebastian Bach. Biographie. 2024

Neuauflage der Ausgabe von 1930
ISBN: 978-3-86347-795-0

Umschlaggestaltung: SEVERUS Verlag

Bibliografische Information der Deutschen Nationalbibliothek: Die Deutsche Nationalbibliothek verzeichnet diese Publikation in der Deutschen Nationalbibliografie; detaillierte bibliografische Daten sind im Internet über https://dnb.de abrufbar.

Der Verlag behält sich das Text- und Data-Mining nach § 44b UrhG vor, was hiermit Dritten ohne Zustimmung des Verlages untersagt ist.

Der SEVERUS Verlag ist ein Imprint der Bedey & Thoms Media GmbH,
Hermannstal 119k, D – 22119 Hamburg
E-Mail: kontakt@bedey-media.de

SEVERUS Verlag, 2024
http://www.severus-verlag.de
Gedruckt in Deutschland
Der SEVERUS Verlag übernimmt keine juristische Verantwortung oder irgendeine Haftung für evtl. fehlerhafte Angaben und deren Folgen.

Julius Levin

Johann Sebastian Bach
Biographie

JOHANN SEBASTIAN BACH

VON

JULIUS LEVIN

★

MIT NOTEN-,
HANDSCHRIFTPROBEN UND
14 ILLUSTRATIONEN

★

IN VEREHRUNGSVOLLEM GEDENKEN
AN
ROBERT VON MENDELSSOHN

★

Vorrede

Es gibt Künstler, die nur in Ausübung ihrer Kunst denkbar sind. Man könnte diese Künstler nach einem der medizinischen Wissenschaft entlehnten Begriff „spezifisch" nennen. Reizt man den Sehnerv, sei es durch Licht, sei es durch einen elektrischen Strom, so antwortet er ausschließlich durch die Erweckung von Lichtvorstellungen im Gehirn, der Hörnerv nur durch Vorstellung von Tönen oder Geräuschen. Diesen Nerven erkennt man „spezifische Energien" zu. Unter einem „spezifischen" Künstler hat man danach einen solchen zu verstehen, der auf jeden Reiz nur eine seiner Kunst entsprechende Antwort gibt.

Ob etwa Michelangelo nicht ein ebenso bedeutender Dichter geworden wäre, wenn er mit Poesie sich fortlaufend abgegeben hätte, wie er Bildhauer, Maler, Architekt und Ingenieur gewesen ist, ob Lionardo da Vinci nicht ein ebenso großer Musiker hätte werden können, wenn er gewollt hätte, wie er Maler, Architekt, Bildhauer, Wissenschaftler war, kann Gegenstand der Erörterung bleiben nach dem, was uns von Michelangelos Dichtung übriggeblieben ist, und von Lionardos Improvisationen und Lautenspiel berichtet wird. Aber daß etwa Händel, Beethoven, Mozart oder Gluck in einer anderen Kunst als der ihrigen zu der Höhe, auf der wir sie sehen, hätten aufsteigen können, hält niemand, und dies mit Recht, für möglich.

Was von Händel, Beethoven, Mozart und Gluck gilt, das gilt von Johann Sebastian Bach ganz besonders. Die Unmöglichkeit, sich Bach als Vertreter noch einer anderen Kunst als der Musik zu denken, liegt in der Größe und Einzigkeit seiner musikalischen Persönlichkeit begründet. Er ist der Vertreter — man darf sagen — aller Richtungen, die vor ihm gewesen und nach ihm gekommen sind, zugleich. Er hat in sich alles bis zu ihm Dagewesene zur höchsten Vollendung gebracht und alles nach ihm Gekommene, selbst das Seltsamste, vorausgesehen und in seiner Weise ausgesprochen. Je mehr sich die Kenntnis seiner Werke verbreitet, die noch keineswegs so durchgedrungen ist, wie man annehmen sollte, desto klarer zeichnet sich das Bild seines einzigartigen, in keiner Kunst wiederzufindenden Genies.

Dieses Genie spricht sich als unvergleichlich nicht durch die Masse seiner Werke aus, obwohl auch diese bei Bach so ungeheuerlich ist, daß in dieser Beziehung nur wenige Großmeister mit ihm verglichen werden können. Dabei fehlt uns nachweislich ein großer Teil seines Werks. Er hat z. B. fünf Jahrgänge Kantaten für alle Sonntage geschrieben, das heißt 266 Kantaten. Wir besitzen von ihnen aber nur zwei Drittel. Von seinen Passionsmusiken zu den vier Evangelisten besitzen wir nur zwei, die zum Evangelium des Matthäus und des Johannes. Noch bis in die jüngste Zeit hat man Werke Bachs neu entdeckt, und es liegen triftige Gründe für die Vermutung vor, daß noch eine Anzahl ans Tageslicht kommt.

Aber, wie angedeutet, hinsichtlich der „Masse" des „Werks" hat Bach ernstliche Nebenbuhler. Man denke an Händel, Palestrina, Heinrich Schuetz, Johann Philipp Krieger, der Händel und Bach ernstlichst beeinflußt hat, und dem neben seiner Kammer- und Bühnenmusik zweitausend geistliche Kompositionen zugeschrieben werden! Man denke an Mozart, den so jung von seinem Werke Abberufenen, an Haydn, an Beethoven, an Schubert, den mitten aus dem Schaffen Herausgerissenen, an Richard Wagner! Und doch ist Bach der Meister, der sie alle überragt.

Die Erklärung seiner Hauptwerke der verschiedensten Art wird Gelegenheit geben, diese Behauptung zu beweisen. Und man wird dann merken, daß Bach nicht nur der größte deutsche Musiker, sondern eigentlich der größte aller deutschen Kunstgeister ist. Denn er ist der größte Vertreter der spezifisch deutschen Kunst. Und dies ist die Musik!

Die Musik ist nicht deshalb die spezifisch deutsche Kunst, weil sich die deutsche Musik zur bedeutendsten der Welt entwickelt hat. Sie ist es infolge der Schicksale des deutschen Volks. Die deutsche Musik ist in ihrer Bedeutung hinausgehoben über alle anderen durch die Genies, die in ihr gewirkt haben. Sie wurde es auch über ihre Vorbilder, die italienische und französische.

Es ist sehr interessant und lehrreich, darüber nachzudenken und die Auffindung der Gründe zu versuchen, aus denen die deutsche Musik, die letzte auf dem Plane der damaligen Kulturländer, sich zu einer Höhe entwickeln konnte und mußte, deren etwa die italienische bildende Kunst des fünfzehnten, sechzehnten und siebzehnten oder die niederländische des siebzehnten Jahrhunderts sich rühmen darf. Sicherlich hat die Musik in Deutschland als einzige aller Künste die Aufgabe gelöst, die ständige Entwicklung aus der Überlieferung heraus fortzusetzen. Die übrige geistige Bedeutung und Größe Deutschlands, das ja doch immer nur ein Begriff und keine Wirklichkeit war, wird durch diese Feststellung nicht angetastet. Deutschland ist ja auch, obwohl hundert Jahre später als Frankreich, doch mit einer vollgültigen, ja, soweit die gebundene Rede in Betracht kommt, weit überlegenen Poesie aufgetreten. Aber es bedurfte des ein Jahrhundert der Entwickelung überschlagenden Genies eines Goethe, um wieder die Möglichkeit einer Überlieferung zu schaffen, nachdem sie durch das französierende siebzehnte und achtzehnte Jahrhundert abgebrochen war. Unleugbar ist Goethe Schüler der Franzosen, und es ist fast eine Ironie des Schicksals, daß derselbe französische Geist, der in Architektur, Malerei, Bildhauerei und Kunstgewerbe Deutschland unterjocht hatte, richtig verwandt, dazu dienen mußte, der deutschen Sprache und Poesie zu einem Aufschwunge zu verhelfen, wie seiner nur wenige Sprachen sich zu rühmen vermögen. Aber damit ist die Tatsache nicht aus der Welt geschafft, daß die deutsche Sprache und ihr Ausdruck in Poesie und Prosa ihre Überlieferung aufgegeben hatte. Setze man in den Schriften Luthers noch soviel auf den sogenannten Geist der Zeit, dessen Wirksamkeit nicht geleugnet werden kann: es bleibt in der Sprache Luthers soviel Gut, daß sein Nachwirken auch im siebzehnten Jahrhundert noch hätte fühlbar sein können und sogar müssen, falls es eben der damaligen deutschen Welt nicht an allem wahren Sprachgefühle gemangelt hätte.

Wie es der Poesie und Prosa ergangen war, war es auch allen anderen Künsten ergangen: mit alleiniger Ausnahme der Musik. Denn nur das deutsche Mittelalter hat seine Kunst zur Vollendung führen können. Es hatte viele Ziele, aber nur einen lenkenden Gedanken: die Bekennung und Verherrlichung des Glaubens, der um so stärker war, als niemand daran dachte, seine Grundlagen zu prüfen. Er wurde stellenweise als eine Fessel empfunden, doch der Gedanke, die Fessel abzustreifen, kam nur wenigen. Selbst diese wenigen aber wollten weniger die mit dem Glauben verbundene Kultur ändern oder gar zerstören, als aus ihrem eigenen Glauben heraus die Kultur zwar umgestalten, aber getreu der alten Methode. Geistliche und weltliche Gewalt handelten im Mittelalter vielfach gegeneinander, aber nicht für oder gegen ein Kulturideal. Dieses Kulturideal bestand in der Öffentlichkeit der Kunstwerke, der allgemeinen Zugänglichkeit alles dessen, was wenigstens bildende Kunst und Musik hervorbrachten.

Die Lage änderte sich von Grund aus, als das Bürgertum auftrat, seine Ansprüche erhob und als ein neues Element eine Kultur für sich zu schaffen versuchte und bald zur Vollendung führte. Jetzt gab es eine Kunst, die bewußt sich vom Volke trennte und deshalb zu ihm in Gegensatz treten mußte, um so mehr, als die nach ihr verlangende Gesellschaftsschicht sich vom Volke zu entfernen suchte. Hof und Geistlichkeit gaben nicht mehr ausschließlich den Ton an. Obwohl der Hof sich ebenfalls schon vom Volke und seinen künstlerischen Empfindungen und Bedürfnissen hart abgesetzt hatte, handelte es sich doch bei der Verwirklichung seiner Wünsche nicht um einen Gegensatz zu den Volksidealen, sondern um Gleichgültigkeit gegen sie.

Ganz anders verhielt sich die vom Bürgertum gezüchtete Kunst. Ihr genügte das Ideal des Volks, ein Kunstwerk solle allen genehm sein, grundsätzlich nicht. Das Bürgertum verlangte eine Kunst für den einzelnen.

Selbstverständlich hatte der Grundsatz, ein Kunstwerk für den einzelnen zu schaffen, in gewissen Grenzen immer Geltung gehabt, besonders in der Baukunst, die ja fast stets für den einzelnen geübt wurde. Aber beim Bauen handelte es sich nicht in erster Reihe um das Fertigen eines Kunstwerks, sondern eines Nutzgegenstandes, an dessen Zustandebringen sich die Kunst nur beteiligte.

Die Beteiligung der Kunst, die beim Bauen für das Bürgertum selbstverständlich war, wurde nun immer mehr erweitert. Es wurden nicht nur künstlerisch behandelte Nutzgegenstände hervorgebracht, sondern Gegenstände des Luxus, die einem Gebrauchszwecke gar nicht mehr dienten, höchstens dann und wann in Gebrauch genommen wurden, die aber im wesentlichen den Zweck hatten, betrachtet zu werden und das Gefühl der Freude über Besitz und Wohlstand zu erwecken.

Die Renaissance brachte eine großartige geistige und künstlerische Bewegung, aber diese mußte bald erstarren und sterben, da durch die Reformation das geistige Interesse auf die Religion geleitet und bei ihr schließlich so festgehalten wurde, daß die Kunst zwar nicht völlig vernachlässigt wurde, aber doch schon bei einem Teile des Volks in die zweite Linie rückte, wenn sie nicht zum Teil sogar — man denke an den Bildersturm! — offenbarer Feindseligkeit begegnete. Dem großartigen Beginne folgte keine Vollendung. Die Religionskriege, die bald ausbrachen, waren zwar nicht sofort von verderblichstem Einflusse, aber in ihrer notwendigerweise zerstörenden Wirkung bedeuteten sie den Anfang vom Ende. Denn sie untergruben den für eine Luxuskunst unumgänglichen Wohlstand, bis er durch den Dreißigjährigen Krieg vollkommen zerstört wurde. Was die großen Meister des sechzehnten Jahrhunderts geplant hatten, wurde abgeknickt und hat sich als rein deutsches Gewächs nie wieder hergestellt. Italien, England und besonders Frankreich seit den Tagen Ludwigs XIV. haben Deutschland zwar befruchtet, aber zugleich auch es gehindert, die Eigenart, die es bis zur Mitte des sechzehnten Jahrhunderts entfaltet hatte, wiederzugewinnen.

Neben der Kunst des Stoffes gibt es eine stofflose Kunst, neben der bildenden die redende.

Diese ist zwar nicht vor allem die Kunst der Armen und Elenden, aber sie ist vom Wohlstande, ja von der sogenannten Kunstfertigkeit unabhängig. Der Rede ist ein jeder mächtig, der etwas zu sagen hat, und auch singen kann auf seine Art jeder.

Die politischen und wirtschaftlichen Verhältnisse nach dem Dreißigjährigen Kriege, die so schlimme Folgen für die auf sozusagen stofflicher Grundlage sich aufbauenden Künste hatten, waren vielleicht die geeignetsten, um den Boden für ein großartiges Musikgefühl zu schaffen.

Die Not und die Trauer, die die Menschen beherrschten, waren die stärksten Kräfte zur Anregung musikalischer Äußerungen und ihrer Vertiefung. Es hat fast den Anschein, als ob alle Fähigkeiten für die Ausübung und Ausbildung der Kunst überhaupt sich auf die Musik konzentrierten, um unter ihrem Banner Schutz und Betätigungsmöglichkeit zu suchen.

Die Bedeutung der Musik, wie sie seit dem sechzehnten Jahrhundert zunächst bis zum Auftreten Sebastian Bachs in Deutschland blühte, ist mehr geahnt als gekannt. Zwar haben die begeisterten Bemühungen der Musikgelehrten reiche Schätze zutage gefördert, aber noch viel liegt verborgen. Und wieviel ist verloren! Der Trost, mit dem die den Verlust Beklagenden abgespeist werden, nämlich daß das Beste trotz der Zerstörungswut der Zeit erhalten ist, ist nur mager und überdies unrichtiger Auffassung entsprungen. Denn, um bei Bach zu bleiben: wer gibt uns das verlorene Fünftel seiner fünf Jahrgänge Kirchenkantaten wieder? Es wird niemand behaupten wollen, daß die verlorenen weniger Genie enthielten, als uns aus den erhaltenen fast Takt für Takt entgegenstrahlt? Und wo sind die Kräfte und Mittel, um sich der Aufführung alter edler Musik zu widmen und sie in würdiger Wiedergabe lebendig zu machen? Was wird dem Publikum aus den Werken Händels nahegebracht? Was weiß es von Schuetz, Prätorius, Schein, Scheidt, Weckmann? Und selbst von Johann Sebastian Bach?

Soviel ist sicher, daß die deutsche Musik Leistungen aufwies, wie kaum eine andere, obwohl sie eigentlich spät auf dem Plane erschien und in der niederländischen, italienischen und französischen Rivalinnen hatte, deren Überflügelung nur dadurch möglich war, daß sie von ihnen lernte. Die Tatsache, daß die deutsche Musik seit dem Auftreten Händels und Bachs die großartigste der Welt geworden ist, darf nicht zur Überheblichkeit Anlaß geben, sondern sollte vielmehr zur Dankbarkeit gegen die Meister und Schulen ermahnen, aus deren Kraft und Bedeutung eine höhere Kraft und Bedeutung der deutschen Musik sich fort und fort entwickeln konnte. Gerade Johann Sebastian Bach, auf dessen unvergleichliche Größe von gewissen künstlerischen Nationalisten mit mehr Ausdauer als Verständnis hingewiesen wird, ist, wie wir bei der Besprechung seiner Übungsmethode sehen werden, das lebendige Beispiel dafür, wie gerade der größte der deutschen Großmeister sich mit allem Vortrefflichen anderer Schulen aufs genaueste bekannt machte, sich aufs eingehendste beschäftigte, um sich das, was für seine Fortbildung, für die Klärung und Befestigung seiner Methode von Nutzen zu sein versprach, anzueignen und damit die Fundamente zu erweitern und zu befestigen, auf denen sein unvergleichliches Genie sein Werk sicher aufbauen konnte.

Es ist eine müßige Frage, welches Volk das musikalischste von allen ist. Denn unter „musikalisch" kann man ganz Verschiedenes verstehen. Aber sicher ist, daß das deutsche Volk das musikalischste ist, wenn man darunter die Gemeinschaft versteht, die in der Musik das Architektonische, das Form und Inhalt in gleicher Weise Berücksichtigende am tiefsten begriffen hat. Selbstverständlich ist das deutsche Volk nicht das einzige, dem ein tiefes Begreifen dieser Eigenschaft der Musik gegeben ist. Eine Motette von Palestrina, von Orlandus Lassus oder einem anderen Großmeister läßt dieses Begreifen nicht minder erkennen, als etwa ein großes deutsches Werk. Aber die deutsche Musik hatte einen eigenen Instinkt für Möglichkeiten, die den Musikkulturen anderer Länder fremd blieben.

Die Fähigkeit dazu ist gewiß angeboren. Im Verlaufe langer Geschlechter hat sich eine Kraft entwickelt und auf einen Punkt gewirkt und schon vorhandene Kräfte so umgebildet, daß sie mit der Zeit als Gabe des Geschlechts weiter vererbt werden konnten. Diese Kraft war das Elend, das über Deutschland niederfuhr, sobald der

Humanismus beseitigt und an seine Stelle der Religionsstreit mit allen seinen furchtbaren Folgen getreten war: die Zersplitterung der deutschen Volksseele, die Feindschaft aller gegen alle. Denn nicht nur bekämpften Reformation und Katholizismus einander, sondern es waren auch innerhalb der Reformation, auf verschiedene Grundsätze dogmatischer Natur hin, Sekten („besser papistisch als calvinistisch") entstanden, die einander befehdeten. Diese Zersplitterung und Feindschaft, die auch das materielle Gut zerstörten, waren es, die den Menschen auf den Tod und das Jenseits hinwiesen, und so wurde das „Wort" und der Ton, nach dem es schließlich verlangte, der seelische Hort derjenigen, welche, von allen materiellen Gütern ausgeschlossen, einen Ersatz für den Verlust alles Leiblichen im Seelischen suchen mußten. Sie fanden diesen Ersatz, der wirklich einer war, um so leichter, als auch die Kirche sich ihrer alten Rolle als Hüterin der Künste erinnerte und sie, soweit es ihr materiell möglich war, ausfüllte. So wurde dem Volke die Musik, an deren Schöpfung, an deren erster Materialisierung es den ersten, hauptsächlichsten Anteil hatte, aus der einfachen Form, die es ihr zu geben imstande war, in einer oft überraschenden Abwandlung wieder zugeführt. Dem Liede, das es gestern auf der Landstraße gesungen hatte, begegnete es in der Kirche, die einen neuen Text untergelegt hatte und die Melodie zum Ausgangspunkte künstlerischer Bearbeitung nahm, die selbst wieder dem Volke die Notwendigkeit zu folgen auferlegte und Neues zu ersinnen anregte.

Auf die Kunstmusik wirkten natürlich vor allem die fremden Vorbilder. Der Kunstgesang wurde von Italien, Frankreich und Spanien angeregt, und auch das später so besonders eigenartig und mächtig auftretende Orgelspiel erhielt den wahren Antrieb vom Süden und Westen her. Die großen nordischen Meister sind, bei aller ihrer großen Bedeutung, ja Genialität, wie derjenigen Buxtehudes, doch zunächst von außen her befruchtete Geister, die aber verstanden, das Übernommene eigenartig, so eigenartig umzugestalten, daß Sebastian Bach, der gewiß der größte Orgelmeister aller Zeiten wurde, bei der Frage, wem er sich anschließen sollte, nicht schwankte und, anstatt nach Süden, etwa München zu gehen, wie die meisten getan hätten, nach Hamburg und Lübeck ging, um Lehren und Anregungen zu empfangen, die ihm der Süden damals nicht geben konnte. Ist nun die deutsche musikalische Kunst den ausländischen dafür verpflichtet, daß sie sich zur größten der Welt hat entwickeln können, so ist andererseits immer zu betonen, daß eben das traurige, auf Selbstbetrachtung, Entsagung, Beseelung hinweisende Schicksal des deutschen Volks, verbunden mit seiner Eigenart, dieses Ergebnis gezeitigt hat. Die großen Genies von überragender Bedeutung, wie Georg Friedrich Händel und Johann Sebastian Bach, krönten endlich die deutsche Musik und zogen aus ihr Konsequenzen, vor denen die Vertreter der Kunst der anderen Länder sofort voll Staunen und Bewunderung standen. Freilich hat Händel dieses Staunen und diese Bewunderung schneller hervorrufen können als Sebastian Bach, der dem Auslande erst spät bekannt wurde, da er es niemals aufgesucht hat, während Händel schon in jungen Jahren das musikalische Italien an Ort und Stelle zu einem bald zugunsten des „Sassone" entschiedenen Zweikampfe herausforderte. Bach war die heimischere, heimlichere, in sich verschlossenere Natur, die aufgesucht werden mußte und denn auch leicht verlorenging, besonders als durch Bachs eigenen Sohn Philipp Emanuel die entscheidende Bewegung auf den sogenannten eleganten Stil hin gemacht worden war, eine Bewegung, der Dittersdorf, Haydn, Mozart, Beethoven und alle, die von ihnen abhängen, folgten. Im Grunde bedeutet aber auch dieser elegante Stil keinen Gegensatz zu Sebastian Bach. Sind doch in ihm alle Stile, die nach ihm gekommen sind, alle Darstellungsmethoden, deren man sich später bedient hat, in irgendeiner Vorahnung zu finden! Ja, Bachs Einfluß erstreckt sich noch viel weiter; es gibt bis in die Modernsten hinein keinen Musiker, der sich nicht mit irgendeinem und — wohlgemerkt — schwer abzustreitendem Rechte auf ihn beruft. Der zuletzt verstorbene deutsche Musiker von internationaler Bedeutung, Ferruccio Busoni, der die Tonleiter bis in Sechsteltöne zu zerlegen vorschlug, suchte mit seinem besten Werke, der kontrapunktistischen Phantasie, bewußt, das von Sebastian Bach unvollendet hinterlassene Werk „Die Kunst der Fuge" fortzusetzen.

Begleitete die Musik das deutsche Volk, bevor es eine wahre Schriftsprache zu bilden imstande gewesen war, als sein eigentliches Ausdrucksmittel, wurde sie von ebenso großen wie bescheidenen Meistern auf verschiedenste Art geübt und gebildet, so raffte Händel alles, besonders was von Italien gekommen war, in seiner Weise zusammen und gab ihm charakteristische deutsche Züge entsprechend seinem Genie und seiner unerhörten Souveränität, wie etwa Rubens es für die flämische Malerei tat. Bach aber wurde für die deutsche Musik, was Rembrandt für die holländische Malerei wurde, der Verkünder einer Kunst, die ebenfalls ihr Volk charakterisiert wie keine seiner anderen seelischen Betätigungen, von Anfang her bis auf den heutigen Tag.

Joh. Seb. Bach

Joh. Ambrosius Bach

Johann Sebastian Bachs Leben

Über Johann Sebastian Bachs Lebensumstände gibt der „Nekrolog" auf den großen Meister besonders beachtenswerte Auskunft. Er ist in L. Chr. Mizlers „Musicalischer Bibliothek", Bd. IV, Teil 1 erschienen. Da die genannte Zeitschrift überhaupt wenig verbreitet war, und der IV. Band als Ganzes nicht mehr erschienen ist, ist er lange ziemlich unbekannt geblieben.

Der Nekrolog lautet wörtlich folgendermaßen:

Der dritte und letzte ist der im Orgelspielen Weltberühmte Hoch Edle Herr Johann Sebastian Bach, Königlich-Pohlnischer und Churfürstlich Sächsischer Hofcompositeur, und Musikdirektor in Leipzig.

Johann Sebastian Bach, gehöret zu einem Geschlechte, welchem Liebe und Geschicklichkeit zur Musik, gleichsam als ein allgemeines Geschenck, für alle seine Mitglieder, von der Natur mitgetheilet zu seyn scheinen. So viel ist gewiss, dass von Veit Bachen, dem Stammvater dieses Geschlechts, an, alle seine Nachkommen, nun schon bis ins siebende Glied, der Musik ergeben gewesen, auch alle, nur etwan ein Paar davon ausgenommen, Profession davon gemacht haben. Dieser Veit, war im sechzehnten Jahrhunderte, wegen der Religion aus Ungarn vertrieben worden, und hatte sich nachher in Thüringen niedergelassen. Viele seiner Nachkommen haben auch in dieser Provinz, ihren Aufenthalt gefunden. Unter vielen vom Bachischen Geschlechte, welche sich in der praktischen Musik, auch in Verfertigung neuer musikalischer Instrumente hervor gethan haben, sind ausser unserm Johann Sebastian, sonderlich folgende, wegen ihrer Composition merkwürdig: 1) Heinrich Bach, ein im Jahr 1692 verstorbener Organist in Arnstadt: 2) und 3) dessen beyde Söhne: Johann Christoph, Hof- und Stadtorganist in Eisenach, welcher 1703 verstorben, und Johann Michael, Organist und Stadtschreiber im Amte Gehren, Johann Sebastians erster Schwiegervater: 4) Johann Ludewig Bach, Herzoglicher Meynungischer Capellmeister: 5) Johann Bernhard Bach, Kammermusikus und Organist in Eisenach, welcher 1749 in die Ewigkeit gegangen ist.

Von allen diesen hat man noch Arbeiten in Händen, welche von der Stärke ihrer Verfasser, sowohl in der Vocal- als Instrumentalcomposition hinlänglich zeugen. Besonders ist obiger Johann Christoph in Erfindung schöner Gedanken sowohl, als im Ausdrucke der Worte, stark gewesen. Er setzte, so viel es nämlich der damalige Geschmack erlaubte, sowohl galant und singend, als auch ungemein vollstimmig. Wegen des erstern Puncts kann eine, vor siebenzig und etlichen Jahren von ihm gesetzete Motete, in welcher er, außer andern artigen Einfällen, schon das Herz gehabt hat, die übermäßige Sexte zu gebrauchen, ein Zeugniss abgeben: wegen des zweyten Puncts aber, ist ein von ihm mit 22 obligaten Stimmen, ohne jedoch der reinsten Harmonie einigen Eintrag zu thun, gesetzetes Kirchenstück ebenso merkwürdig, als dieses, dass er, auf der Orgel, und dem Claviere, niemahls mit weniger als fünf nothwendigen Stimmen gespielet hat. Johann Bernhard hat viel schöne, nach dem Telemannischen Geschmacke eingerichtete Ouverturen gesetzet.

Es würde zu verwundern seyn, dass so brafe Männer, ausser ihrem Vaterlande so wenig bekannt worden; wenn man nicht bedächte, daß diese ehrlichen Thüringer mit ihrem Vaterlande und ihrem Stande so zufrieden waren, dass sie sich nicht einmal wagen wolten, weit ausser demselben ihrem Glücke nachzugehen. Sie zogen den Beyfall der Herren, in deren Gebiete sie gebohren waren, und einer Menge treuherziger Landsleute, die sie gegenwärtig hatten, andern noch ungewissen, mit Mühe und Kosten zu suchenden Loberhebungen, weniger, und noch dazu vielleicht neidischer Ausländer, mit Vergnügen, vor.

Indessen wird die Pflicht, die uns oblieget, das Andenken verdienter Männer zu erneuern, und zu befestigen, uns bey denen, welchen diese kleine Ausschweifung in die musikalische Geschichte des Bachischen Geschlechts, etwan zu weitläufig scheinen möchte, hinlänglich entschuldigen können. Wir kehren zu unserm Johann Sebastian zurück.

Er wurde im Jahre 1685 am 21. März, in Eisenach gebohren. Seine Eltern waren: Johann Ambrosius Bach, Hof- und Stadtmusikus daselbst; und Elisabeth gebohrne Lemmerhirtin, eines Rathsverwandten in Erfurth Tochter. Sein Vater hatte einen Zwillingsbruder mit Nahmen Johann Christoph, welcher Hof- und Stadtmusikus in Arnstadt war. Diese beyden Brüder, waren einander in allem, auch so gar was den Gesundheitszustand, und die Wissenschaft in der Musik betrift, so ähnlich, dass man sie, wenn sie beysammen waren, blos durch die Kleidung unterscheiden musste.

Johann Sebastian war noch nicht zehen Jahre alt, als er sich, seiner Eltern durch den Tod beraubet sahe. Er begab sich nach Ohrdruff zu seinem ältesten Bruder Johann Christoph, Organisten daselbst, und legte unter desselben Anführung den Grund zum Clavierspielen. Die Lust unsers kleinen Johann Sebastians zur Musik, war schon in diesem zarten Alter ungemein. In kurtzer Zeit hatte er alle Stücke, die ihm sein Bruder freywillig zum Lernen aufgegeben hatte, völlig in die Faust gebracht. Ein Buch voll Clavierstücke, von den damaligen berühmtesten Meistern, Frobergern, Kerlen, Pachelbeln aber, welches sein Bruder besass, wurde ihm, alles Bittens ohngeachtet, wer weis aus was für Ursachen, versaget. Sein Eifer immer weiter zu kommen, gab ihm also folgenden unschuldigen Betrug ein. Das Buch lag in einem blos mit Gitterthüren verschlossenen Schrancke. Er holte es also, weil er mit seinen kleinen Händen durch das Gitter langen, und das nur in Pappier geheftete Buch im Schranke zusammen rollen konnte, auf diese Art, des Nachts, wenn jedermann zu Bette war, heraus, und schrieb es, weil er auch nicht einmal eines Lichtes mächtig war, bey Mondenscheine, ab. Nach sechs Monaten, war diese musicalische Beute glücklich in seinen Händen. Er suchte sie sich, insgeheim mit ausnehmender Begierde zu Nutzen zu machen, als, zu seinem grössten Herzeleide, sein Bruder dessen inne wurde, und ihm seine mit so vieler Mühe verfertigte Abschrift ohne Barmherzigkeit, wegnahm. Ein Geiziger dem ein

Schiff, auf dem Wege nach Peru, mit hundert tausend Thalern untergegangen ist, mag uns einen lebhaften Begriff, von unsers kleinen Johann Sebastians Betrübniss, über diesen seinen Verlust, geben. Er bekam das Buch nicht eher als nach seines Bruders Absterben, wieder. Aber hat nicht eben diese Begierde in der Musik weiter zu kommen, und eben der, an das gedachte Buch, gewandte Fleiss, zufälliger Weise vielleicht den ersten Grund zu der Ursache seines eigenen Todes geben müssen? wie wir unten hören werden.

Johann Sebastian begab sich, nachdem sein Bruder gestorben war, in Gesellschaft eines seiner Schulcameraden, Namens Erdmann, welcher nunmehr, vor nicht gar langen Jahren, als Baron und Russisch-Kayserlicher Resident in Danzig, das zeitliche gesegnet hat, nach Lüneburg, auf das dasige Michaels-Gymnasium.

In Lüneburg wurde unser Bach, wegen seiner ungemein schönen Sopranstimme, wohl aufgenommen. Einige Zeit hernach liess sich einsmals, als er im Chore sang, wider sein Wissen und Willen, bey den Soprantönen, die er auszuführen hatte, auch zu gleicher Zeit die Octave tiefer mit hören. Diese ganz neue Art von einer Stimme behielt er acht Tage lang: binnen welcher Zeit er nicht anders als in Octaven singen und reden konnte. Hierauf verlohr er die Töne des Soprans, und zugleich seine schöne Stimme.

Von Lüneburg reisete er zuweilen nach Hamburg, um den damals berühmten Organisten an der Catharinenkirche Johann Adam Reinken zu hören. Auch hatte er von hier aus Gelegenheit, sich durch öftere Anhörung einer damals berühmten Capelle, welche der Hertzog von Celle unterhielt, und die mehrenteils aus Frantzosen bestand, im Frantzösischen Geschmacke, welcher, in dasigen Landen zu der Zeit was ganz Neues war, fest zu setzen.

Im Jahre 1703 kam er nach Weymar, und wurde daselbst Hofmusikus. Das Jahr drauf erhielt er den Organistendienst an der neuen Kirche in Arnstadt. Hier zeigte er eigentlich die ersten Früchte seines Fleisses in der Kunst des Orgelspielens, und in der Composition, welche er grösstentheils nur durch das Betrachten der Wercke der damaligen berühmten und gründlichen Componisten und angewandtes eigenes Nachsinnen erlernet hatte. In der Orgelkunst nahm er sich Bruhnsens, Reinkens, Buxtehudens und einiger guter französischer Organisten ihre Werke zu Mustern. Hier in Arnstadt bewog ihn einsmals ein besonderer starker Trieb, den er hatte, so viel von guten Organisten, als ihm möglich war, zu hören, daß er, und zwar zu Fusse, eine Reise nach Lübek antrat, um den dasigen berühmten Organisten an der Marienkirche, Diedrich Buxtehuden, zu behorchen. Er hielt sich daselbst nicht ohne Nutzen, fast ein vierteljahr auf, und kehrete alsdenn wieder nach Arnstadt zurück.

Im Jahre 1707, wurde er zum Organisten an der S. Blasiuskirche in Mühlhausen berufen. Allein, diese Stadt konnte das Vergnügen nicht haben, ihn lange zu behalten. Denn eine im folgenden 1708 Jahre nach Weymar gethane Reise, und die daselbst gehabte Gelegenheit, sich vor dem damaligen Herzoge hören zu lassen, machte, dass man ihm die Kammer- und Hoforganistenstelle in Weymar antrug, von welcher er auch so gleich Besitz nahm. Das Wohlgefallen seiner gnädigen Herrschaft an seinem Spielen, feuerte ihn an, alles mögliche in der Kunst die Orgel zu handhaben, zu versuchen. Hier hat er auch die meisten seiner Orgelstücke gesetzet. Im Jahre 1714 wurde er an eben dem Hofe zum Concertmeister erkläret. Die mit dieser Stelle verbundenen Verrichtungen aber, bestunden damals hauptsächlich darinn, dass er Kirchenstücke componiren, und sie aufführen musste. In Weymar hat er nicht weniger verschiedene brafe Organisten gezogen; unter welchen Johann Caspar Vogler, sein zweyter Nachfolger daselbst, vorzüglich bemerket zu werden verdienet.

Nach Zachaus, Musikdirectors und Organistens an der Marcktkirche in Halle, Tode, erhielt unser Bach einen Beruf zu desselben Amte. Er reisete auch wirklich nach Halle, und führete daselbst sein Probestück auf. Allein, er fand Ursachen, diese Stelle auszuschlagen, welche darauf Kirchhof erhielt.

Das 1717. Jahr gab unserm schon so berühmten Bach eine neue Gelegenheit noch mehr Ehre einzulegen. Der in Frankreich berühmte Clavierspieler und Organist Marchand war nach Dressden gekommen, hatte sich vor dem Könige mit besonderm Beyfalle hören lassen, und war so glücklich, dass ihm Königliche Dienste mit einer starken Besoldung angeboten wurden. Der damahlige Concertmeister in Dressden, Volumier, schrieb an Bachen, dessen Verdienste ihm nicht unbekannt waren, nach Weymar, und lud ihn ein, ohne Verzug nach Dressden zu kommen, um mit dem hochmüthigen Marchand einen musikalischen Wettstreit, um den Vorzug, zu wagen. Bach nahm diese Einladung willig an, und reisete nach Dressden. Volumier empfing ihn mit Freuden, und verschaffete ihm Gelegenheit seinen Gegner erst verborgen zu hören. Bach lud hierauf den Marchand durch ein höfliches Handschreiben, in welchem er sich erbot, alles was ihm Marchand musikalisches aufgeben würde, aus dem Stegreife auszuführen, und sich von ihm wieder gleiche Bereitwilligkeit versprach, zum Wettstreite ein. Gewiss, eine grosse Verwegenheit! Marchand bezeigte sich dazu sehr willig. Tag und Ort, wurde, nicht ohne Vorwissen des Königs, angesetzet. Bach fand sich zu bestimmter Zeit auf dem Kampfplatze in dem Hause eines vornehmen Ministers ein, wo eine große Gesellschaft von Personen von hohem Range, beyderley Geschlechts, versammelt war. Marchand ließ lange auf sich warten. Endlich schickte der Herr des Hauses in Marchands Quartier, um ihn, im Fall er es etwan vergessen haben möchte, erinnern zu lassen, dass es nun Zeit sey, sich als einen Mann zu erweisen. Man erfuhr aber, zur grössten Verwunderung, dass Monsieur Marchand an eben demselben Tage, in aller Frühe, mit Extrapost aus Dressden abgereiset sey. Bach der also nunmehr allein Meister des Kampfplatzes war, hatte folglich Gelegenheit genug, die Stärcke, mit welcher er wider seinen Gegner bewafnet war, zu zeigen. Er that es auch, zur Verwunderung aller Anwesenden. Der König hatte ihm dafür ein Geschenk von 500 Thalern bestimmet: allein durch die Untreue eines gewissen Bedienten, der dieses Geschenk besser brauchen zu können glaubte, wurde er drum gebracht, und musste die erworbene Ehre, als die einzige Belohnung seiner Bemühungen mit sich nach Hause nehmen. Sonderbahres Schiksal! Ein Franzose lässt eine ihm angebothene dauerhafte Besoldung, von mehr als einem Tausend Thaler freywillig im Stiche, und der Deutsche, dem jener doch durch seine Flucht augenscheinlich den Vorzug einräumet, kann nicht einmal eines ihm von der Gnade des Königs ein für allemahl zugedachten Geschencks theilhaftig werden. Uebrigens gestund unser Bach dem Marchand den Ruhm einer schönen und sehr netten Ausführung gerne zu. Ob aber Marchands Müsetten für die Christnacht, deren Erfindung und Ausführung ihm in Paris den meisten Ruhm zu Wege gebracht haben soll, gegen Bachs vielfache Fugen vor Kennern würden haben Stand halten können; das mögen diejenigen, welche beyde in ihrer Stärcke gehöret haben, entscheiden.

Nachdem unser Bach wieder nach Weymar zurückgekommen war, berief ihn, noch in eben diesem Jahre, der damalige Fürst Leopold von Anhalt Cöthen, ein großer Kenner und Liebhaber der Musik, zu seinem Capellmeister. Er trat dieses Amt unverzüglich an, und verwaltete es fast 6 Jahre, zum größten Vergnügen seines gnädigen Fürsten. Während dieser Zeit, ungefehr im Jahre 1722, that er eine Reise nach Hamburg, und liess sich daselbst, vor dem Magistrate, und vielen andern Vornehmen der Stadt, auf der schönen Catharinenkirchen Orgel, mit allgemeiner Verwunderung mehr als 2 Stunden lang hören. Der alte Organist an dieser Kirche, Johann Adam Reinken, der damals bey nahe hundert Jahre alt war, hörete ihm mit besondern Vergnügen zu, und machte ihm, absonderlich über den Choral: An Wasserflüssen Babylon, welchen unser Bach, auf Verlangen der Anwesenden, aus dem Stegreife, sehr weitläuftig, fast eine halbe Stunde lang, auf verschiedene Art, so wie es ehedem die braven unter den Hamburgischen Organisten in den Sonnabends Vespern gewohnt gewesen waren, ausführete, folgendes Compliment: Ich dachte, diese Kunst wäre gestorben, ich sehe aber, daß sie in Ihnen noch lebet. Es war dieser Ausspruch von Reinken desto unerwarteter, weil er vor langen Jahren diesen Choral selbst, auf die obengemeldete Weise gesetzet hatte: welches, und dass er sonst immer etwas neidisch gewesen, unserm Bach nicht unbekannt war. Reinken nöthigte ihn hierauf zu sich, und erwies ihm viel Höflichkeit.

Die Stadt Leipzig erwählte unsern Bach im Jahre 1723, zu ihren Musikdirector und Cantor an der Thomasschule. Er folgte diesem Rufe; ob er gleich seinen gnädigen Fürsten ungern verliess. Die Vorsehung schien ihn noch vor dem bald darauf, wider alles Vermuthen erfolgten Tode des Fürsten, von Cöthen entfernen zu wollen, damit er zum wenigsten bey diesem betrübten Falle nicht mehr gegenwärtig seyn durfte. Er hatte noch das traurige Vergnügen, seinen so innig geliebten Fürsten, die Leichenmusic von Leipzig aus, zu verfertigen, und sie in Person in Cöthen aufzuführen.

Nicht lange darauf erklärete ihn der Herzog von Weissenfels zu seinem Capellmeister; und im Jahre 1736, wurde er zum Königlichen Polnischen, und Churfürstlichen Sächsischen Hofcompositeur ernennet: nachdem er sich einigemal vorher, in Dresden, öffentlich vor dem Hofe, und den dasigen Musikverständigen mit großem Beyfalle, auf der Orgel hatte hören lassen.

Im Jahre 1747 that er eine Reise nach Berlin, und hatte bey dieser Gelegenheit die Gnade, sich vor seiner Majestät dem Könige in Preußen, in Potsdam hören zu lassen. Seine Majestät spielten ihm selbst ein Thema zu einer Fuge vor, welches er so gleich, zu Höchstderoselben besondern Vergnügen, auf dem Pianoforte ausführete. Hierauf verlangten Seine Majestät eine Fuge mit sechs obligaten Stimmen zu hören, welchen Befehl er auch, so gleich, über ein selbst erwältes Thema, zur Verwunderung des Königs, und der anwesenden Tonkünstler, erfüllete. Nach seiner Zurückkunft nach Leipzig, brachte er ein dreystimmiges und ein sechsstimmiges so genanntes Ricercar, nebst noch einigen andern Kunststückchen über eben das von Seiner Majestät ihm aufgegebene Thema, zu Pappiere, und widmete es, im Kupfer gestochen, dem Könige.

Sein von Natur etwas blödes Gesicht, welches durch seinen unerhörten Eifer in seinem Studiren, wobey er sonderlich in seiner Jugend, ganze Nächte hindurch sass, noch mehr geschwächet worden, brachte ihm, in seinen letzten Jahren, eine Augenkrankheit zu Wege. Er wolte dieselbe, theils aus Begierde, Gott und seinem Nächsten, mit seinen übrigen noch sehr muntern Seelen- und Leibeskräften, ferner zu dienen, theils auf Anrathen einiger seiner Freunde, welche auf einen damals in Leipzig angelangten Augen Arzt, viel Vertrauen setzeten, durch eine Operation heben lassen. Doch diese, ungeachtet sie noch einmal wiederholt werden musste, lief sehr schlecht ab. Er konnte nicht nur sein Gesicht nicht wieder brauchen: sondern sein, im übrigen überaus gesunder Cörper, wurde auch zugleich dadurch, und durch hinzugefügte schädliche Medicamente und Nebendinge, gäntzlich über den Haufen geworfen: so daß er darauf ein völliges halbes Jahr lang, fast immer kränklich war. Zehn Tage vor seinem Tode schien es sich gähling mit seinen Augen zu bessern; so dass er einsmals des Morgens ganz gut wieder sehen, und auch das Licht wieder vertragen konnte. Allein wenige Stunden darauf, wurde er von einem Schlagflusse überfallen; auf diesen erfolgte ein hitziges Fieber, an welchem er, ungeachtet aller möglichen Sorgfalt zweyer der geschicktesten Leipziger Aerzte, am 28. Julius 1750, des Abends nach einem Viertel auf 9 Uhr, im sechs und sechzigsten Jahre seines Alters, auf das Verdienst seines Erlösers sanft und seelig verschied.

Die Wercke, die man diesem grossen Tonkünstler zu danken hat, sind erstlich folgende, welche, durch den Kupferstich, gemeinnützig gemacht worden:

1) Erster Theil der Clavier Uebungen, bestehend in sechs Seiten[1]).
2) Zweyter Teil der Clavier Uebungen, bestehend in einem Concert und einer Ouvertüre für einen Clavicymbal mit 2 Manualen.
3) Dritter Theil der Clavier Uebungen, bestehend in unterschiedenen Vorspielen, über einige Kirchengesänge, für die Orgel.
4) Eine Arie mit 30 Variationen, für 2 Claviere.
5) Sechs dreystimmige Vorspiele, vor eben so viel Gesänge, für die Orgel.
6) Einige canonische Veränderungen über den Gesang: Vom Himmel hoch da komm ich her.
7) Zwo Fugen, ein Trio, und etliche Canones, über das obengemeldete von Seiner Majestät dem Könige in Preußen, aufgegebene Thema; unter dem Titel: musicalisches Opfer.

---
[1]) Suiten.

8) Die Kunst der Fuge. Diese ist das letzte Werk des Verfassers, welches alle Arten der Contrapuncte und Canonen, über einen eintzigen Hauptsatz enthält. Seine letzte Kranckheit, hat ihn verhindert, seinem Entwurfe nach, die vorletzte Fuge völlig zu Ende zu bringen, und die letzte, welche 4 Themata enthalten, und nachgehends in allen 4 Stimmen Note für Note umgekehret werden sollte, auszuarbeiten. Dieses Werk ist erst nach des seeligen Verfassers Tode ans Licht getreten.

Die ungedruckten Werke des seeligen Bachs sind ungefehr folgende:

1) Fünf Jahrgänge von Kirchenstücken, auf alle Sonn- und Festtage.
2) Viele Oratorien, Messen, Magnificat, einzelne Sanctus, Dramata, Serenaden, Geburts- Namenstags- und Trauermusiken, Brautmessen, auch einige komische Singstücke.
3) Fünf Passionen, worunter eine zweychörige befindlich ist.
4) Einige zweychörige Moteten.
5) Eine Menge von freyen Vorspielen, Fugen, und dergleichen Stücken für Orgel, mit dem obligaten Pedale.
6) Sechs Trio für die Orgel mit dem obligaten Pedale.
7) Viele Vorspiele vor Chorale, für die Orgel.
8) Ein Buch voll kurtzer Vorspiele vor die meisten Kirchenlieder, für die Orgel.
9) Zweymahl vier und zwantzig Vorspiele und Fugen, durch alle Tonarten, fürs Clavier.
10) Sechs Toccaten fürs Clavier.
11) Sechs dergleichen Sviten.
12) Noch sechs dergleichen etwas kürzere.
13) Sechs Sonaten für die Violine, ohne Bass.
14) Sechs dergleichen für den Violoncell.
15) Verschiedene Concerte für 1. 2. 3. und 4. Clavicymbale.
16) Endlich eine Menge anderer Instrumentalsachen, von allerley Art, und für allerley Instrumente.

Zweymal hat sich unser Bach verheyrathet. Das erste Mal mit Jungfer Maria Barbara, der jüngsten Tochter des obengedachten Joh. Michael Bachs, eines brafen Componisten. Mit dieser hat er 7. Kinder, nämlich 5 Söhne und 2 Töchter, unter welchen sich ein paar Zwillinge befunden haben, gezeuget. Drey davon sind noch am Leben, nämlich: Die älteste unverheyrathete Tochter, Catharina Dorothea, gebohren 1708; Wilhelm Friedeman, gebohren 1710, jetziger Musikdirector und Organist an der Marktkirche in Halle; und Carl Philipp Emanuel, gebohren 1714, Königlicher Preussischer Kammermusikus. Nachdem er mit dieser seiner ersten Ehegattin 13. Jahre eine vergnügte Ehe geführet hatte, wiederfuhr ihm in Cöthen, im Jahre 1720, der empfindliche Schmerz, dieselbe, bey seiner Rückkunft von einer Reise, mit seinem Fürsten nach dem Carlsbade, todt und begraben zu finden; ohngeachtet er sie bey der Abreise gesund und frisch verlassen hatte. Die erste Nachricht, dass sie krank gewesen und gestorben wäre, erhielt er beym Eintritte in sein Hauss.

Zum zweytenmahle verheyrathete er sich in Cöthen, im Jahre 1721, mit Jungfer Anna Magdalena, Herrn Johann Caspar Wülkens, Herzoglichen Weissenfelsischen Hoftrompeters, jüngsten Tochter. Von 13. Kindern, nämlich 6. Söhnen und 7 Töchtern, welche ihm diese gebohren hat, leben folgende sechs noch: 1) Gottfried Heinrich, gebohren 1724. 2) Elisabeth Juliane Fridrike, gebohren 1726, welche an den Naumburgischen Organisten zu S. Wenceslai, Herrn Altnikol, einen geschikten Componisten, verheyrathet ist. 3) Johann Christoph Friedrich, gebohren 1732, itzo Hochreichsgräflicher Schaunburg-Lippischer Kammermusikus. 4) Johann Christian, gebohren 1735. 5) Johanna Carolina, gebohren 1737. 6) Regina Susanna, gebohren 1742. Die Witwe ist auch noch am Leben.

Dies ist die kurtze Beschreibung des Lebens eines Mannes, der der Musik, seinem Vaterlande, und seinem Geschlechte, zu gantz ausnehmender Ehre gereichet.

Hat jemals ein Componist die Vollstimmigkeit in ihrer grössten Stärke gezeiget; so war es gewiss unser seeliger Bach. Hat jemals ein Tonkünstler die verstecktesten Geheimnisse der Harmonie in die künstlichste Ausübung gebracht; so war es gewiss unser Bach. Keiner hat bey diesen sonst trocken scheinenden Kunststücken so viele Erfindungsvolle und fremde Gedanken angebracht, als eben er. Er durfte nur irgend einen Hauptsatz gehöret haben, um fast alles, was nur künstliches darüber hervor gebracht werden konnte, gleichsam im Augenblicke gegenwärtig zu haben. Seine Melodien waren zwar sonderbar; doch immer verschieden, Erfindungsreich, und keinem andern Componisten ähnlich. Sein ernsthaftes Temperament zog ihn zwar vornehmlich zur arbeitsamen, ernsthaften, und tiefsinnigen Musik; doch konnte er auch, wenn es nöthig schien, sich, besonders im Spielen, zu einer leichten und schertzhaften Denkart bequemen. Die beständige Uebung in Ausarbeitung vollstimmiger Stücke, hatte seinen Augen eine solche Fertigkeit zu Wege gebracht, daß er in die stärksten Partituren, alle zugleich lautende Stimmen, mit einem Blicke, übersehen konnte. Sein Gehör war so fein, dass er bey den vollstimmigsten Musiken, auch den geringsten Fehler zu entdecken vermögend war. Nur Schade, daß er selten das Glück gehabt, lauter solche Ausführer seiner Arbeit zu finden, die ihm diese verdriesslichen Bemerkungen ersparet hätten. Im Dirigiren war er sehr accurat, und im Zeitmaasse, welches er gemeiniglich sehr lebhaft nahm, überaus sicher.

So lange als man uns nichts als die blosse Möglichkeit des Daseyns noch besserer Organisten und Clavieristen entgegen setzen kann; wird man uns nicht verdenken können, wenn wir kühn genug sind, immer noch zu behaupten, dass unser Bach der stärkste Orgel- und Clavierspieler gewesen sey, den man jemals gehabt hat. Es kann seyn, dass mancher berühmter Mann in der Vollstimmigkeit auf diesen Instrumenten sehr viel geleistet hat: ist er deswegen eben so fertig, und zwar in Händen und Füssen zugleich, so fertig als Bach gewesen? Wer das Vergnügen gehabt hat, ihn und andere zu hören, und sonst nicht von Vorurtheilen eingenommen ist, wird diesen Zweifel nicht für ungegründet halten. Und wer Bachens Orgel und Clavierstücke, die er, wie überall bekannt ist, in der grössten Vollkommenheit selbst ausführte, ansieht, wird ebenfalls nicht viel wider den obigen Satz einzuwenden haben. Wie fremd, wie neu, wie ausdrückend, wie schön waren nicht seine Einfälle im Phantasiren; wie vollkommen brachte er sie nicht heraus! Alle Finger waren bey ihm gleich geübt; Alle waren zu der feinsten Reinigkeit in der Ausführung gleich geschickt. Er hatte sich so eine bequeme Fingersetzung ausgesonnen, dass es ihm nicht schwer fiel, die grössten Schwierigkeiten mit der fliessendesten Leichtigkeit vorzutragen. Vor ihm hatten die berühmtesten Clavieristen in Deutschland und andern Ländern, dem Daumen wenig zu schaffen gemacht. Desto besser wusste er ihn zu gebrauchen. Mit seinen Zweenen Füssen konnte er auf dem Pedale solche Sätze ausführen, die manchem nicht ungeschikten Clavieristen mit fünf Fingern zu machen sauer genug werden würden. Er verstund nicht nur die Art die Orgeln zu handhaben, die Stimmen derselben auf das geschickteste mit einander zu vereinigen, und jede Stimme, nach ihrer Eigenschaft hören zu lassen, in der grössten Vollkommenheit; sondern er kannte auch den Bau der Orgeln aus dem Grunde. Das letztere bewies er sonderlich, unter andern, einmal bey der Untersuchung einer neuen Orgel, in der Kirche, ohnweit welcher seine Gebeine nunmehr ruhen. Der Verfertiger dieses Werks war ein Mann, der in den letzten Jahren seines hohen Alters stund. Die Untersuchung war vielleicht eine der schärfsten, die jemals angestellt worden. Folglich gereichte der vollkommene Beyfall, den unser Bach über das Werck öffentlich ertheilete, so wohl dem Orgelbauer, als auch wegen gewisser Umstände, Bachen selbst, zu nicht geringer Ehre.

Niemand konnte besser, als er, Dispositionen zu neuen Orgeln angeben, und beurtheilen. Aller dieser Orgelwissenschaft ungeachtet hat es ihm, wie er oftmals zu bedauren pflegte, doch nie so gut werden können, eine recht grosse und recht schöne Orgel zu seinem beständigen Gebrauche gegenwärtig zu haben. Dieses beraubet uns noch vieler schönen und nie gehörten Erfindungen im Orgelspielen, die er sonst zu Papiere gebracht, und gezeiget haben würde, so wie er sie im Kopfe hatte. Die Clavicymbale wusste er, in der Stimmung, so rein und richtig zu temperiren, dass alle Tonarten schön und gefällig klangen. Er wusste, von keinen Tonarten, die man, wegen unreiner Stimmung, hätte vermeiden müssen. Andere Vorzüge, die ihm eigen waren, zu geschweigen.

Von seinen moralischen Character, mögen diejenigen reden, die seines Umgangs und seiner Freundschaft genossen haben, und Zeugen seiner Redlichkeit gegen Gott und den Nächsten gewesen sind. In die Societät der musikalischen Wissenschaften ist er im Jahre 1747 im Monat Junius auf Veranlassung des Hofraths Mizlers, dessen guter Freund er war, und welchem er Anleitung im Clavierspielen und in der Composition als einem noch in Leipzig Studirenden gegeben, getreten. Unser seel. Bach liess sich zwar nicht in tiefe theoretische Betrachtungen der Musik ein, war aber desto stärcker in der Ausübung. Zur Societät hat er den Choral geliefert: Vom Himmel hoch da komm' ich her, vollständig ausgearbeitet, der hernach in Kupfer gestochen worden. Er hat auch den Tab. IV. f. 16. abgestochenen Canon, solcher gleichfalls vorgeleget, und würde ohnfehlbar noch viel mehr gethan haben, wenn ihn nicht die kurze Zeit, indem er nur drey Jahre in solcher gewesen, davon abgehalten hätte. Das Singgedicht welches ihm zu Ehren als Mitglied im Nahmen der Societät von Herrn D. Georg Wenzky verfertiget worden, lautet also:

Das Chor:

Dämpft, Musen, euer Saitenspiel!
Brecht ab, brecht ab die Freudenlieder!
Steckt dem Vergnügen itzt ein Ziel,
Und singt zum Trost betrübter Brüder.
Hört was euch das Gerüchte bringt:
Hört was für Klagen Leipzig singt.
   Es wird euch stören:
   Doch müsst ihrs hören.

Leipzig
(Recitativ oder Erzählung.)

Der grosse Bach, der unsre Stadt
Ja der Europens weite Reiche,
Erhob, und wenig seiner Stärcke hat,
Ist leider! eine Leiche.
Der Bach, der unsern Musensitz
So unvergleichlich zierte:
Bach der mit seinem angenehmen Witz
Mit seinem Saiten Klang
Und mannigfaltigem Gesang
Die Jugend, Frauen, Männer
Ja Fürsten, Könige, und alle ächte Kenner
Entzückte, lehrte, rührte:
Der muss itzt unsre Ruhe stören
Er stirbt und eilt zu höhern Chören.

Arioso: Der treue Bach erbleicht
Musik und Orgel schweigt.
O Ris, o Fall, o Schmerzen!
Wie bluten unsre Herzen!

Die Componisten oder Tonmeister.

Aria

Wo eilst du hin? Verehrungswerter Bach!
Erfülst du deine Zunft mit herben Weh und Ach?
Ach sollen deine Melodeyen
Uns ferner nicht erbauen, nicht erfreuen?
Gott lasse deinen Geist auf deinen Brüdern ruh'n
Damit sie ihre Kunst in voller Reife sehen,
Und seine Majestät nach Würdigkeit erhöhen.
Dem alles wollen wir zu seinem Ruhme thun.
Doch schreiet dir die Sehnsucht nach:
Wo eilst du hin, Verehrungswerter Bach?

Die Freunde der Tonkunst.
(Erzählung.)

Wie fertig, wie vollkommen,
War der verklärte Bach,
Der uns sobald entnommen?
Wie reich, wie sonderbar,
Wie unergründlich war
Sein edler Geist,
Der sich der Sterblichkeit entreist?
Wie mannigfach
War seine Kunst,
Die aller Kenner Gunst
Nicht zog, vielmehr an sich gerissen.
Sein Flug war hoch, die Schwünge schön,
Sein Schmeicheln reitzend
Sein Schelten beitzend.
Man hörte ganz entzückt des Schöpfers Ruhm erhöhn.
Sein Klagen drang durch Ohren, Augen, Herz:
Sein Jauchzen linderte den allergrössten Schmerz.
O dass wir diesen Held der Virtuosen missen!
Doch werden wir an seinen Meisterstücken
Die er uns hinterläst,
Als einen edlen Rest,
Uns desto mehr erquicken.

Arioso: Jehova lasse doch die Virtuosen leben,
Die noch geschickt, die sanften Künste zu erheben!

Die Musikalische Gesellschaft.
(Aria, zweystimmig.)

Klaget Brüder in die Wette,
Und beweinet den Verlust!

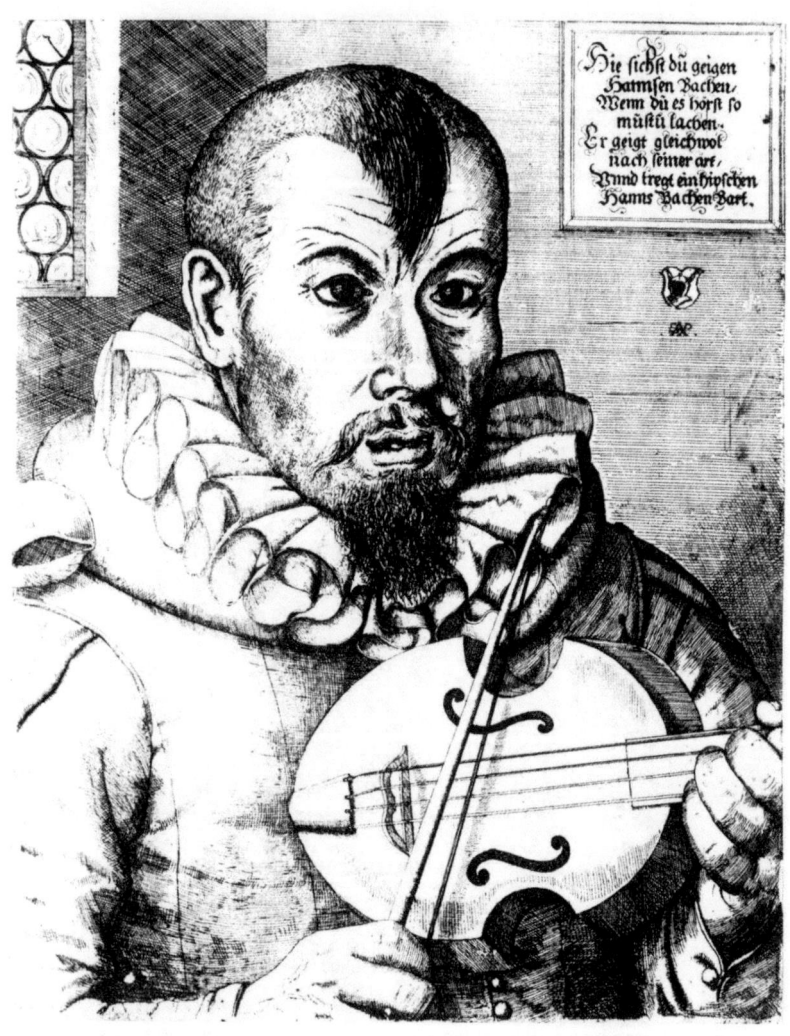

Unser Gott schlägt an den Knauf
Dass die stärksten Pfosten beben
Last den Tränen ihren Lauf
Und darneben
Lasset stets in euren Chören
Euers Bachs Verdienste hören.
Ach dass die beklemmte Brust
Luft zu ihren Klagen hätte
Klaget Brüder in die Wette,
Und beweinet den Verlust.

Der Verherlichte

Erzehlung

Weinet nicht ihr Freunde und ihr Kenner,
Ey gönnt mir doch mein Glück.
Weint nicht ihr Brüder und ihr Gönner:
Wagt nur auf diese Höh den Blick.
O köntet ihr die reinen Töne hören,
Die unser Chor zu Gottes Lob anstimmt
O köntet ihr das Musiciren hören,
Das hier kein Ende nimmt!
O köntet ihr die Künste lehren
Die meine Seele schon gelernt,
Seit dem sie sich entfernt!
Ihr eiletet mit regen Flügeln
Zu diesen Anmuths vollen Hügeln
Ihr wünschtet meiner Muse Glück,
Und rieft sie nicht zurück.
Drum tröstet euch
Und folget mir. Was man an mir verloren
Das hört man treflicher in unsern Toren.
Nichts, nichts ist diesen Sängern gleich
Drum tröstet euch.

Das Chor

Ihr Bürger des Himmels, empfanget mit Freuden,
Den Bruder der unsere Künste geziert:
Und last uns mit innigst vereinigtem Singen
Dem Höchsten Preis, Ehre und Herlichkeit bringen.
Wer hoft und glaubt, dringt durch das Himmels Tor
Und preiset GOtt verklärt im Engelchor.
Drum Christe, hilf uns thun, was uns desfals gebürt
Damit wir auch von hier in deiner Gnade scheiden.
Ihr Bürger des Himmels etc.

*

Verfaßt ist dieser Nachruf vom Sohne des großen Meisters, dem berühmten Philipp Emanuel Bach und Johann Friedrich Agricola, der 1738—1741 Schüler Johann Sebastians gewesen ist.

Wir haben es also mit einem anscheinend alles Vertrauen verdienenden Dokumente zu tun. Nichtsdestoweniger hat es sich nicht als in jeder Hinsicht hieb- und stichfest erwiesen, was auch angesichts der damals herrschenden Verhältnisse nicht verwunderlich ist. Aber im ganzen bleibt es höchst wertvoll und bestätigt die Richtigkeit der Bemerkung des Musikforschers Einstein hinsichtlich der Vertrauenswürdigkeit alter Überlieferungen im wesentlichen.

All dies hat nicht verhindert, ja sogar dazu angeregt, das Leben Johann Sebastian Bachs zum Gegenstande eingehenderer Forschung zu machen, und es ist, nach Forkel, Philipp Spitta gelungen, in einem großen, umfassenden, von hoher Begeisterung und gleich hohem Verständnisse getragenen Werke den Gegenstand im wesentlichen zu erschöpfen. Alle späteren Biographen Johann Sebastian Bachs stehen auf Spittas Schultern. Über ihn hinaus ist man nur bezüglich gewisser, und nicht sehr wesentlicher Einzelheiten gekommen. Spitta hat durch seine klassische, große Arbeit eine Literatur eingeleitet, der hauptsächlich das Interesse für Johann Sebastian Bach in weiteren Kreisen zu danken ist. Auf ihn stützen sich andere, mehr ästhetisierende Werke, wie dasjenige

Albert Schweitzers und André Pirros, die ihren Wert neben demjenigen Spittas behaupten. Halten wir vor allem die Daten fest, die wir uns der Zeitfolge entsprechend aufzählen wollen:

Zeittafel für das Leben Johann Sebastian Bachs

21. (nach heutiger Zählung gemäß dem erst 1701 von den Protestanten angenommenen gregorianischen Kalender) 31. März 1685	Geburt zu Eisenach.
Mai 1694	Tod der Mutter.
31. Januar 1695	Tod des Vaters, Übersiedlung nach Ohrdruf.
15. März 1700	Übersiedlung nach Lüneburg.
8. April 1703	Eintritt Bachs als Violinist in die Kapelle des Prinzen Johann Ernst von Sachsen-Weimar.
August 1703	Übernahme des Organistenpostens an der Bonifaciuskirche zu Arnstadt.
Mai und Juni 1707	Probespiel in Mühlhausen (Thür.).
17. Oktober 1707	Heirat Bachs mit Base Maria Barbara Bach.
4. Februar 1708	Aufführung der Kantate „Gott ist mein König" zur Mühlhausener Ratswahl.
25. Juni 1708	Einreichung des Abschiedsgesuchs an den Mühlhausener Rat. Dienstübernahme beim Herzog von Weimar als Hoforganist.
1713	Bewerbung um Posten in Halle.

2. März 1714	Ernennung zum Konzertmeister in Weimar.
1716	Orgelprobe in Halle.
1717	Auftreten vor dem Hofe in Dresden.
6. Novemb. bis 2. Dez. 1717	Verhaftung Sebastian Bachs wegen Unbotmäßigkeit gegen den Herzog von Sachsen-Weimar.
16. Dezember 1717	Abreise von Weimar über Leipzig nach Cöthen (Anhalt) in den Dienst des Fürsten Leopold.
7. Juli 1720	Begräbnis der Gattin Bachs.
November 1720	Orgelvortrag in Hamburg.
3. Dezember 1721	Wiederverheiratung Bachs mit Anna Magdalena Wuelken.
21. Dezember 1722	Bewerbung um das Thomas-Kantorat in Leipzig.
Februar 1723	Aufführung der Kantate: „Jesus nahm zu sich die Zwölfe" in Leipzig.
13. April 1723	Abreise von Cöthen.
13. Mai 1723	„Konfirmation" Sebastian Bachs als Thomaskantor.
31. Mai 1723	Feierliche Einführung.
1729	Ernennung Bachs zum Dirigenten des Telemannschen Collegium musicum.
1736—1738	Streitigkeiten mit der Universität Leipzig.
7. Mai 1747	Besuch in Potsdam und Berlin.
28. Juli 1750	Tod.
31. Juli 1750	Beerdigung auf dem Johannis-Friedhofe zu Leipzig.

Man ersieht schon aus dieser Zeittafel, daß Johann Sebastian Bachs Leben im ganzen still verlaufen ist. Man muß das G. F. Händels kennen, um sich vorstellen zu können, was ein Künstler zur damaligen Zeit hören und sehen konnte, wenn die äußeren Umstände erlaubten oder gar forderten, daß er sich in weiterem Kreise geltend machte. Weder die Möglichkeit dazu schien sich Bach zu bieten, noch das Verlangen danach sich ihm aufzudrängen. Was der „Nekrolog" als für Bachs Vorfahren charakteristisch aufführt, ist es besonders für ihn, nämlich daß sie trotz großer beruflicher Tüchtigkeit vermieden, sich von ihrem Wohnorte zu entfernen und in der Weite die Anerkennung zu suchen, die ihnen in ihrer Heimat wohl meistens, aber nicht immer, in verdientem Ausmaße zuteil wurde.

Um das Leben Bachs zu schildern, bedarf es der Darstellung seines Werks. Leider ist sie lückenlos nicht zu geben, da die wenigsten Werke des Meisters zu seinen Lebzeiten im Drucke erschienen und Mitteilungen darüber sowohl von seiner als auch von fremder Hand fast gänzlich fehlen. Eine Datierung der Werke ist im wesentlichen nur nach der Entwicklung, oder was wir so nennen, möglich. Einige Daten geben jedoch einen Anhalt. Im wesentlichen ist man auf Vermutungen angewiesen, die bei einigem Verständnisse für die Natur des Meisters und ihre Auswirkung nicht allzu schwer anzustellen sind. Das Leben Johann Sebastian Bachs war im wesentlichen innerlich und diente eigentlich nur als Behelf zu einer Betätigung künstlerischer Art, wie sie zu sehen und zu bewundern der Welt nur selten vergönnt gewesen ist.

Schon der Nekrolog erwähnt: Johann Sebastian Bach entstammt einer wahren Musikerfamilie.

Von seinem Vater, Johann Ambrosius, wissen wir wenig. Er dürfte im wesentlichen ausführender Künstler gewesen sein. Kompositionen von ihm haben sich nicht erhalten. Dies würde gegen eine gelegentlich von ihm ausgeübte kompositorische Tätigkeit nicht sprechen. Wesentlicher ist, daß Kompositionen von ihm nicht erwähnt werden. Die Mutter Johann Sebastian Bachs, Elisabeth, geborene Laemmerhirt, hat bisher ebenfalls wenig Interesse erweckt. Neuerdings beginnt man, sich mit ihr und ihrer Familie etwas mehr zu beschäftigen und zwar in Kreisen der Vertreter einer wissenschaftlichen Abstammungslehre. Die Erscheinung Johann Sebastian Bachs ist an sich so ungeheuer groß, daß sie selbst einer fest begründeten Wissenschaft große Schwierigkeiten für eine Erklärung bereiten würde, geschweige denn einer, die zwar vielversprechend ist, aber doch im Beginne ihrer Entwicklung steht. Ein Nachkomme der Familie (Hugo Laemmerhirt, Leipzig) hat ,,Bachs Mutter und ihre Sippe" (s. Bach-Jahrbuch 1925 S. 107ff.) zum Gegenstande einer Untersuchung gemacht, die einige sehr interessante Einzelheiten ergeben hat. Diese sind nicht so sehr geeignet, die Persönlichkeit Elisabeth Laemmerhirts selbst in ein neues oder überhaupt ins Licht zu rücken, als vielmehr durch die Darstellung der Familiengeschichte gewisse Rückschlüsse auf die Geistigkeit der Familie im ganzen zu gestatten und damit eine Erklärung der Geistigkeit Johann Sebastian Bachs anzubahnen. Bei der Erörterung der verschiedenen Möglichkeiten, ja Notwendigkeiten, Bachs Persönlichkeit als eine Zusammensetzung verschiedener Elemente zu beleuchten, wird von gewissen Einzelheiten gesprochen werden. Vor der Hand haben wir uns mit dem Musiker in Bach zu beschäftigen, und hierfür ist es notwendig, auf seine Familie väterlicherseits besonders einzugehen, weniger, um gewisse, nunmehr schon feststehende Ergebnisse der Abstammungslehre bekräftigt oder in Zweifel gerückt zu finden, als deshalb, weil die Familie väterlicherseits eine Reihe von Persönlichkeiten umschließt, die rein beruflich und selbst materiell für Johann Sebastians Entwicklung von Bedeutung gewesen sind.

Die Geschichte der Familie Bach ist ziemlich gut durchforscht worden, ihre Angehörigen stehen uns in hinreichender Deutlichkeit vor Augen, wenigstens in der uns vor allem interessierenden künstlerischen Beziehung.

Sie sind uns nicht so wichtig als Vorfahren des großen Meisters, will sagen als Mittel, die in ihrer Gewalt und Größe einzige

Erscheinung zu erklären, als vielmehr deshalb, weil Bach von ihnen gelernt hat oder doch wenigstens gelernt haben kann. Sie stehen in dieser Beziehung in derselben Reihe wie andere Meister, denen die Geschichte den Ruhmestitel verschafft hat, den Meister der Meister beeinflußt, ihm Hinweise auf die Möglichkeiten eines neuen Ausdrucks gegeben zu haben, indem sie ihm ihre Ausdrucksweise überlieferten.

Als ältester Ahne Johann Sebastians ist bisher Veit Bach festgestellt. Er stammte wahrscheinlich aus Wechmar, wo, wie sich aus dem Ohrdrufer Sterberegister von 1564 nachweisen läßt, bereits im sechzehnten Jahrhundert Einwohner des Namens Bach gelebt haben. Man vermutet die Abstammung Veit Bachs aus Wechmar um so mehr, als die dortige Kirche den Namen des hl. Veit trägt. Veit Bach soll in jungen Jahren, wahrscheinlich unter dem Drucke der katholischen Bewegung, nach dem für Protestanten günstiger gesinnten Ungarn gezogen sein, wo er wohl sein Gewerbe als Bäcker und Müller ausgeübt hat. Von einigen Forschern wird sogar der Name Bach mit Backen in Verbindung gebracht. Ob diese Herleitung berechtigt ist, wage ich nicht zu entscheiden. Vermutlich, weil in Ungarn durch den seit dem Regierungsantritte Rudolphs II. (1576—1612) eingetretenen Umschwung die Verhältnisse für den Protestantismus sich wesentlich verschlechterten, ist Veit Bach in seine Heimat zurückgekehrt, um seinen alten Beruf aufzunehmen. Sein Andenken ist in der Familie lange lebendig geblieben, denn noch Sebastian sprach gerne von ihm und erzählte, Veit habe sich während seiner Arbeit mit dem Spielen auf einem kleinen gitarreartigen Instrumente unterhalten. ,,Und dieses ist gleichsam der Anfang der Musick bei seinen Nachkommen gewesen."

Veits zweiter Sohn Hans darf bereits als Musiker angesprochen werden, doch ist er sicher nicht der früheste seiner Art in der Familie, denn er hat den Unterricht seines Anverwandten, des gothaischen Stadtmusikus Caspar Bach, erhalten. In welchem Verwandtschaftsgrade dieser zu Veit Bach stand, ist nicht festgestellt. Wahrscheinlich ist bereits in der zweiten Hälfte des sechzehnten Jahrhunderts die Familie Bach in Thüringen weit verbreitet gewesen. Hans Bach war zwar von Beruf Teppichweber, aber nicht als solcher ist er auf die Nachwelt gekommen, sondern als Fiedler. Im Bach-Museum zu Eisenach befindet sich ein Holzschnitt, der ihn als einen musikalischen Spaßmacher darstellt. Man sieht ihn in phantastischem Aufputze ein geigenartiges Instrument spielen, wodurch er viel Heiterkeit erregt zu haben scheint. Unter dem Bilde, das die Jahreszahl 1617 trägt, stehen die Verse:

„Hier siestu geigen Hansen Bachen
Wenn Du es hörst so mustu lachen.
Er geigt gleichwohl nach seiner Art
Und trägt einen hübschen Hans Bachens Bart."

Hans Bach starb 1626 zu Wechmar an der Pest. Er hinterließ drei Söhne, die alle drei Musiker wurden: Johann (1604—1673), Christoph (1613—1661), Heinrich (1615—1693). Alle drei müssen in einer Lebensbeschreibung Johann Sebastian Bachs erwähnt werden, nicht deshalb, weil sie zur Familie Bach gehört haben, sondern weil sie zum Teil bereits in künstlerischer Beziehung zu dem Großmeister stehen und einer von ihnen, nämlich Heinrich — einer genauen und alles Vertrauen erweckenden Urkunde nach — als derjenige anzusehen ist, von welchem eine große Zahl der Sebastian Bach auszeichnenden Charakter- und Künstlereigenschaften sich auf diesen vererbt zu haben scheinen. Überdies ist er ein Amtsvorgänger unseres Meisters gewesen.

Johann wurde, nach seiner Ausbildung durch seinen nachmaligen Schwiegervater, den Suhler Musiker Hoffmann, Leiter der Erfurter Stadtkapelle, in der Mitglieder der Familie so häufig waren, daß sie noch im achtzehnten Jahrhundert kurzweg als die „Bache" bezeichnet wurde. Er hat sich auch als Organist bewährt, und die Stadt hat ihm als Bürger gute Dienste zu danken, die er während der Belagerung der Stadt durch die Schweden im Jahre 1636 geleistet hat.

Christoph verdient Erwähnung als Großvater Johann Sebastians. Sonst ist wenig von ihm zu sagen. Er war Musiker und starb in Arnstadt am 10. Juli 1661.

Von den drei Söhnen Hans Bachs verdient der dritte und jüngste, Heinrich, besondere Beachtung. Er war von 1641—1692 Organist in Arnstadt. Sein Leben ist sehr traurig gewesen. Der Arnstadter Prediger Joh. Gottfried Olearius hat es in einer Grabrede geschildert und von ihm ein Bild entworfen, das dasjenige eines Apostels und Märtyrers sein könnte. Not und Sorge verfolgten ihn. Dazu gesellte sich schwere Krankheit, zuletzt Erblindung. Seinen Trost fand er heiteren Sinnes im Glauben und in der Kunst. Wenn man Olearius hört, glaubt man, er habe im vorhinein einen Teil der Schicksale Johann Sebastians geschildert.

Wirklichen künstlerischen Einfluß auf Sebastian Bach haben die Söhne Heinrich Bachs, Johann Christoph und Johann Michael, ausgeübt.

Johann Christoph, geb. 1642, wurde 1665 Organist in Eisenach und starb daselbst 1703. Von ihm existieren einige großartige Werke, von denen Johann Sebastian zweifellos einen starken Eindruck bekommen hat, da er sogar eines von ihnen, die Motette: „Ich lasse dich nicht, du segnest mich denn", zu vervollständigen sich gedrungen fühlte. Eine große, mächtige, noch heute viel aufgeführte Kantate: „Es erhub sich ein Streit im Himmel" zeigt Johann Christoph auf einer Höhe der Erfindung und Ausführung, die nur mit derjenigen Sebastian Bachs selbst verglichen werden kann. In der Kantate, die Johann Sebastian auf denselben Text und aus derselben Tonart schrieb, gibt sich der Einfluß des älteren, der auch auf die Melodienbildung des größeren Nachfahren eingewirkt hat, in besonders ausgeprägter Weise kund. Wir kommen auf diesen bedeutenden Vorfahren noch zurück, wenn vom Orgelkomponisten Johann Sebastian Bach gesprochen werden wird.

Johann Michael war weniger der Mann der großen Werke, als derjenige der geistreichen Einfälle, wie seine Kirchenkantate beweist, der das Kirchenlied „Ach bleib bei uns, Herr Jesu Christ" zugrunde liegt. Auch von seiner Natur hat Johann Sebastian etwas geerbt.

*

Johann Sebastian verlor seine Eltern früh. Von seiner Kindheit wissen wir nichts Besonderes. Man mutmaßt Verschiedenes. Pirro, der ausgezeichnete französische Biograph Bachs, entwirft eine etwas romantische Schilderung von den Kindheitseindrücken, die der große Meister gehabt habe, als er in dem großen Flure seines Geburtshauses spielte, sich im Garten herumtrieb, Himmel und Erde betrachtete, und was man sonst bei Naturen voraussetzt, die im Innersten sensibel sind, wie die Johann Sebastian Bachs. Ob Voraussetzungen dieser Art ihre Berechtigung haben, steht dahin. Gelegentlich der Erörterung über die Stellung unseres Meisters zu der Natur wird von diesen Möglichkeiten ausführlicher gesprochen werden.

Vor der Hand liegt es uns ob, seine rein fachliche Entwicklung zu verfolgen.

Johann Sebastian Bach war zuerst Schüler seines Vaters, des Violinisten Johann Ambrosius Bach, und man darf daher — auch wenn der Unterricht die Theorie mit einbezogen hat — annehmen, daß die Geige das erste Instrument gewesen ist, das Johann Sebastian Bach gespielt hat. Wir haben Grund, diese Tatsache festzuhalten. Lange hat er den Unterricht seines Vaters nicht genießen können, selbst wenn man annimmt, der Unterricht habe schon früh begonnen. Bei der Natur Johann Sebastian Bachs darf man glauben, er hat schnell, aber alles mit einem gewissen Vorbehalt gelernt. Bei einer Begabung wie der seinigen ist es keine allzu kühne Voraussetzung, ihn schon im zehnten Lebensjahre, als der Vater starb, für einen tüchtigen Geiger zu halten. Der Gedanke an die Leistungen anderer jugendlicher Genies liegt nahe. Man denke an Mozarts Leistungen auf dem Klavier und der Geige und diejenigen Beethovens auf dem Klavier, als diese in dem Alter standen, in dem Johann Sebastian Bach Vollwaise wurde!

Im Gegensatz zu Mozart und Beethoven ist Bach glücklicherweise vor dem Schicksal, zum Wunderkind dressiert und als Wunderkind produziert zu werden, bewahrt geblieben. Aber ein ungewöhnlich tüchtiges, auf sicherer Grundlage ruhendes Können darf man auch beim Knaben Bach voraussetzen.

Nach Auflösung des Haushalts in Eisenach wurden Johann Sebastian und sein Bruder Johann Jacob von ihrem älteren Bruder Johann Christoph, der Organist in Ohrdruf war, aufgenommen und dort im Gymnasium eingeschult. Zu derselben Zeit wie Johann Sebastian besuchte auch sein Vetter Johann Ernst, der Sohn des Arnstädter Johann Christoph, das Gymnasium in Ohrdruf, das unter der Fuchtel eines bösen Lehrers, Johann Heinrich Arnold, schwer litt. Johann Sebastian und Johann Ernst, die seine Behandlung nicht vertragen konnten, ließen sich aus seiner Klasse in eine andere versetzen, kurz bevor man Arnold entließ. Besucht hat Johann Sebastian Bach die Tertia, Secunda und Prima des Gymnasiums, und er hat sich im Sinne der Schule eine ganze Menge von Kenntnissen erworben. Namentlich lernte er Latein; aber auch mit dem Griechischen machte er Bekanntschaft, obwohl nicht sehr nahe. Theologische Fragen wurden in den Klassen, die Bach besucht hat, ebenfalls erörtert. Und bei der Geistes- und Gemütsrichtung, die wir am Meister wahrnehmen können, ist es wahrscheinlich, daß er sich Gedanken über das höchste Wesen mit besonderem Ernste hingegeben hat. Auch Weltgeschichte und Erdkunde wurden auf dem Gymnasium getrieben. Daß diese Fächer als nebensächlich betrachtet wurden, darf man um so sicherer annehmen, als sich ja noch bis in viel spätere, ja, bis in unsere Zeit hinein das Gymnasium als Pflanzstätte vor allem der klassischen Bildung betrachtete. Übrigens braucht man nur in „Dichtung und Wahrheit" nachzulesen, um ein anschauliches Bild vom Unterrichte in den sogenannten Nebenfächern, wie er selbst nach Sebastian Bachs Tod noch gegeben wurde, zu bekommen.

Sicher ist: Bachs hauptsächliches Bestreben war, ein guter Musiker zu werden.

Wie es ihm dabei erging, lehrt uns der Nekrolog, auf den wir uns in dieser Beziehung wohl verlassen dürfen, wenigstens was die anekdotischen Einzelheiten betrifft. Freilich haben wir deshalb noch nicht unbedingt den Gedanken an ein vom Bruder an dem jüngeren Sebastian begangenes Unrecht. Wahrscheinlich widersprach die Art, wie dieser sich beschäftigte, vielleicht auch sich zu überarbeiten drohte, den Ansichten des gereiften und bereits in Amt und Würden befindlichen Bruders.

Eine Gefahr der Überanstrengung bestand sicher. Denn der kleine Johann Sebastian war nicht nur Schüler, sondern auch Mitglied des Chors, und daß er als solches seinen Pflichten getreulich nachkam, daran hatte, wie an der Tätigkeit und Entwicklung des jüngeren Bruders überhaupt, Johann Christoph ein ganz besonderes Interesse. Denn die materielle Lage Johann Christophs war wenig günstig. Und wenn auch Johann Sebastian einige Freitische bekam, so fiel doch die hauptsächliche Last der Erhaltung auf den älteren Bruder. Dieser aber war verheiratet und hatte Familie. Die regelmäßige Beteiligung an den Übungen und Aufführungen des Chors war die eigentliche Vorbedingung für die materielle Existenz Johann Sebastians. Diese sah der weiterschauende ältere Bruder wahrscheinlich bedroht, wenn sein Pflegling sich noch überflüssig scheinenden Arbeiten hingab. Auch mag der Erfahrenere geglaubt haben, der künstlerischen Entwicklung Johann Sebastians könne es schaden, wenn er sich mit Aufgaben beschäftigte, die seine Auffassungsfähigkeiten vorläufig überstiegen. Daß Johann Sebastian für seine Tätigkeit im Chore bezahlt wurde, darf als sicher angenommen werden. Aus den Akten ist die Bezahlung anderer Chorsänger festgestellt worden, sie war sogar nicht unerheblich. Ein Chorsänger verdiente jährlich durchschnittlich 21 Gulden, ganz abgesehen von den Freitischen usw. Das war nicht wenig im Vergleiche zum Gehalt Johann Christophs. Er erhielt außer einigen Gefällen an Geld nur eine Anfangsbezahlung von 45 Gulden, die sich erst 1696 auf 55 Gulden steigerte.

Den urkundlichen, übrigens ziemlich spärlichen Nachrichten zufolge hat Johann Sebastian das Ohrdrufer Gymnasium (am 15. März 1700) verlassen, weil er keine Freitische mehr bekam. Vielleicht ist auch dies ein Grund für seinen Abgang gewesen, aber daneben war wohl noch etwas anderes wirksam, nämlich der Charakter. Man kann sich einen Menschen wie Johann Sebastian als Gymnasiasten schlechthin schwer vorstellen. Er muß schon damals eine ausgesprochene Individualität gewesen sein und sehr bestimmte Ansichten von den Möglichkeiten für die Ausbildung seiner Fähigkeiten sowie den Notwendigkeiten gehabt haben, denen er genügen mußte, wenn seine Entwickelung nicht leiden sollte. Das, was man den Dämon nennt, dürfte sich bei ihm schon frühzeitig gemeldet haben. Wir müssen in ihm ganz besonders starke Jünglingsgefühle annehmen. Daß diese sich besonders durch Wanderlust kundgeben, ist bekannt; sehen wir doch die Wander- und Sportlust zu unserer Zeit als Äußerungen solcher Jünglingsgefühle die Entwickelung gewisser Jahre geradezu beherrschen. —

Bach wandte sich mit einem Mitschüler, Georg Erdmann, nach Lüneburg. Erdmann sollte, auf Empfehlung des inzwischen nach Ohrdruf versetzten Kantors Herda, Mitglied des Chors der Michaeliskirche zu Lüneburg werden, wo Herda sechs Jahre gewirkt hatte und damals Braun, der Nachfolger P. E. Prätorius', angestellt war.

Aus dem Nekrologe wissen wir, Bach hat eine besonders schöne Sopranstimme gehabt; ihr hatte er wohl die Möglichkeit einer neuen Existenz zu verdanken. In der Tat wurde er Mitglied des Mettenchors und zugleich Schüler der Prima an der sogenannten Partikularschule zu St. Michaelis.

Selbstverständlich ist für die Entwickelung Johann Sebastians der Aufenthalt in Lüneburg viel bedeutsamer gewesen als derjenige in Ohrdruf. Glücklicherweise wissen wir von jenem mehr, als von diesem. Die Quellen für die Kenntnis der musikalischen und allgemein kulturellen Verhältnisse Lüneburgs fließen reicher als jene, welche uns Stoff zur Schilderung des Lebens und der Entwicklung Johann Sebastians im Hause seines Bruders und während seiner Tätigkeit als Gymnasiast und Sänger liefern könnten.

Lüneburg war zu der Zeit, als Bach hinkam, ein blühender, ja infolge der Ergiebigkeit der Saline reicher Ort und bot andere Möglichkeiten, sich zu bilden und geltend zu machen, als Ohrdruf. Das Michaelis-Gymnasium war zweifellos eine Schule von hohem Rufe. Schon die Tatsache, daß an ihr ein Mann wie Cyriacus Günther, der Liederdichter und Freund Johann Christian Gryphius', des Sohns des berühmten Andreas, gelehrt hat, läßt darauf schließen, daß sie in der Reihe der deutschen höheren Lehranstalten an hervorragender Stelle stand. Wir werden bald Gelegenheit haben, ihr besondere Aufmerksamkeit zuzuwenden, da einer ihrer ehemaligen Schüler einen besonderen Einfluß auf Sebastian Bach als künftigen Organisten und Komponisten von Orgelmusik auszuüben wußte, nämlich Georg Boehm.

Sicher ist, es war den Mitgliedern des Mettenchors, in dem unser Meister ja in Lüneburg zunächst mitwirkt, außerordentliche Gelegenheit zur musikalischen Ausbildung gegeben. Der Katalog der musikalischen Bibliothek der Schule läßt auf eine ausgedehnte Tätigkeit des Chors und damit auf besondere Möglichkeiten zur Erwerbung von Kenntnissen der Literatur schließen. Verschiedenste Gesangstile wurden berücksichtigt. Orlandus Lassus figurierte neben Bockshorn (Capricornus) und Upendal — allein das in der Bibliothek vorhandene, von Abraham Schade (Schaedeus) herausgegebene Promptuarium musicum enthielt Kompositionen von mehr als hundert Meistern, unter deren Namen diejenigen Anerios, Francks, der Gabrieli, Haslers, Marenzios, Palestrinas, Prätorius', Viadanas u. a. zu nennen sind. Auch Monteverdi war vertreten. Man darf annehmen, Sebastian Bach hat, ohne an der Ausführung aller oder auch nur des kleineren Teils dieser Werke aktiv beteiligt gewesen zu sein — wie wir aus dem Nekrologe hören, trat bald, nachdem er sich nach Lüneburg begeben hatte, bei ihm der Stimmwechsel ein —, doch viele davon studiert, freilich nicht immer mit dem wünschenswerten Erfolge. Bach ist ein schlagendes Beispiel dafür, daß gewisse Dinge an der Quelle studiert werden müssen, wenn sie wirklich aufgenommen werden sollen. Bachs Schreibweise für den Gesang hat bis in sein spätestes Alter etwas Instrumentales behalten. Was Händel in Italien, man möchte sagen spielend aufgenommen hat, ist Bach versagt geblieben. Bach ist eben nicht in Italien gewesen. Sein Leben wird uns zeigen, wie gut er verstand, an die Quelle zu gehen, wenn es ihm darauf ankam, Dinge, die ihm lebenswichtig erschienen, so zu erfassen, daß sie ihm ganz zu eigen wurden.

Schon damals — die Zeit des Stimmwechsels ist wohl die wichtigste, leider noch immer zu wenig beachtete Periode des männlichen Individuums — muß Sebastian Bach von besonderen Ambitionen heimgesucht gewesen sein. Die Werke, die er schon vor Ablauf von fünf Jahren nach seinem Eintritte in die Prima schrieb, lassen, trotz einer nicht zu leugnenden, übrigens selbstverständlichen Abhängigkeit von Vorbildern, auf tiefe Revolutionen schließen, die auf möglichst baldige Befreiung seines Innern abzielten und, was selbst bei seinen Anlagen begreiflich ist, sie erst nach öfteren Wiederholungen zu bewerkstelligen vermochten. Schon zu Anfang enthüllt sich zwar nicht das ganze Genie, aber der ganze Charakter und die ganze, auf erschöpfenden Ausdruck hindrängende Natur Sebastians.

Nahm er nun viel auf, so doch nicht alles, und von dem vielen nicht alles gleichmäßig, wenigstens nicht so, daß es sich in Werken ausdrückte. Denn schon bald rückt er die Grenzen gewisser instrumentaler Betätigungen so weit hinaus, daß sie auch heute, nach zweihundert Jahren, als nicht überschritten angesehen werden müssen. Er muß damals auch als Violinspieler schon eine sehr hohe technische Fertigkeit — ganz abgesehen von einer fast beispiellos originellen Auffassung von der Ausdrucksfähigkeit der Geige — gehabt haben. Zunächst aber hat ihm die Orgel nachweisbar sehr viele Aufgaben gestellt, zu deren Lösung zwar erst spät die Kraft sich einstellte, er aber schon jetzt die vorbereitenden Schritte tat.

Er fand am Orgelstuhle der Johanniskirche einen Mann, der damals bereits einen großen Namen hatte, dessen Werke eine Weile in Vergessenheit gerieten, aber zu unserer Zeit neu aufgelebt sind, nämlich den schon erwähnten Georg B o e h m, geboren am 2. September 1661 zu Hohenkirchen bei Ohrdruf, gestorben am 18. Mai 1733 zu

Lüneburg. Georg Boehm hatte selbst mit der Familie Bach geistige und persönliche Verbindungen, besonders durch ihre in Arnstadt ansässigen Mitglieder. Wie unser Bach zu Boehm in Beziehung treten konnte, ist also leicht begreiflich; die Beziehung zu verstärken, wird die Begabung und das Verständnis Sebastians gewiß das beste Mittel gewesen sein. Daß Boehm nicht nur Organist und Orgelkomponist, sondern auch Cembalist gewesen ist, geht aus gewissen Eigentümlichkeiten seines Satzes für Orgel hervor, die zuweilen dem eigentlichen Orgelstile widersprechen. Es wird gelegentlich der Erweiterung des frühesten Orgelstils Sebastian Bachs hiervon noch ausführlicher gesprochen werden. Eine besondere Bedeutung darf der Tatsache beigelegt werden, daß Boehm, ehe er sich in Lüneburg niederließ, sicherlich seit 1693, in Hamburg gelebt und von dort aus nach Lübeck Beziehungen unterhalten hat. Auch diese Umstände haben in einer Lebensbeschreibung und Darstellung der Werke Sebastian Bachs ihre besondere Bedeutung. Wohl von Boehm hat Bach den Wink erhalten, nach Hamburg zu gehen, um den Organisten Adam Reinken zu hören. Die Art Reinkens, für Orgel zu komponieren, hätte Bach auch durch die Schrift kennenlernen können. Es handelte sich hier um mehr als etwas durch papierne Tradition Überlieferbares. Bach wurde auf die lebendige Tradition hingewiesen, und wir werden bald noch deutlicher sehen, wie sehr es ihm auf die lebendige Überlieferung ankam, nämlich als es sich für ihn darum handelte, sich von einer anderen, ihm selbst fast ebenbürtigen Persönlichkeit beeinflussen zu lassen, dem großen, genialen Dietrich Buxtehude in Lübeck.

Allen Eindrücken scheint Bachs Seele und Intellekt gerne nachgegeben zu haben, und es ist jammerschade, daß wir keine genaueren Kenntnisse von ihren Wirkungen auf das Schaffen des jungen Menschen haben. Während wir von Mozart ziemlich genau wissen, wie er bei den ersten Schritten, die er als Komponist tat, die Füße gesetzt hat, wissen wir von den ersten Versuchen Bachs gar nichts. Wieviel Versuche mag er gemacht und als vergeblich angesehen haben, ehe er sich kräftig genug fühlte, wenn auch noch von fremder Hand gehalten, vorwärts zu gehen! Bei seiner Beharrlichkeit ist anzunehmen, er habe wenig Dinge gehört, ohne den Versuch zu machen, gleiche hervorzubringen. Denkt man — von dem aus, was er später und gar nicht lange nach dem Aufenthalt in Lüneburg auf den verschiedensten musikalischen Gebieten geschrieben hat — an die Vorbereitungen, die er hat machen müssen, und an die in diesen Vorbereitungen geleistete Arbeit, so haben wir bald ein geradezu phantastisches Bild vor uns. Er studiert wissenschaftlich, und wir werden gelegentlich der Erzählung von der Übernahme des Postens in Leipzig sehen, mit bemerkenswertem Erfolge, er singt zwar nur kurze Zeit, aber er studiert desto mehr Musik. Er spielt Clavicord, Cembalo oder, wie er sagt, Klavier, Geige, Orgel. Er wandert nach Hamburg, um Reinken zu hören, er studiert bei oder an Boehm. Das erste ist wahrscheinlicher.

Damit nicht genug! Er besucht die musikalischen Vorführungen am Hofe von Celle!

Der Hof von Celle, wo Georg Wilhelm, Herzog von Braunschweig-Lüneburg, residierte, hat unter den deutschen Höfen seiner Zeit, trotz des allerwärts herrschenden französischen Einflusses, eine besondere Stellung gehabt, der Gattin des Herzogs wegen, Eleonore Desmier d'Olbreuse, die aus der Provinz um Poitiers stammte und die Ahnherrin der preußischen Könige wurde. Sie umgab sich fast ausschließlich mit protestantischen Franzosen, denen sie vor den religiösen Verfolgungen durch die Katholiken ein Asyl bot, etwa in der Art, wie der Große Kurfürst anderen ,,Réfugiés". Auch ein Orchester war am Hofe von Celle tätig. Es bestand wahrscheinlich zum größten Teil aus französischen Musikern, und die Programme boten viele französische Werke. Es haben sich mit der Zeit einige Namen von französischen Mitgliedern der Hofkapelle feststellen lassen. Der Organist des Herzogs war Franzose und hieß Charles Gaudon. Wessen Schüler er gewesen ist, weiß man leider nicht. Wahrscheinlich wird er Werke französischer Organisten bevorzugt haben. Daß Boehm selbst unter dem Einflusse französischer Kunst gestanden hat, beweisen gewisse Züge seiner Schreibweise. Vielleicht hat Bach durch Gaudon selbst die erste Bekanntschaft mit Werken französischer Orgelmeister gemacht. Welche Hochschätzung er einigen unter ihnen entgegenbrachte, wird noch gelegentlich der Darstellung des Wegs, den er als Orgelmeister gegangen ist, gezeigt werden.

Italienischer Vokalkunst sich hinzugeben, hatte Sebastian in Lüneburg selbst Gelegenheit. Doch standen ihm hier wohl fast ausschließlich A-cappella-Werke zur Verfügung. Verbürgt ist, daß im Dienste des Herzogs auch italienische Musiker standen. Das Vorhandensein einer italienischen Opernpartitur in der Bibliothek der Michaelisschule kann nachgewiesen werden. Aber die Werke, durch welche die italienische Musik die damalige Welt zu beherrschen wußte, eben die Opern, wird Bach in Celle wohl nicht zu hören bekommen haben. Gelegentlich seiner Besuche in Hamburg aber wird er gewiß nicht versäumt haben, italienische Opern zu hören. Unter den Komponisten dort aufgeführter Werke dürfte ihm einer, nämlich Agostino Steffani, besonders aufgefallen sein. Es ist der Meister, bei dem in die Lehre zu gehen der neben Bach größte Meister jener Zeit, Georg Friedrich Händel, nicht verschmähte. Wir werden im Verlaufe der Darstellung noch einen anderen musikalischen Kreis kennenlernen, von dem aus Beeinflussungen auf beide Meister ausgegangen sind, freilich mit sehr verschiedenem Ergebnisse.

Mit dem Jahre 1703 tritt Johann Sebastian Bach in die Reihe der Berufsmusiker. Am Ostertage dieses Jahres wurde er als Geiger in die Kapelle des Herzogs Johann Ernst von Sachsen-Weimar in Weimar eingestellt. Es ist für die Ausbildung unseres Meisters charakteristisch, daß er sich im Hauptberufe zuerst auf einem Instrument betätigte, als dessen Vertreter er in der Geschichte der Kunst keine Geltung hat. Von Bach als unvergleichlichem Orgel- und Klaviermeister hören wir vielfach sprechen, nicht aber von Bach als Geiger. Und doch muß er als Geiger hervorragend gewesen sein. Daß damals Geigenspiel und romanisches Blut fast gleiche Begriffe waren, ergibt die Geschichte des Geigenspiels. Italiener und Franzosen sind die Väter dieser Kunst. Wie sie von Bach ausgesprochen deutsche Züge bekommen hat, werden wir sehen. Daß Bach vor allem von Italienern ausgegangen ist, beweisen seine Abschriften und Bearbeitungen. Die Bekanntschaft mit einer großen Anzahl von Kompositionen, die ihm sonst unzugänglich gewesen wären, verdankt er wahrscheinlich dem Schweden Johann Paul von Westhof. Dieser, der Sohn eines Offiziers, der unter Gustav Adolf gedient hatte, war eine seltsame Persönlichkeit, ein Abenteurer guter Art, ein von den seltsamsten Affekten und Wünschen hin und her geworfener Mensch. Westhof war Sprachlehrer, Dresdner Kammermusiker, ungarischer Soldat im Türkenkriege gewesen, um dann reisender Virtuose zu werden, in Florenz, Wien und England aufzutreten, vor dem Könige von Frankreich und seinem Hofe zu spielen. Er war schließlich 1698 in Weimar als Kammersekretär und Hofmusiker ansässig geworden und hier 1705 gestorben.

*

Von Bachs Ansehen als Orgelspieler bekommen wir bald einen bündigen Beweis.

Er hat sich seinen Ruf wahrscheinlich durch gelegentlich ausgeübte Vertretung des damals schon alten Organisten Johann Effler erworben, mit dem ihn überdies Familienbeziehungen verbanden. Bereits 1703 wurde Bach, der achtzehnjährige, eingeladen, die neue Orgel der Bonifaciuskirche in Arnstadt, mit deren Bau 1701 begonnen worden war, zu probieren. Am 13. Juli 1703 machte er der Stadt seinen Besuch, wie in den Akten verzeichnet ist, in seiner Eigenschaft als „fürstlicher Hoforganist von Sachsen in Weimar". Sein Spiel hinterließ einen solchen Eindruck, daß man beschloß, ihn nach Arnstadt zu ziehen. Von Mitte August 1703 ab ist Johann Sebastian Bach nun wohlbestallter Musiker, Inhaber eines wirklichen Postens, eines Postens, auf dem er Anordnungen zu treffen hat. Und das vorläufig Entscheidende wird zur Tatsache: Bach wird Organist.

Bei nicht sehr anstrengendem Dienste, etwa sechs Stunden in der Woche, die er seinem Instrumente und der Unterweisung seiner

Choristen widmete, hatte er ein anständiges Gehalt, besonders in Anbetracht der Tatsache, daß er ja erst am Anfang seiner Laufbahn stand.

Er scheint sich im ganzen bewährt zu haben. Im ganzen, aber doch nicht immer im einzelnen.

Im Oktober 1705 erhielt er einen Urlaub von vier Wochen, den er dazu benutzen wollte, nach Lübeck zu wandern, um die Musik und das Spiel des schon erwähnten berühmten Dietrich Buxtehude kennenzulernen. Statt vier Wochen blieb er vier Monate aus. Bei seiner Rückkehr kam die Mißstimmung, die er schon vorher durch allerhand kleine Vorfälle genährt hatte, zu völligem Ausbruch. Er wurde zum 21. Februar 1706 vor das Konsistorium geladen, um sich wegen der Überschreitung des Urlaubs zu verantworten. Aber dieser Gegenstand trat bald gegen andere in den Hintergrund. Es stellte sich heraus, daß Bach eine starke Gegnerschaft hatte, und zwar gerade in den Kreisen, auf deren Mitarbeit er angewiesen war, wenn es ihm gelingen sollte, einen dieser Bezeichnung würdigen musikalischen Gottesdienst zustande zu bringen. Ganz schuldlos wird er dabei nicht gewesen sein. Von Natur aus war er nicht dazu geschaffen, sich einzuordnen. Auch scheint er wenig organisatorisches Talent gehabt zu haben. Ein Teil seiner Verfehlungen läßt sich durch seine Unerfahrenheit erklären und entschuldigen. Hinzu kam, daß die Menschen, die er bilden sollte, von einer nicht gewöhnlichen Roheit gewesen sein müssen. Aber der wahre Organisator zeigt sich gerade, wenn er mit ungeeignetem, sprödem Material zu tun hat. An diesem Material scheint Bach schon hier — es hat sich in seiner Laufbahn noch wiederholt — völlig versagt zu haben.

Interessant ist ein künstlerischer Vorwurf, den das Konsistorium ihm machte. Der Vorwurf wurde so formuliert, daß Bach „bisher in dem Choral viel wunderliche variationes gemacht, viel frembde Thoene mit eingemischet, dass die Gemeinde darüber confundiret worden". Man darf sich diese Worte besonders merken, da sie erkennen lassen, die Wesenszüge, die Bachs Choralvorspiele so sehr aus anderen herausheben, haben sich schon bei seinen ersten Versuchen bemerkbar gemacht, freilich auch schon mit negativem Erfolge, der übrigens angesichts des Geistes der Menge selbstverständlich erscheinen mag.

In rein organisatorischer Hinsicht warf man ihm vor, er habe „garnichts musizieret", worunter zu verstehen ist: mit dem Chore, dessen Verhältnis zu Bach ziemlich feindlich gewesen zu sein scheint. Der „praefectus chori", das heißt, der Vorsänger, namens Johannes Andreas Rambach, wälzte die Beschwerde, die sich auch auf ihn beziehen könnte, mit der Entschuldigung ab, Bach habe die Sänger zuerst durch zu langes und nun, nachdem der Superintendent eingegriffen, durch zu kurzes Vor- und Zwischenspiel in Verwirrung gebracht. Übrigens hatte Rambach selbst genügend auf dem Kerbholz, da er während der Predigt die Kirche verlassen hatte, um sich in einem Wirtshause ein wenig zu stärken.

Auch mit den Instrumentisten scheint Bach sich nicht besser gestanden zu haben als mit den Choristen. Kurz vor seiner Wanderung nach Lübeck bekam er schweren Streit mit dem Fagottisten Geyersbach, der behauptete, von Bach beleidigt zu sein, „er selbst oder doch wenigstens sein Fagott". Geyersbach prügelte den vom Schlosse in Begleitung seiner Cousine Barbara Catharina Bach herkommenden, jungen Meister mit dem Stocke, Bach zog sogar den Degen, die Streitenden wurden getrennt, Bach behauptete, das ihm vorgeworfene Schimpfwort nicht gebraucht zu haben, wurde aber dessen überführt, was wiederum zeigt, wie wenig er Herr seiner selbst war. Zug zur Heftigkeit hat er noch bis in sein späteres Mannesalter gezeigt und nicht immer zu seinem Vorteile, allerdings fast immer mit einer gewissen Berechtigung.

Die Dinge entwickelten sich in einer für den jungen Meister immer weniger günstigen Weise. Bald muß es, trotz gewisser Annäherung zwischen Bach und seinen Choristen, zu neuen Streitigkeiten gekommen sein, und es scheint, Bach habe schließlich vollkommen darauf verzichtet, mit den Sängern zu üben und Aufführungen zu machen. Die Mißhelligkeiten gaben dem Konsistorium neuen Anlaß, Bach vorzuladen. Das geschah am 11. November 1706. Bach wurde ersucht, sich zu seinem Verhalten zu äußern; er lehnte aber eine mündliche Erklärung ab. Wie der von ihm in Aussicht gestellte Schriftsatz gelautet hat, wissen wir nicht. Die Vorhaltung, er habe ein fremdes Mädchen auf den Orgelchor mitgenommen und singen lassen, konnte Bach mit der Bemerkung entkräften, er habe dem Prediger Uthe davon gesprochen. Wahrscheinlich handelte es sich bei der „frembden Jungfer" um Bachs spätere Frau, Maria Barbara, die Tochter des „Gehrener" Michael Bach und seiner aus Arnstadt stammenden und nach dem Tode ihres Mannes hierher zurückgekehrten, am 19. Oktober 1704 verstorbenen Frau.

Die Verhältnisse waren sichtlich dazu angetan, Bach den Aufenthalt in Arnstadt immer mehr zu verleiden. Getröstet haben werden ihn, sofern er überhaupt bei seiner damals offenbar besonders verbissenen Natur Trost brauchte, die Orgel und seine Braut.

Bald bot sich ihm wirklich eine Gelegenheit, von Arnstadt fortzukommen.

In Mühlhausen, der Arnstadt nahegelegenen größeren Stadt, hatte nach 30 Jahre langer, ausgezeichneter Wirksamkeit der Organist an der St. Blasiuskirche, Johann Georg Ahle, am 2. Dezember 1706 die Augen geschlossen. Bach ging bereits Ostern 1707 nach Mühlhausen, um Probe zu spielen. Der Eindruck, den seine Kunst dort gemacht hat, scheint tief gewesen zu sein, was als bedeutsam anzusehen ist, da er den Vergleich mit einem altbewährten Meister mindestens aushalten mußte. Der Rat der Stadt zog in der Sitzung vom 27. Mai in Erwägung, Bach an Ahles Stelle zu setzen und ihn nach seiner Meinung über eine etwaige Berufung zu fragen. Am 14. Juni 1707 verhandelte Bach mit dem Rate und wurde mit ihm einig. Die von Bach gestellten Bedingungen geben uns Auskunft über sein in Arnstadt bezogenes Gehalt, von dem keine Urkunde berichtet. Er verlangt zunächst „85 Gulden So Er zue Arnstadt hatte", was eine hohe Bezahlung beweist, wenigstens im Verhältnisse zu dem Gehalt seines älteren, in Ohrdruf wirkenden Bruders, der 1695 nur 45 Gulden bezog und 1696 um 10 Thaler = 7,5 Gulden gebessert wurde. Überdies wurde Bach das bereits Ahle geleistete Deputat zugesprochen: „3 Malter Korn, 2 Clafter Holtz — / buehene und / ander 6 Schock Reisig anstatt des ackers vör die Thür geführet", also ein Deputat, das durch eine dreißigjährige Tätigkeit erworben worden war und bei einem Neulinge erheblich genannt werden darf. Zudem stellte der Rat das zur Erleichterung des Umzugs notwendige Fuhrwerk. Am 29. Juni 1707 gab Bach dem Rate Arnstadts Kenntnis von der Übernahme des Amts in Mühlhausen und dem Wunsche, die Schlüssel der Orgel abzuliefern.

Die Übersiedlung nach Mühlhausen hatte zwei der glücklichsten Ereignisse im Leben unseres Meisters zur Folge, das eine davon war persönlich, das andere künstlerisch.

Nachdem er seiner Existenz nun eine anscheinend sichere Grundlage gegeben hatte, führte er seine geliebte Anna Barbara am 17. Oktober 1707 in der entzückenden Kirche des Dorfes Dornheim bei Arnstadt vor den Traualtar. Das Aufgebot war zwar in Arnstadt erfolgt, aber Bach hat es wohl vermeiden wollen, sich von dem dortigen Pfarrer den Segen geben zu lassen. Übrigens scheint die Stadt Bachs Verhalten gebilligt zu haben, denn sie verzichtete auf Zahlung der „Akzidentien". Überdies war Bach noch eine beachtenswerte Erbschaft zugefallen. Der Bruder seiner verstorbenen Mutter, Tobias Lämmerhirt in Erfurt, hatte dem Neffen 50 Gulden vermacht.

Sebastian Bach hatte bald Gelegenheit zu einer künstlerischen Großtat, die nicht genug bewundert wird, da man fast immer vergißt, daß er sie in seinem 23. Lebensjahre vollbracht hat. Am 4. Februar 1708 wechselte der Rat der Stadt, und zur Feier der Wahl pflegte man eine Kantate aufzuführen. Bach schrieb hierfür die mit den Worten „Gott ist mein König" beginnende, übrigens die einzige, die zu Lebzeiten des Komponisten durch den Druck verbreitet worden ist. Sie wurde dem Gebrauch gemäß vom Rate bei einem bekannten Drucker der Stadt verlegt. Über diese Komposition wird im Zusammenhange mit den anderen Kantaten noch Ausführliches gesagt werden.

Trotz der guten Auspizien, unter denen unser Meister seine Stellung in Mühlhausen antrat, hatte diese doch nur kurze Dauer.

Warum eigentlich, ist niemals recht aufgeklärt worden. An und für sich war sie sehr gut und wert, festgehalten zu werden, um so mehr, als der Rat, dem gewiß an der Erhaltung des Meisters für die Stadt gelegen war, sich die Verbesserung der unzureichenden Orgel der St. Blasiuskirche angelegen sein ließ und von Bach selbst ein Gutachten über die notwendigen Veränderungen und Verbesserungen erbat. Dies Gutachten, das eine große Anzahl von Vorschlägen enthält, ist noch vorhanden. Es betrifft sehr durchgreifende und sicherlich auch sehr kostspielige Abänderungen und Neueinrichtungen, deren Darlegung beweist, wie sehr Bach sich mit dem Orgelbau selbst beschäftigt haben muß.

Der Meister erlebte in Mühlhausen die Ausführung der von ihm vorgeschlagenen Arbeiten nicht mehr. Er erhielt einen Antrag des Herzogs von Sachsen-Weimar und folgte ihm.

Bedeutete das Angebot des Herzogs einen Vorteil hinsichtlich der äußeren Stellung unseres Meisters, so bleibt doch noch die Frage offen, warum er Mühlhausen so schnell verlassen hat. Er selbst sagt in seinem Abschiedsbriefe nichts Genaues darüber, erklärt nur, die Stellung habe seinen Wünschen nicht entsprochen. In materieller Beziehung hatte er wohl kaum Ausstellungen zu machen, zumal, wie sich noch heute nachweisen läßt, die Zeit, zu der Sebastian Bach nach Mühlhausen kam, durch einen großen wirtschaftlichen Aufschwung gekennzeichnet war, der auch den Künsten zugute kommen mußte. Erst in neuerer Zeit ist man den Beweggründen Bachs nachgegangen und hat den Antrieb, Mühlhausen zu verlassen, in den religiösen Streitigkeiten gefunden, die damals ausbrachen und die Stellung an der Kirche einer sehr geteilten, in innerem Zwiste sich verzehrenden Gemeinde, trotz aller äußeren Vorteile, unerquicklich machten.

So kehrte nun Bach an die Stätte zurück, an der er schon einmal, allerdings nur kurze Zeit gewirkt hatte.

Seine Tätigkeit sollte diesmal anders, sie sollte auch äußerlich bedeutender werden, als sie das erste Mal gewesen oder wenigstens von dem Hofe, der ihn angestellt hatte, geplant worden war.

Zunächst brachte die Stellung in Weimar eine innere Beruhigung, da hier der Streit der Altgläubigen mit der neuen Sekte der Pietisten sich nicht auszuwirken vermochte. In Mühlhausen hatte dieser Streit außer persönlichen Unerquicklichkeiten auch für Bach und seine Kunstanschauung hinderliche Folgen gehabt, da die Pietisten gegen die Art und Weise, in der die Kirchenmusik betrieben wurde, Einspruch erhoben hatten. Sie sahen in ihr, wo nicht gar etwas Heidnisches, so doch etwas ausgesprochen Weltliches, das von der Kirche fernzuhalten ihnen als religiöse Pflicht erschien. Im Grunde spielte sich hier derselbe Prozeß ab wie in der katholischen Kirche etwa zur Zeit des Trientiner Konzils. Auch damals wurde gegen die uns Heutigen gerade echt kirchlich erscheinende Musik Protest erhoben zugunsten des alten gregorianischen Gesangs, der den damaligen katholischen Pietisten als allein zulässig galt. Der Überlieferung nach hat damals Palestrina die neue Kunst gerettet und ihre Wirksamkeit im katholischen Gottesdienste neu begründet. Ein wenig von der Rolle, die zu jener Zeit Palestrina spielte, hat Bach für die seinige übernommen. Es steht fest, auch er hat der neuen Kunst und deren Ausdrucksmöglichkeiten ihren Platz sichern wollen, und wir dürfen annehmen: Bach ist tatsächlich nicht zuletzt vor den Streitigkeiten in Mühlhausen geflohen, weil sie eine Einschränkung seiner Tätigkeit als Kirchenkomponist befürchten ließen.

Die Tätigkeit in Weimar brachte Bach eine wertvolle Erweiterung seines musikalischen Gesichtskreises. Abgesehen davon, daß der Herzog, als religiöser Mann, der würdigen Haltung des künstlerischen Gottesdienstes sein lebhaftestes Interesse zuwandte, kam auch die Weltlichkeit in der Kunst zu ihrem Rechte, da bereits im Jahre 1696 in Weimar ein Operngebäude aufgeführt worden war. Die Entwicklung Bachs freilich zeigt uns, daß seiner Natur eine Musik für das Drama — dies Wort in seinem eigentlichen Sinne genommen — nicht entsprach, und so sehen wir ihn denn auch keinen Schritt auf die Oper hin tun, sondern finden ihn an der Stelle, von der aus er in die Unsterblichkeit geschritten ist, nämlich an der Orgel. Dies hinderte ihn nicht, sich auch auf dem Instrument zu betätigen, mit dem er bei seinem ersten Aufenthalt in Weimar aufgetreten war, nämlich der Geige. Auch am Cembalo finden wir ihn bei den Hofmusiken, so daß man ihn wohl als vollbeschäftigt ansehen darf. Trotzdem begann er eine sehr große kompositorische Tätigkeit zu entfalten, deren Ergebnisse noch heute, ja, vielleicht gerade erst heute Bewunderung herausfordern; es sind dies eine große Anzahl Vorspiele für Choräle, über die in dem Kapitel „Bach als Komponist für die Kirche" noch gesprochen werden wird.

Eine treffliche Anregung zu seiner Tätigkeit als Virtuose wie als Komponist erhielt er durch den in Weimar seit 1707 wirkenden, aus Erfurt gebürtigen Meister Johann Gottfried Walther, mit dem er übrigens auch durch allerdings etwas weite Bande der Verwandtschaft verknüpft war. Walthers Mutter war wie die Sebastian Bachs eine geborene Lämmerhirt. Schon diese Beziehung wird die beiden seltenen Männer einander nähergebracht haben. Die künstlerischen Bestrebungen waren wohl geeignet, das Verhältnis zu festigen. Walther war nicht nur ein vorzüglicher Kontrapunktist, sondern auch ein für die Musikwissenschaft interessierter Geist. Wir verdanken ihm das erste „Musikalische Lexikon" in deutscher Sprache, ein Werk, das bis heute seinen Wert behalten hat; es wird im Jahre 1932 sein 200jähriges Jubiläum feiern.

Walther und Bach befleißigten sich der Bearbeitung von Kompositionen verschiedener Schulen zum Gebrauche für die Orgel. Wieweit diese Tätigkeit auf unseren Meister Einfluß gehabt hat, wird an anderer Stelle erläutert werden. Hier sei nur kurz darauf hingewiesen, daß Bach durch Walther wahrscheinlich besonders in der Entwicklung gewisser kontrapunktistischer Fähigkeiten beeinflußt worden ist. Die Kunst des Kanons, das heißt eines Musikstückes, in dem alle Stimmen nacheinander entweder auf dieselben Töne oder auf Tönen, die von den ersten in einem bestimmten Abstande stehen, dieselbe Melodie singen oder spielen, war Walther besonders vertraut, und wahrscheinlich hat, von ihm angeregt, Bach sich zu Versuchen in dieser Kunst entschlossen. Daß Bach für Walther eine große Zuneigung und Verehrung empfunden hat, geht aus einer noch heute existierenden Handschrift hervor, einer von der Hand Walthers stammenden Sammlung von Abschriften von Kompositionen. Das erste Blatt, gleichsam eine Widmung, rührt von Sebastian Bach her.

Die Entwicklung seiner Stellung am Hofe war für Bach glücklich. Es scheint, die maßgebenden Persönlichkeiten haben ihm besonderes Interesse zugewandt und Wohlwollen entgegengebracht. So wurde am 2. März 1714 aus dem bisherigen Hoforganisten ein Konzertmeister, mit dem Range eines Vizekapellmeisters, da der eigentliche Kapellmeister, Samuel Dreese, trotz seines hohen Alters, noch im Amt und Würden blieb. Die eigentliche Kapellmeistertätigkeit zu dieser Zeit dürfte Sebastian Bach ausgeübt haben. Von großer Wichtigkeit ist der Satz der Ernennungsorder, der Bach verpflichtet, monatlich neue Stücke aufzuführen. Ob diese neuen Stücke nur solche sein sollten, die man am Hofe noch nicht gehört hatte, oder ob unter der Bezeichnung zu verstehen ist, Bach solle verpflichtet sein, monatlich neue Stücke seiner Komposition zur Aufführung zu bringen, läßt sich nicht unbedingt entscheiden. Die letztere Auslegung scheint aber mehr Berechtigung zu haben. Fest steht: Bachs Ruf als Meister ersten Ranges auf einer ganzen Anzahl von Gebieten war damals schon so fest begründet, daß ihm wohl in jeder Hinsicht Ausnahmebedingungen gestellt worden sind.

Man rechnete übrigens mit seinem Verluste. Bach hatte bereits die Absicht, Weimar zu verlassen, zwar nicht formell, aber doch mittelbar dadurch kundgegeben, daß er sich um die Nachfolge des berühmten Organisten Friedrich Wilhelm Z a c h o w an der Liebfrauenkirche in Halle bewarb. Es scheint sogar, er habe der Erlangung dieser Stelle eine ganz besondere, persönliche und künstlerische Bedeutung beigemessen, denn er war bereit, ein Opfer an Geld zu bringen. Die ihm in Halle in Aussicht gestellten Bezüge waren geringer als diejenigen, die man ihm in Weimar zubilligte. Trotzdem wurde er sofort Gegenstand übler Nachrede, besonders als er sich bemühte, für Halle das gleiche Gehalt zu erwirken. An Neidern wird es ihm, wie allen hervorragenden Männern, nicht gefehlt haben. Die

Behauptung, er spiele die Bewerbung in Halle gegen seinen Herrn und Beschützer aus, um bei diesem die Gewährung höherer Bezüge zu erreichen, veranlaßte Bach, von der weiteren Verhandlung abzusehen. So blieb er denn in Weimar, wo es ihm, wenigstens vorläufig, weiter recht gut ging, und von wo aus sein Ruf sich immer weiter verbreitete. Ob Bach vor dem Erbprinzen Friedrich in Kassel gespielt hat, steht nicht fest; es wird aber angenommen. In Halle vergaß man den Meister nicht; man lud ihn im Jahre 1716 mit einer Reihe anderer berühmter Meister zur Probe der inzwischen fertiggestellten Orgel der Liebfrauenkirche ein und feierte mit ihm in solenner Weise Versöhnung.

In Dresden hatte Bach im Jahre 1717 einen besonderen Triumph.

Dort war die französische Musik herrschend, und ein ausgezeichneter französischer Klavierspieler und Tonsetzer namens Marchand besonders beliebt. Wie der Nekrolog berichtet, sollte Bach auf Veranlassung des Geigers Volumier an den Hof kommen, um mit Marchand um die Wette zu spielen. Die ganze Erzählung, die auch, in etwas veränderter Form, von dem ersten Biographen Sebastian Bachs, Forkel, berichtet wird, leidet an inneren Unwahrscheinlichkeiten. Schon der Umstand, Bach habe hinter der Türe dem Spiele Marchands zugehört, um sich die kleinen Tricks und Touren anzueignen, durch die der französische Meister sich auszeichnete, macht einen seltsamen und für Bach wenig günstigen Eindruck. Gewiß, auch ein großer Mann kann Schwächen haben, aber gerade die hier angedeutete Schwäche der Hinterlist entspricht Bachs Charakter in keiner Weise.

Die ganze Angelegenheit muß sich anders entwickelt und abgespielt haben, als man berichtet. Es ist möglich, daß ein Wettstreit geplant war, aber Überlistung dürfte wohl Sebastian Bach fernegelegen haben. Der Meister hatte auch gar nicht nötig, Marchands Spiel zu belauschen, denn er hat die Kompositionen des französischen Meisters zum großen Teile gekannt und demnach ausreichende Möglichkeit gehabt, sich von dem Spiele seines angeblichen Rivalen eine Vorstellung zu machen. Daß Marchand dem sogenannten Wettstreite ausgewichen ist, mag seine Richtigkeit haben, aber den Grund hierfür allein in seiner Schwäche zu suchen, ist verkehrt. Denn Marchand war ein mit Recht berühmter Mann, allerdings auf einem besonderen Gebiete und durch Fähigkeiten, die für Bach keine erste Rolle spielten. Übrigens wäre selbst ein Unterliegen für den Franzosen Marchand keine besonders brennende Schande gewesen. Denn man hätte auch unter deutschen Meistern keinen gefunden, der nur annähernd einen Vergleich mit Sebastian Bach ausgehalten hätte, außer vielleicht Georg Friedrich Händel, der wiederum von ganz anderer Natur war als Sebastian Bach. Bei nüchterner Betrachtung darf man wohl annehmen, Marchand sei die ganze Angelegenheit peinlich gewesen, weniger des Ruhmes wegen, den er aufs Spiel setzte, als weil ihm bewußt war, es sollten hier zwei inkommensurable Kräfte aneinander gemessen werden. Er, Marchand, war ein Vertreter eines Geschmacks, den Bach zwar nicht verachtete — sonst hätte er wohl nicht die Kompositionen Marchands so eifrig studiert —, aber nur als eine der vielen Ausdrucksmöglichkeiten ansah, über die ein universaler Künstler gebieten mußte. Schon die Angabe, ein französischer Künstler wie Volumier, dem doch naturgemäß an der besonderen Schätzung der französischen Kunst liegen mußte, habe Bach nach Dresden in der Absicht zu ziehen versucht, einen französischen Künstler um seine Berühmtheit zu bringen, ist absurd, und beweist, wie viele andere Einzelheiten des Berichts, daß man diesem nur halb vertrauen darf, wenigstens was diese, sogar dichterisch behandelte Episode im Leben unseres Meisters betrifft. Schwer erträglich ist das Geschrei zeitgenössischer und nachgeborener Nationalisten, die eben vergessen, wieviel Sebastian Bach fremden Meistern, nicht zuletzt den französischen und Marchand selbst verdankt. Sicher ist: Bach hat das Studium Marchandscher Werke nicht nur sich selbst, sondern auch anderen empfohlen, so zum Beispiel im Jahre 1714 Krebs, der sich eine Suite des französischen Meisters abschreiben sollte.

Der angeblich so große und vielleicht auch bemerkenswerte Triumph Sebastian Bachs hat einen bleibenden Eindruck in Dresden nicht hinterlassen. Dies ist für den vorurteilslosen Betrachter der Tatsachen nicht verwunderlich. Der Dresdner Hof stand eben auch musikalisch ganz unter französischem Einfluß, und es ist die Frage, ob nicht, wenn Marchand den ihm angeblich zugeworfenen Fehdehandschuh aufgenommen hätte, die Sache ganz anders abgelaufen wäre, als es den Berichten nach geschehen sein soll.

Nach Weimar zurückgekehrt, nahm Bach seine amtliche Beschäftigung wieder auf, aber nur für kurze Zeit. Obwohl er eine äußerlich bedeutende Stellung einnahm, hatte er sich doch nicht so beliebt gemacht, daß man ihn für so unentbehrlich hielt, wie er selbst es vielleicht glaubte. Als hochgeschätzter Virtuose auf verschiedenen Instrumenten, umstrahlt von der Glorie, die ihm in Dresden von seinen Anhängern um das Haupt gelegt worden war, Lehrer des Prinzen Ernst August, hatte er doch an entscheidender Stelle als Komponist nicht die Wertschätzung errungen, die ihn vor gewissen Demütigungen hätte bewahren müssen. Es zeigte sich, er verdankte seine Stellung mehr dem Prinzen Ernst August, als dem regierenden Fürsten. Es geschah ihm denn auch eine Kränkung, die er nicht verwinden konnte, die ihn sogar zu einem Verhalten trieb, das die übelsten Folgen nach sich zog. Als im Jahre 1719 das 200jährige Fest der Reformation in Aussicht stand, waren für die kirchliche Feier große Musiken geplant, für deren Komposition alle möglichen Musiker herangezogen wurden: nur nicht Bach. Ob damit eine bewußte Kränkung beabsichtigt war, steht dahin. Bach hatte die wesentlichsten Proben seiner Kunst nur erst auf dem Gebiete der Orgel- und Kammermusik geliefert. Als Kantatenkomponist war er den Weimarern fast unbekannt, oder, sofern man ihn kannte, dürfte seine schwere, nachdenkliche, immer tiefere Auswertung des Textes anstrebende Kunst dem Hofe und dem Publikum zuwenig gefallen haben, als daß man ihn als einen der wirklich repräsentierenden Größen auf dem Gebiete der Kantatenkomposition angesehen hätte.

Natürlich konnte dieser Gesichtspunkt für Bach selbst nicht in Frage kommen, und der Meister scheint sich an Äußerungen seiner Mißbilligung und seines Grolls vielleicht etwas mehr als genug getan zu haben, mehr jedenfalls, als der regierende Fürst sich wollte gefallen lassen. Bach war eben in dieser Zeit seines Lebens ein heftiger, aufgeregter Mensch. Es ist Pflicht, dies festzustellen; ist doch damit nichts gegen die Bedeutung des Mannes im ganzen gesagt. Auch in dem so lange als „goldig" geschilderten Gemüte Mozarts hat die Forschung eine ganze Reihe von Zügen festgestellt, die im Lichte bürgerlicher Auffassung als Schlacken erscheinen. Wie sehr die Heftigkeit zum Charakter Beethovens gehörte, wissen wir seit lange, ohne daß wir uns deshalb das Bild des Meisters trüben lassen. Bach muß auch verschiedene Privatpersonen vor den Kopf gestoßen haben, vielleicht ohne es zu wissen, denn sonst ist es nicht zu verstehen, daß seine doch wahrscheinlich vertraulichen Äußerungen das Ohr des Fürsten erreichten. Der Fürst selbst wollte auf das Abschiedsgesuch, das Bach nach seiner Übergehung bei der Bestellung der für das Reformationsfest bestimmten Komponisten eingereicht hatte, zunächst nicht eingehen, offenbar nur aus Trotz und selbstherrlicher Willkür. Denn er lag damals mit seinem Bruder, dem Schüler Bachs, in schwerem Streit und hätte durch Bewilligung des Abschiedsgesuches seinem Gegner einen Possen spielen können. Bach scheint ein wenig zu sehr das Spiel des irdenen Topfes gegen den eisernen gewagt zu haben, denn am 6. November 1719 wurde der Meister kurzerhand verhaftet und in Arrest gebracht. Über die Einzelheiten, die diesen exorbitanten Vorfall begleitet haben, sind wir nicht unterrichtet. Wir haben nur eine Notiz in den Nachrichten des Archivrevisors Theodor Benedikt Bormann. Diese Notiz lautet: „6. November ist der bisherige Konzertmeister und Organist, Bach, wegen seiner halsstarrigen Bezeugung von zu erzwingender Demission auf der Landrichterstube arretiert und endlich den 2. Dezember darauf mit angezeigter ungnädiger Dimission des Arrestes befreyet worden."

Möglicherweise hat Prinz Ernst August selbst den Weggang Bachs von Weimar in des Meisters eigenem Interesse angeregt, ja betrieben. Der Prinz war seit 1716 mit einer Prinzessin von Anhalt-Köthen verheiratet. Ihr Bruder Leopold, der Fürst von Anhalt-Köthen, war ein großer Freund der Musik, vor allem der Kammermusik. Er hatte für Bach besondere Wertschätzung, die ihm wohl nicht zuletzt von seinem Schwager eingegeben war. Der Fürst beeilte sich, Bach zu sich einzuladen, und dieser zögerte nicht, nach Köthen zu kommen, wo ein verständnisvoller Mäzen seiner wartete, und er denn auch tatsächlich die allzu wenigen wirklich glücklichen Jahre seines Lebens verbracht hat. Das eigenartige Schicksal des Meisters, daß die Freude immer mit Bitterkeit vermischt war, folgte ihm freilich auch nach Köthen.

Von Seiten seines Herrn und Protektors wurden Bach alle Ehren erwiesen, ja man darf, ohne zu übertreiben, von einer Freundschaft zwischen dem Fürsten und seinem Künstler sprechen. Zudem war Bach infolge eines nicht allzu anstrengenden Dienstes in die angenehme Lage versetzt, seinem kompositorischen Genius, wenigstens auf dem Gebiete der Kammermusik, nach Belieben zu folgen. Einen eigentlichen Orgeldienst hatte er nicht zu versehen, und auch des Ärgers, der mit der Leitung eines Chores verbunden ist — man denke an die Arnstadter Erlebnisse! —, war er enthoben. Er wirkte recht eigentlich als Hofkomponist und Kapellmeister. In Köthen schrieb er die drei Sonaten und drei Partiten für Geige allein, die sechs Sonaten für Geige und Cembalo, sowie die sechs Sonaten für Cello allein. Die Bedeutung dieser Werke läßt klar erkennen, welche ungeheuren Fortschritte Bach geistig und künstlerisch gemacht hatte. Wir kommen auf diese und andere, in Köthen geschriebenen Werke, darunter übrigens auch mehrere Kantaten, noch im einzelnen zurück.

Schon 1717, kurz nach seiner Übersiedlung nach Köthen, war Bach nach Leipzig eingeladen worden, um die neue Orgel der Universitätskirche zu probieren.

Eine Reise nach Halle, unternommen in der Absicht, Georg Friedrich Händel, seinen größten musikalischen Zeitgenossen, persönlich kennenzulernen, blieb leider ohne Erfolg. Gerade an dem Tage, an dem Bach in Halle eintraf, war Händel abgereist. Tatsächlich haben die beiden Meister einander nie kennengelernt, und mit Recht wird die Schuld hieran übereinstimmend Händel zugeschoben.

Diele in Bachs Geburtshaus

Bachs Geburtshaus

Obwohl Händel mehrfach in Deutschland und dem den Wohnorten Bachs so nahe gelegenen Halle gewesen ist, hat er nie einen Versuch gemacht, Bach zu besuchen. Wir wissen nicht, wie er kritisch zu Bach gestanden hat, ja, ob er überhaupt von Bachs Kunst rechte Kenntnis zu erwerben sich hat angelegen sein lassen. Gelegenheit dazu hat er zur Genüge gehabt. Aber während Bach von Werken Händels Abschriften nahm, zweifellos aus Bewunderung für den Meister, wissen wir nichts von einem entsprechenden Verhalten Händels. Das erscheint im Hinblick auf Händel bedauerlich.

Im Jahre 1720 trat ein Ereignis von ungewöhnlicher Härte und Bitterkeit ein. Unser Meister war als Freund und Genosse mit seinem Fürsten nach Karlsbad gefahren; er hatte seine Frau gesund und munter zurückgelassen. Als er nach Hause kam, fand er es leer. Seine Frau war inzwischen gestorben und begraben.

Der Schlag muß sehr hart für ihn gewesen sein. Seine Frau war seine wirkliche Liebe, sie hatte sich seit dem ersten Tage in allen Fährlichkeiten, in guten und bösen Zeiten, glänzend bewährt. Sie hatte ihm sieben Kinder geschenkt. Als Witwer blieb er nun zurück, ungewohnt der Sorge um das Haus, dessen Verwaltung er ganz und gar ihr überlassen hatte. Dieses Fremdsein gegenüber allen Dingen des praktischen Lebens hat zur Entstehung einer Anekdote Anlaß gegeben. Nach dem Tode seiner Frau will man den Meister gefragt haben, in welcher Art Sarg man sie beerdigen solle, worauf er geantwortet habe: „Fragt meine Frau!" Man sieht, wie leicht Anekdoten entstehen, und wie wenig ihnen zu trauen ist. Denn tatsächlich hat Bach die Zeit zwischen Tod und Beerdigung seiner Frau gar nicht in Köthen zugebracht. Das Urteil über den Wert dieser Anekdote ergibt sich von selbst.

Es ist anzunehmen, der Meister versuchte sich durch doppelte Hingabe an die Arbeit über seinen schweren Verlust hinwegzuhelfen. Er verließ auch einmal sein Haus, um nach Hamburg zu reisen, wo er in der Katharinenkirche auf einer herrlichen Orgel zwei Stunden lang vor den Honoratioren konzertierte und auch die Phantasie über den Choral „An Wasserflüssen Babylon" spielte. Dem Vortrag wohnte auch der damals 97 Jahre alte Adam Reinken bei, um dessentwillen Bach bereits einmal nach Hamburg gewandert war. Die Bearbeitung von Chorälen war das Gebiet, auf dem Reinken sich ganz besonders auszeichnete, während seine Kantaten zwar glänzend, aber etwas formalistisch und hohl sind. Es war keine kleine Ehre für Sebastian Bach, als nach Beendigung der Phantasie der greise Meister auf ihn zutrat, ihn mit Lobeserhebungen überschüttete und zum Schlusse sagte: „Ich dachte, diese Kunst wäre gestorben, ich sehe aber, daß sie in Ihnen lebt!"

Ganz wohl gefühlt hat Bach sich nach dem Tode seiner Frau wohl nicht mehr in Köthen, trotz der günstigen äußeren Umstände, unter denen er dort leben konnte. Die Sehnsucht nach der Orgel scheint sich bei ihm eingestellt zu haben, vielleicht auch der Wunsch, sich kompositorisch in umfangreicherer Weise zu betätigen. Man darf die Annahme nicht ganz von der Hand weisen, das Klopfen des Todes an seine Tür hat den Mystizismus geweckt, der stets in ihm lebendig, in der letzten Zeit vielleicht eingeschlafen gewesen war. Es liegt etwas in Bachs Schicksal verborgen, das ihn unwiderstehlich auf die religiöse Komposition hinwies. Als einen Schritt in dieser Richtung darf man den Versuch auffassen, in Hamburg den Platz an der Orgel der Jakobikirche zu erhalten. Bekanntlich wurde er ihm trotz großartigen Probespiels nicht zugesprochen, da sein Mitbewerber Johann Joachim Heitmann einen gelungenen Bestechungsversuch bei dem Kirchenrat machte, indem er den Posten durch Zahlung von 4000 Mark in die Kirchenkasse geradezu erkaufte, wie heutzutage zuweilen Dirigentenstellen an Orchestern zwar nicht öffentlich, aber im geheimen meistbietend versteigert werden. Der Pfarrer an der Jakobikirche war damals der aus Weißenfels stammende Dichter Erdmann Neumeister, der Verfasser eines Bandes von Texten für Kirchenkantaten, deren einige auch Bach zur Komposition angeregt haben. Neumeister sagte von der Kanzel herab in der Weihnachtspredigt dem Kirchenrate seine Meinung. Er schloß sie mit dem Hinweis auf die Engel, die die Geburt Christi den Hirten verkündigten. Er knüpfte daran die Bemerkung, sie hätten spielen können, wie sie wollten, dennoch wäre es ihnen, wenn sie kein Geld gehabt hätten, nicht vergönnt gewesen, Organisten an der St.-Jakobi-Kirche zu werden.

Der Name Erdmann Neumeisters lenkt unsere Blicke von Hamburg nach einem anderen Ort, an dem ein großes musikalisches Zentrum bestand, nämlich nach Weißenfels. Dort residierte der Herzog von Halle-Weißenfels; er hielt eine ziemlich große Kapelle unter der Leitung bedeutender Dirigenten und Komponisten, unter denen Johann Philipp Krieger besonders zu erwähnen ist. Die Konzerte, die dort stattfanden, waren von nicht gewöhnlichem Glanze. Sie dürfen sich das Verdienst zuschreiben, auf einen jungen Geist einen solchen Eindruck gemacht zu haben, daß er, der ursprünglich für einen ganz anderen Beruf bestimmt war, sich der Musik zuwandte und neben Bach der größte Meister aller Zeiten wurde. Es war der damals in Halle immatrikulierte Student der Rechte, Georg Friedrich Händel, dessen Vater, Leibchirurgus des Herzogs, in Halle wohnte, doch regelmäßig zu den Vorführungen in Weißenfels reiste und den Sohn mitnahm.

Die Aufmerksamkeit, die man augenblicklich den Kompositionen Johann Philipp Kriegers mit Recht zuwendet, gewährt uns einen Einblick in die Gedankenwerkstatt eines der tüchtigsten, ehrenfestesten, fruchtbarsten Komponisten seiner Zeit, eines Mannes, dem man außer einer großen Zahl weltlicher Kompositionen, darunter sogar Opern, etwa zweitausend geistliche Werke zuschreibt. Er interessiert uns als Urheber dieser letzten besonders, weil er zweifellos auf Bach als Kantatenkomponisten Einfluß ausgeübt hat.

Es unterliegt keinem Zweifel, Johann Philipp Krieger zeigt in der Textbehandlung seiner Kantaten außerordentlich viel von dem, was man als charakteristisch für Bach ansieht. Unser Meister hat gewiß der Aufführung einer großen Anzahl geistlicher und anderer Werke Kriegers beigewohnt und sich wahrscheinlich in Weißenfels auch dann und wann praktisch betätigt. Er wurde sogar, wie man damals sagte, herzoglicher Kapellmeister von Haus aus, was bedeutet, daß er zwar kein eigentliches Amt, aber doch eine Würde hatte, ähnlich wie der Bischof in partibus, der zwar keine Diözese hat, aber die zu einer Diözese gehörige Titulatur. Mit der Kapelle des Herzogs stand Bach zweifellos in lebhafterer Beziehung, und ein hervorragendes Mitglied dieser Gemeinschaft darf sich rühmen, der zweite Schwiegervater unseres Meisters geworden zu sein, nämlich der Stabstrompeter Wülken. Bach heiratete dessen Tochter, Anna Magdalena, am 3. Dezember 1721. In der Bach-Literatur spielt Anna Magdalena eine besondere Rolle als Besitzerin zweier Klavierbüchlein, von denen eines aus dem Jahre 1722, das andere von 1725 stammt. Diese Büchlein, sichtlich zusammengesetzt zum Zwecke der Unterweisung, haben ihr besonderes Interesse, weil sie uns einen Einblick gewähren in die Stellung, die Bach gegenüber einer Anzahl von Klavierkomponisten seiner Zeit einnahm.

Trotz der anscheinend so günstigen äußeren Verhältnisse, unter denen Bach in Köthen lebte, und die den Glauben erwecken konnten, sie würden bis zum Lebensende des Meisters dauern, stieg schon nach sechs Jahren in ihm der Gedanke auf, sich anderswohin zu wenden, da der Fürst Leopold nach seiner Heirat mit einer, von Bach als „amusa" bezeichneten bernburgischen Prinzessin sich immer weniger für Musik interessierte, wodurch naturgemäß auch das Verhältnis unseres Meisters zu ihm verändert wurde. Eine gewisse Rolle bei diesen Erwägungen mag für unseren Meister auch der Umstand gespielt haben, daß Köthen keine rechte Gelegenheit zur echten wissenschaftlichen Ausbildung seiner Söhne bot, die Lust zum Studium zeigten. Bach wäre genötigt gewesen, entweder die Söhne fortzugeben, was vielleicht seine Mittel nicht gestattet hätten, oder er hätte sich eine Stellung in einer Stadt suchen müssen, in der er sie studieren lassen konnte, ohne sie aus dem Hause geben zu müssen.

So mußte er es als einen günstigen Umstand betrachten, daß in der Universitätsstadt Leipzig, an der durch frühere Leiter berühmten Thomasschule, eine Lehrstelle und damit das Kantorat an der Thomaskirche frei wurde.

Bis zum 5. Juni 1722 hatte hier Johann Kuhnau amtiert. Dieser berühmte Klavierkomponist war bisher der letzte einer Reihe von hochwertigen Meistern, deren Werke zum Teil noch heute leben und bewundert werden. Der Posten war so bedeutend, daß sich eine große Anzahl namhafter Bewerber meldeten, unter ihnen Johann Friedrich Fasch, von dem uns sehr interessante Werke (herausgegeben von Riemann) erhalten sind, der als Musikdirektor in Magdeburg wirkende Christian Friedrich Rolle und Georg Friedrich Telemann, ehemals Kapellmeister in Frankfurt a. Main und Eisenach. Von diesen spielt Telemann noch heute als der Vertreter eines gewissen eleganten Stils eine Rolle. Ein so moderner Meister wie Max Reger hat eine seiner wirkungsvollsten Kompositionen (Variationen und Fuge) auf einem Telemann'schen Thema aufgebaut.

Bei der Besetzung des von Sebastian Bach umworbenen Postens spielte auch eine Unterrichtsfrage eine Rolle. Es handelte sich bei dem Kantorat an der Leipziger Thomaskirche nicht nur um eine rein musikalische Angelegenheit. Mit der Übernahme war die Verpflichtung verbunden, auch lateinisch zu unterrichten. Dieser Umstand vor allen veranlaßte Telemann, von seiner Bewerbung zurückzutreten. Er hätte sonst die größten Aussichten gehabt. Man sollte nun meinen, der Leipziger Rat hätte sofort mit beiden Händen nach Bach gegriffen. Dies war aber keineswegs der Fall. Nachdem Telemann abgesagt hatte, wandte man sich an den berühmten Christoph Graupner, der in Hessen-Darmstädtischen Diensten stand. Seinen Kompositionen nach zu urteilen, war er einer von den wenigen, die, soweit das Religiöse in Betracht kam, mit Ehren neben Bach bestehen konnten. Aber die Kandidatur Graupners fiel alsbald aus, weil der Landgraf ihn unter keinen Umständen missen wollte. So blieb eigentlich nur Bach übrig, und er hat auch — aller Wahrscheinlichkeit nach im Laufe des Dezember 1722 — eine Probe als Kapellmeister und Kirchenkomponist abgelegt, indem er seine Kantate „Jesus nahm zu sich die zwölfe" zur Aufführung brachte. Die Sache zog sich aber noch länger hin, als man hätte erwarten sollen: erst am 5. Mai 1723 wurde ihm das Amt vom Rate übertragen.

Die Verpflichtungen, die Bach bei der Übernahme des Amtes auf sich lud, waren nicht gering, zum Teil sogar etwas schikanös. Er verpflichtete sich dazu, „den Schülern der Thomasschule mit gutem Beispiel voranzugehen", in den beiden Hauptkirchen die gottesdienstliche Musik nach besten Kräften zu versehen, die Kinder ohne Härte zu behandeln, in den Klassen Unterricht zu erteilen, ohne Erlaubnis des Bürgermeisters die Stadt nie zu verlassen und mit den Chorknaben soweit möglich den Begräbnissen zu folgen. Zudem mußte er eine Erklärung über seine Rechtgläubigkeit abgeben. Erst jetzt ließ man ihn zur Leistung des Amtseides zu.

Sein Einzug in die Schule fand am 31. Mai 1723 statt. Er war Anlaß für einen feierlichen Empfang, bei dem Stadtverordnete, der Prediger der Thomaskirche, Lehrer und Schüler der Anstalt ihm den Willkommengruß boten. Es gab Ansprachen und Gesangsvorträge. Bach selbst hielt eine Rede. So schien sich alles zum Besten wenden zu wollen. Und doch war man nicht ganz davon überzeugt, die beste Wahl getroffen zu haben. Wir besitzen noch heute eine Urkunde, in der es hieß: „da man das Beste nicht haben konnte, sei man genötigt gewesen, mit dem mittleren vorlieb zu nehmen". Das scheint uns heute ein wenig kindisch, aber es beweist: Telemann und Graupner galten doch als die berühmteren, besonders Telemann. Jene Meinung, Bach gehöre nur zu den „Mittleren", wird nicht vereinzelt gewesen sein. Man darf nicht vergessen: man erblickte in Bach nicht die an sich größte, sondern die vielseitigste Kraft, eben eine Kraft, die nicht nur rein künstlerisch, sondern im weitesten Sinne sich nützlich machen konnte.

Jedenfalls zeigt sich bald, wie wenig Bach mit seinen Beschwerden, deren er eine ganze Anzahl anzubringen hatte, durchzudringen vermochte, was wohl anders gewesen wäre, wenn ihm auch nur ein kleiner Bruchteil der Bedeutung, die wir ihm heute beimessen, von seinen Zeitgenossen zuerkannt worden wäre. Hatte er sich auch über das Gehalt nicht zu beklagen, da er, bei freier Wohnung und einigen Naturalleistungen, 700 Taler bezog, so hatte er doch in anderer Beziehung an seinem Posten bald sehr viel auszusetzen. Die Mittel, die ihm zur Verfügung standen, künstlerische wie materielle, reichten nicht im entferntesten aus, um die Verpflichtung, die er bezüglich der Einrichtung und Ausübung der geistlichen Musik in den beiden Hauptkirchen übernommen hatte, anders als nach bestem Willen zu erfüllen. Zu einer würdigen Ausgestaltung konnte er es nicht bringen. Hierbei sprachen auch Gründe der Disziplin mit. Er stand zwar als Kantor über den anderen Lehrern der Thomasschule, aber er hatte trotzdem weder Befugnis noch Mittel, Orchester und Chor so zu gestalten, daß sie zu einem seinem Sinne nach würdigen Dienste genügten. Man durfte ihm von den verschiedensten Seiten her in seine Anordnungen hineinreden. Bald war es der Rektor, damals Ernesti der Ältere, bald das Konsistorium, bald der Rat der Stadt, die ihm Schwierigkeiten machten, bald hatte er, was bei den Anforderungen, die er gestellt haben dürfte, nur zu begreiflich ist, das ausführende Personal gegen sich. Zudem herrschte in der Schule selbst, in der Ordnung zu halten der Rektor nicht entfernt der geeignete Mann war, ein höchst bedauerlicher Ton. Einmal lagen die Lehrer untereinander im Streit, einmal die Schüler untereinander, dann wieder die Lehrer mit den Schülern und umgekehrt. Die Räumlichkeiten waren von schauderhafter Unsauberkeit und so überfüllt, daß oft mehrere Klassen in demselben Raum untergebracht werden mußten. Ansteckende Krankheiten hörten nicht auf, und es setzte sich das Elend fort, über das schon Kuhnau geklagt hatte. In seinem im Jahre 1717 an den Rat gerichteten Memorial, das u. a. auch auf die Gefahr hinweist, die den Stimmen durch das Singen in freier Luft, oft bei sehr schlechtem Wetter, droht, sagt er unter Punkt 4: ,,Der Krätze zu geschweigen, die sie fast die gantze Zeit plaget, und sie nicht viel zu Kräfften, welche doch zum guten Singen (von Traktierung der Instrumenten will ich nichts gedencken) nötig sind, kommen lässet."

Hiernach kann man sich ein Bild davon machen, welche Aufgabe Bach hätte erfüllen müssen, wenn er nur einigermaßen Ordnung in dieses Chaos aus Böswilligkeit und Schmutz hätte bringen wollen. Ob er überhaupt der zur Lösung dieser Aufgabe geeignete Mann war, wissen wir nicht, dürfen es aber nach den Vorgängen, die aus seiner Arnstädter und Weimarer Zeit zu berichten waren, billigerweise bezweifeln. So aufregende Verhältnisse, so kleinliche Parteien zu meistern, bedurfte es eines hohen Maßes von Willenskraft und Geschmeidigkeit. Von diesen beiden Eigenschaften besaß Bach nur die erste; auf den Mangel der zweiten ist ein großer Teil der Mißerfolge, Kränkungen und Enttäuschungen zurückzuführen, aus denen seine in Leipzig gemachten Erfahrungen sich zusammensetzen.

Wie nicht verwunderlich, genügte die Kirchenmusik nicht den Ansprüchen, die die Behörden, dem an Bach gezahlten Gehalte nach, zu stellen sich berechtigt glaubten. Aber bei dem verhältnismäßig geringen Aufwande an Mitteln, die Bach sich gestatten durfte, war es unmöglich, Besseres zu leisten, und es kam deshalb bald zu Reibereien, besonders, als nach dem im Jahre 1734 erfolgten Abgange des Rektors Gessner der jüngere Ernesti an die Spitze der Schule trat. Dieser war Bach wenig wohlgesinnt, obwohl er vielleicht für den Künstler Bach das rechte Verständnis hatte. Aber da er vor allen Dingen Schulmann war und darauf halten wollte, daß das Institut in der Ordnung blieb, zu der beizutragen Bach selbst leider ziemlich unfähig war, kam es zwischen den beiden Männern oft zu unangenehmen Verwicklungen. Mit dem Rate lag Bach fast ununterbrochen im Streite. Außerordentlich lehrreich in dieser Beziehung ist, da wir eben von dem Memorial Kuhnaus gesprochen haben, das Memoire Bachs vom 23. August 1730.

„Kurtzer, jedoch höchstnötiger Entwurff einer wohlbestallten Kirchen Music; nebst einigem unvorgreifflichen Bedencken von dem Verfall derselben.

Zu einer wohlbestellten Kirchen Music gehören Vocalisten und Instrumentisten.

Die Vocalisten werden hiesigen Ohrts von denen Thomas Schülern formiret und zwar von vier Sorten, als Discantisten, Altisten, Tenoristen und Bassisten.

So nun die Chöre derer Kirchen Stücken recht, wie es sich gebühret, bestellt werden sollen, müssen die Vocalisten wiederum in 2erley Sorten eingetheilet werden, als: Concertisten und Ripienisten. Derer Ripienisten müssen wenigstens auch achte seyn, nemlich zu jeder Stimme zwey.

Die Instrumentisten werden auch in verschiedene Arthen eingetheilet, als Violisten, Hautboisten, Fleutenisten, Trompetter und Paucker. NB. Zu denen Violisten gehören auch die, so die Violen, Violoncelli und Violons spielen.

Die Anzahl derer Alumnorum Thomanae Scholae ist 55. Diese 55 werden eingetheilet in 4 Chöre nach denen 4 Kirchen, worinne sie theils musiciren, theils Motetten und theils Chorale singen müssen. In denen 3 Kirchen, als zu S. Thomä, S. Nicolai und der Neuen Kirche müssen die Schüler alle musicalisch seyn. In die Peters-Kirche kömmt der Ausschuss, nemlich die, so keine Music verstehen, sondern nur nothdörfftig einen Choral singen können.

Zu iedweden musicalischen Chor gehören wenigstens 3 Sopranisten, 3 Altisten, 3 Tenoristen, und ebensoviel Bassisten, damit, so etwa einer unpass wird (wie denn sehr offte geschieht, und besonders bey itziger Jahres Zeit, da die recepte, so von dem Schul Medico in die Apotheke verschrieben werden, es ausweisen müssen) wenigstens eine 2 Chorigte Motette gesungen werden kann. (NB. Wie wohle es noch besser, wenn der Coetus so beschaffen wäre, daß man zu ieder Stimme 4 subjecta nehmen, und also ieden Chor mit 16 Personen bestellen könte.)

Machet demnach der numerus, so Musicam verstehen müssen, 16 Personen aus.

Die Instrumental Music bestehet aus folgenden Stimmen, als:

2 auch wohl 3 zur — Violino 1,
2 biss zur — Violino 2,
2 zur — — Viola 1,
2 zur — — Viola 2,

2 zum	— — Violoncello,
1 zum	— — Violon,
2 auch wohl nach Beschaffen-	
heit 3 zu denen	Hautbois,
1 auch 2 zum	— — Basson,
3 zu denen	— — Trompetten,
1 zu denen	— — Paucken,

summa 18 Personen wenigstens zur Instrumental-Music.

N.B. Füget sichs, dass das Kirchen Stück auch mit Flöten (sie seynd nun à bec oder Traversieri), componiret ist (wie denn sehr offt zur Abwechselung geschiehet) sind wenigstens auch 2 Persohnen darzu nöthig. Thun zusammen 20 Instrumentisten. Der Numerus derer zur Kirchen Music bestellten Persohnen bestehet aus 8 Persohnen, als 4. Stadt Pfeifern, 3 Kunst Geigern und einem Gesellen. Von deren Qualitäten und musicalischen Wissenschaften aber etwas nach der Warheit zu erwehnen, verbietet mir die Bescheidenheit. Jedoch ist zu consideriren, dass sie theils emeriti, theils auch in keinem solchen exercitio sind, wie es wohl sein solle.

Der Plan davon ist dieser:

Herr Reiche	zur 1. Trompete,
Herr Genssmar	— 2. Trompete,
vacat	— 3. Trompete,
	— Paucken,
Herr Rother	— 1. Violine,
Herr Beyer	— 2. Violine,
vacat	— Viola,
vacat	Violoncello,
vacat	Violon,
Herr Gleditsch	— 1. Hautbois,
Herr Kornagel	— 2. Hautbois,
vacat	— 3. Hautbois oder Taille,
Der Geselle	— Basson.

Und also fehlen folgende höchstnöthige subjecta theils zur Verstärckung, theils zu ohnentbehrlichen Stimmen, nemlich:

2 Violisten zur 1. Violin,
2 Violisten zur 2. Violin,
2 so, die Viola spielen,
2 Violoncellisten,
1 Violinist,
2 zu denen Flöten.

Dieser sich zeigende Mangel hat bisshero zum Theil von denen Studiosis, meistens aber von denen Alumnis müssen ersetzet werden. Die Herrn Studiosi haben sich auch darzu willig finden lassen, in der Hoffnung, dass ein oder andere mit der Zeit einige Ergötzligkeit bekommen, und etwa mit einem stipendio oder honorario (wie vor diesem gewöhnlich gewesen) würde begnadigt werden. Da nun aber solches nicht geschehen, sondern die etwanigen wenigen beneficier, so ehedem an den Chorum musicum verwendet worden, successive gar entzogen worden, so hat hiemit sich auch die Willfährigkeit der Studiosorum verlohren, denn wer wird ümsonst arbeiten, oder Dienste thun? Fernerhin zugedencken, dass da die 2de Violin meistens, die Viola, Violoncello und Violon aber allezeit (in Ermangelung tüchtigerer subjectorum) mit Schülern haben bestellen müssen: So ist leicht zu erachten, was da durch dem Vocal Chore ist entgangen. Dieses ist nur von Sontäglichen Musiquen berühret worden. Soll ich aber Fest-Tages-Musiquen, (als an welchen in denen beiden Haupt Kirchen die Music zugleich besorgen muss) erwehnen, so wird erstlich der Mangel derer benöthigten Subjecten noch deutlicher in die Augen fallen, sindemahlen so dann ins andere Chor diejenigen Schüler, so noch ein und andres Instrument spielen, vollends abgeben, und mich völlig deren beyhülffe begeben muss.

Hiernechst kan nicht unberühret bleiben, dass durch bissherige reception so vieler untüchtigen und zur Music sich garnicht schickenden Knaben, die Music nothwendig sich hat vergeringern und ins Abnehmen gerathen müssen. Denn es ist gar wohl zu begreiffen, dass ein Knabe so garnichts von der Music weiss, ja nicht ein mahl eine secundam im Halse formiren kan, auch kein musicalisch naturel haben könne; consequenter niemahln zur Music zu gebrauchen sey. Und diejenigen, so zwar einige principia mit auf die Schule bringen, doch nicht sogleich, als es wohl erfordert wird, zu gebrauchen seyn. Denn da es keine Zeit leiden will, solche erst jährlich zu informiren, biss sie geschickt sind zum Gebrauch, sondern sobald sie zur reception gelangen, werden sie mit in die Chöre vertheilet, und müssen wenigstens tact und tonfest seyn üm beym Gottesdienst gebraucht werden zu können. Wenn nun alljährlich einige von denen so in musicis was getan haben, von der Schule ziehen, und deren Stellen mit andern ersetzet werden, so einestheils noch nicht zu gebrauchen sind, mehrentheils aber garnichts können, so ist leicht zu schließen, dass der Chorus musicus sich vergeringern müsse. Es ist ja notorisch, dass meine Herrn Präantecessores, Schell und Kuhnau, sich schon der Beyhülffe derer Herrn Studiosorum bedienen müssen, wenn sie eine vollständige und wohllautende Music haben produciren wollen; welches sie dann auch in soweit haben prästiren können, da so wohl einige Vocalisten als: Bassist, und Tenorist, ja auch Altist, als auch Instrumentisten, besonders 2 Violisten von Einem Hoch Edlen und Hochweisen Rath a parte sind mit stipendiis begnadiget, mithin zur Verstärkung derer Kirchen Musiquen animiret worden. Da nun aber der itzige status musices gantz anders wie der ehedem beschaffen, die Kunst üm sehr viel gestiegen, der gusto sich verwunderens-würdig geändert, dahero auch die ehemalige Arth von Music unssren Ohren nicht mehr klingen will, und mann umsomehr einer erklecklichen Beyhülffe benöthigt ist, damit solche subjecta choisiret und bestellet werden können, so den itzigen musicalischen gustum assequiren, die neuen Arthen der Music streiten, mithin im Stande seyn können, dem Compositori und dessen Arbeit satisfaction zu geben, hat mann die wenigen benificia, so ehe hätten sollen vermehret als verringert werden, dem Choro Musico entzogen. Es ist ohne dem etwas Wunderliches, da man von denen teutschen musicis praetendiret, Sie sollen capable seyn, allerhand Arthen von Music, sie komme nun aus Italien oder Frankreich, Engeland oder Pohlen, so fort ex tempore zu musiciren, wie es etwa die jenigen Virtuosen, vor die es gesetzet ist, und welche es lange vorhero studiret, ja fast auswendig können; über dem auch quod notandum in schweren Solde stehen, deren Mühe und Fleiss mithin reichlich belohnet wird, praestiren können; man solches doch nicht consideriren will, sondern lässet sie ihrer eigenen Sorgen über, da denn mancher vor Sorgen der Nahrung nicht dahin dencken kan, üm sich zu perfectioniren, noch weniger zu distinguiren. Mit einem exempel diesen Satz zu erweisen, darff man nur nach Dresden gehen, und sehen, wie daselbst von Königlicher Majestät die Musici salariret werden. Es kan nicht fehlen, da denen Musicis die Sorge der Nahrung benommen wird, der chagrin nachbleibet, auch überdem iede Persohn nur ein eintziges Instrument zu excoliren hat, es muss was treffliches und exelentes zu hören seyn. Der Schluss ist demnach leicht zu finden, dass bey cessirenden beneficiis mir die Kräfte benommen werden, die Music in bessern Stand zu setzen. Zum Beschluss finde ich mich genöthigt, den numerum derer itzigen alumnorum mit anzuhängen, iedes seine profectus in Musicis zu eröffnen und so dann reiferer Ueberlegung es zu überlassen, ob bey so bewandten Uemständten die Music könne fernerhin bestehen, oder ob deren mehrer Verfall zu besorgen sey. Es ist aber notwendig, den gantzen coetum in drey Classes abzutheilen; Sind demnach die brauchbaren folgende:

(1) Petzold, Lange, Stoll, Praefecti, Frick, Krause, Kittler, Pohlreuter, Stein, Burckhard, Siegler, Nitzer, Reichhard, Krebs major und minor, Schönemann, Heder und Dietel.

Die Motetten Singer, so sich noch mehr perfectioniren müssen, üm mit der Zeit zur Figural Music gebrauchet werden zu können, heißen wie folgt:

(2) Jänigke, Ludewig major und minor, Meissner, Neucke major und minor, Hillmeyer, Steidel, Hesse, Haupt, Suppius, Segnitz, Thieme, Keller, Röder, Grau, Berger, Lösch, Hauptmann und Sachse.

Die von letzter Sorte sind gar keine Musici und heißen also:

(3) Bauer, Gross, Eberhard, Braune, Legmann, Tintze, Hebenstreit, Wintzer, Oesser, Leppert, Haussius, Feller, Crell, Zeymer, Guffer, Eichel und Zwicker.

Summa 17 zu gebrauchende. 20 noch nicht zu gebrauchende, und 17 untüchtige.

Leipzig d. 23. Aug. 1730.

Joh. Seb. Bach
Director Musices"

In den seit dem Amtsantritt vergangenen sieben Jahren hatte also Bach fast nur Ärger und Schikane. Den hierdurch in ihm geweckten Stimmungen gibt er beredten Ausdruck durch einen Brief vom 28. Oktober, der an seinen uns aus der Lüneburger Zeit bekannten Freund Georg Erdmann, den damals russischen Residenten in Danzig, gerichtet ist.

„Da ich nun aber 1) finde, daß dieser Dienst bey weitem nicht so erklecklich, als mann mir ihn beschrieben 2) viele Accidentia dieser Station entgangen 3) ein sehr theurer Ohrt und 4) eine wunderliche und der Music wenig ergebene Obrigkeit ist, mithin fast in stetem Verdruß, Neid und Verfolgung leben muß, als werde genöthiget werden, mit des Höchsten Beystand meine Fortune anderweitig zu suchen. Solten Euer Hochwohlgeboren vor einen alten treuen Diener dasigen Orthes eine convenable station wissen oder finden, so ersuche gantz gehorsamst vor mich eine hochgeneigte Recommendation einzulegen: an mir soll es nicht manquiren, daß dem hochgeneigten Vorspruch und intercession einige Satisfaction zu geben, mich bestens beflissen seyn werde. Meine itzige station belaufet sich auf etwa 700 Thaler, und wenn es etwas mehrere, als ordinairement Leichen gibt, so steigen nach proportion die accidentia, ist aber eine gesunde Lufft, so fallen hingegen auch solche, wie denn voriges Jahr an ordinairen Leichen accidentia über 100 Thaler weiter kommen als hiesigen Orthes mit noch einmal so vielen hunderten, wegen

Brief J. S. Bachs

der excessiven kostbaren Lebensarth. Nun mehro muß doch auch mit noch wenigen von meinem häußlichen Zustande etwas erwehnen. Ich bin zum 2ten Mahl verheuratet und ist meine erste Frau seel. in Cöthen gestorben. Aus ersterer Ehe sind am Leben 3 Söhne und eine Tochter, wie solche Euer Hoch wohlgebohren annoch in Weimar gesehen zu haben sich hochgeneigt erinnern werden. Aus 2ter Ehe sind am Leben 1 Sohn und 2 Töchter. Mein ältester Sohn ist ein studiosus Juris, die andern beyde frequentiren noch immer primam und der andere 2dam classem, und die älteste Tochter ist auch noch unverheuratet. Die Kinder anderer Ehe sind noch klein, und der Knabe erstgebohrner 6 Jahr alt."

Unglücklicherweise hatte Bach nicht nur Mißhelligkeiten in seiner nächsten Umgebung, auch Widerstände aus entfernteren Bezirken machten ihm das Leben schwer und zwangen ihn zu Kundgebungen, in denen er leider nicht immer das richtige Maß einhielt.

Zu seinen Einkünften gehörten u. a. die Gelder, die er für die in der Universität bei besonderen Feiern veranstalteten musikalischen Aufführungen bezog. Wurde die Leitung dieser Aufführungen in eine andere Hand gelegt, so ging ihm dieser Verdienst verloren. Bach hatte sich den Organisten der Thomaskirche, Görner mit Namen, den Bruder des berühmten Hamburger Liederkomponisten, zum Feinde gemacht. Görner, der wahrscheinlich ein nur mittelmäßiger Vertreter seines Faches war, hatte Bach gelegentlich einer Probe derart in Aufregung versetzt, daß er sich die Perücke vom Kopfe riß, sie Görner ins Gesicht warf mit den Worten: „Er hätte lieber sollen ein Schuhflicker werden." Auch dieser Zug beweist, wie wenig Bachs Charakter ihn dazu befähigte, mit anderen Menschen fertig zu werden.

Görner, der seltsamerweise es hatte erreichen können, daß man ihm den Posten des Universitätsmusikdirektors gab, nahm nun kraft dieses ihm übertragenen Amtes das Recht für sich in Anspruch, die Universitätsveranstaltungen musikalischer Art zu leiten, und zwar nicht nur die Aufführungen einzustudieren und zu dirigieren, sondern auch die notwendigen Kompositionen zu liefern. Man darf

Bachs Orgelbank und Orgelspiel

Bonifatiuskirche in Arnstadt

annehmen, er war zu allen diesen Funktionen gleich wenig befähigt. Nichtsdestoweniger konnte Bach, der sich auf das alte Herkommen stützte, nach welchem der Thomaskantor auch die musikalischen Aufführungen der Universität besorgte, sein Recht nicht durchsetzen. Zwei Jahre lang ging der Streit herüber und hinüber, bis Bach sich entschloß, sich an den Kurfürsten zu wenden, was wiederum die Universität veranlaßte, ihrerseits eine Eingabe zu machen, in der sie ihre Gründe für die Übergehung des Thomaskantors darlegte. Bach siegte endlich in diesem Kampfe, wenigstens soweit, daß ihm das Recht der Veranstaltungen zu den großen Festlichkeiten, namentlich den Gedenktagen, die sich an Ereignisse des Fürstenhauses anschlossen, übertragen wurde.

Ein Trost in all diesen Wirrnissen war für unseren Meister außer seinem Familienleben sein Verhältnis zu den Studenten, die ihn 1729 zum Dirigenten des von Telemann gegründeten Collegium musicum gewählt hatten. Diese Vereinigung, zu der Görner eine Konkurrenz in einem anderen Studentenvereine unterhielt, übte jede Woche, sowohl im Sommer als auch im Winter. Bach dürfte diesen Posten erst 1736 abgegeben haben, wahrscheinlich weil er, infolge von Überlastung mit kompositorischen Arbeiten, vielleicht auch durch schwankende Gesundheit behindert, ihn nicht so auszufüllen imstande war, wie er wollte. Seine Nachfolger, die er selbst ernannte, waren Karl Gotthelf Gerlach, der Organist an der Neuen Kirche, und nach diesem sein Schüler Johann Trier. Bachs Tätigkeit als Dirigent des Collegium musicum hat nicht nur für die Entwicklung der musikalischen Verhältnisse Leipzigs eine wesentliche und unmittelbare Bedeutung, der Meister bekam auch die Möglichkeit, sich zu einer neuen Ausgestaltung der orchestralen Teile seiner Kompositionen vorzuwagen.

Die Studenten scheinen sehr tüchtig gewesen zu sein, wie sich aus den ihnen von Bach gestellten Aufgaben leicht ablesen läßt. Gelegentlich der Erwähnung einzelner in Leipzig komponierter Kirchenkantaten und Orchesterstücke wird nachgewiesen werden, wie sich der Stil Bachs zu immer ausgesprochenerer Größe entwickelte; zweifellos hat die Möglichkeit, das von den Ausführenden Verlangte entsprechend wiedergegeben zu hören, Bach hierbei sehr ermutigt. Die Orchesterpartien der großen Werke Bachs stellen an alle Ausführenden gewisse Ansprüche, nicht nur in technischer Beziehung, sondern auch in geistiger; die Solisten aber müssen sehr hohe Ansprüche erfüllen, besonders die Trompeter. Doch auch die Ausführung einer obligaten Geigenpartie oder die Ausführung einer Flöten- und Oboenpartie gelten auch heute noch für eine, an geistiger Schwierigkeit wenigstens, im ganzen kaum zu überbietende Aufgabe. An die Orgel gar, sobald sie als „obligat" eingeführt wird, stellt der Meister die allerhöchsten Ansprüche.

Die ihm vielleicht angenehmste Musik machte der Meister mit den Seinigen in seinem Hause. Er wurde darin durch das Talent seiner Kinder und seiner ausgezeichnet singenden Frau aufs beste unterstützt. Er selbst leitete das Ganze vom Klavier aus. Wenn es sich um Instrumentalmusik handelte, bei der auch Streicher eine Rolle spielten, und in der er selbst ein Streichinstrument übernahm, zog er die Bratsche allen anderen vor, weil sie die eigentliche Mittelstimme war, und von ihr aus das ganze thematische Gefüge sich am besten überblicken ließ.

Bachs Ruhm als Orgelspieler und Klaviervirtuose erfüllte so ziemlich ganz Norddeutschland. Nach Süden zu ist sein Name weniger bekannt geworden. Bach reiste fast jedes Jahr und veranstaltete in den besuchten Städten Vorführungen. Allerdings gingen seine Reisen über Nord- und Mittel-Deutschland nicht hinaus. Als protestantischer Organist war er gewissermaßen an diese Gegenden gebunden. Italien hat er leider niemals besucht. Es ist aber die Frage, ob er in Italien — bei dem dort früher als im Norden aufgekommenen eleganten Stile —. den Eindruck gemacht hätte, den man sonst als sicher annehmen möchte.

Merkwürdigerweise war Bach auf seinen Ruhm weniger bedacht, als auf seine Titulatur. Schon bei seinem Wegzuge von Köthen war es ihm nicht recht, den Titel eines Kapellmeisters für den eines Kantors einzutauschen. Die Ernennung in Weißenfels hat ihm offenbar viel Freude gemacht, besonders angesichts der dort wirkenden, in Johann Philipp Krieger verkörperten großen Persönlichkeit. Bachs eigentliches Ziel war doch, obwohl er sich stets als Protestant fühlte, als Kapellmeister an den katholischen Hof in Dresden zu kommen. Um sich dort bemerkbar zu machen, komponierte er eine ganze Anzahl Huldigungsmusiken, von denen einige noch auf uns gekommen sind. Die größte seiner für Dresden bestimmten Arbeiten war das Kyrie eleison, der erste Chor seiner hohen Messe. Bach erhielt schließlich den Titel eines Hofkompositeurs. Die höchste Ehrung aber, die ihm zuteil wurde, war der Empfang, den er am 7. Mai 1747 beim Könige von Preußen, Friedrich II., fand.

Bachs Sohn, Karl Philipp Emanuel, war seit 1740 beim Könige von Preußen angestellt und hatte auf Drängen des hohen Herrn seinen Vater öfter zu einem Besuch in Potsdam aufgefordert. Aber der Meister konnte sich niemals recht dazu entschließen, dieser Einladung Folge zu leisten. Erst 1747 machte er die Reise.

Als er in Potsdam eintraf, war gerade eine Hausmusik beim Könige, an der die beiden Graun, Nickelmann, Benda, Philipp Emanuel Bach und der berühmte Flötenlehrer, ja Freund des Königs, Quantz, als Begleiter zugegen waren, und in der der König ein Flötenkonzert spielen wollte.

Forkel, ein Schüler Bachs und sein erster Biograph, schildert, wahrscheinlich nach einem Berichte Philipp Emanuel Bachs, die Szene folgendermaßen:

„Mit der Flöte in der Hand übersah er (der König) das Papier (d. h. die ihm täglich einzureichende Liste der in Potsdam angekommenen Fremden), drehte sich aber sogleich gegen die versammelten Kapellisten und sagte mit einer Art von Unruhe: ‚Meine Herren, der alte Bach ist gekommen!' Die Flöte wurde beiseite gelegt und der alte Bach sogleich auf das Schloß befohlen. Er war in Emanuels Wohnung abgestiegen. Es wurde ihm nicht Zeit gelassen, sein schwarzes Staatskleid anzulegen; im Reisekostüm, so wie er eben war, mußte er erscheinen. Der König ließ ihn seine Silbermannschen Klaviere probieren, auf die er große Stücke hielt. Bach improvisierte eine Fuge über ein Thema, welches der König ihm stellte. Am nächsten Tage ließ er sich öffentlich als Orgelspieler hören, und abends bei Hofe führte er zum Erstaunen aller ein selbstgewähltes Fugen-Thema sechsstimmig durch. Er besuchte auch Berlin, wo er auf den ersten Blick entdeckte, daß sich im Speisesaale des Opernhauses eine sogenannte Flüstergalerie befand. Nach seiner Rückkehr bearbeitete Bach das Thema des Königs zum anderen Male, führte es drei- und sechsstimmig durch und ließ es mit einer Widmung an den König unter dem Titel ‚Musikalisches Opfer' stechen."

Dieser Besuch in Potsdam war gewissermaßen der letzte Lichtblick im Leben des großen Mannes, das nur noch drei Jahre währen sollte. Man darf annehmen, diese letzte Zeitspanne war eine der unglücklichsten in dem ohnehin nicht sehr sonnigen Dasein Sebastian Bachs. Von wirklich fester Gesundheit ist er wohl nur bis zu seinem mittleren Alter gewesen. Sehr zu klagen hatte er immer über sein Augenlicht; durch vieles Arbeiten bei ungenügender Beleuchtung zu sehr in Anspruch genommen, verlor es immer mehr an Kraft. Wie sein großer Zeitgenosse Händel, der erblindete, schien auch er diesem Schicksale verfallen zu sein. Er sah bald gar nichts mehr und war genötigt, seine Kompositionen Stimme für Stimme in die Feder zu diktieren. Kurz vor seinem Tode besserte sich seine Sehkraft für einige Tage. Aber bald trat das Leiden wieder auf, und die Erblindung war vollständig. Die letzte Komposition ist ein Choralvorspiel zu: „Wenn wir in höchsten Nöten seien". Er diktierte es kurz vor seinem Tode seinem Schwiegersohne, dem Naumburger Organisten Altnikol. Noch vor seinem Tode hat er den Titel ändern lassen in die Worte: „Vor deinen Thron tret' ich hiermit."

Am 28. Juli 1750, abends 9 Uhr, starb Bach. Den 31. Juli wurde er auf dem Johannis-Kirchhofe beerdigt.

Die Werke Bachs

Sebastian Bach hat fast alle musikalischen Genres gepflegt. Ausnehmen muß man das rein dramatische, die Oper. Aber auch diese nur als Form. Wir werden sehen, daß er der dramatischen Musik nicht aus dem Wege ging, daß sie sogar einen großen Teil seines Werkes ausmacht.

Wir besitzen von Bach Werke für Gesang mit einfacher Begleitung, für Geige allein, für Geige mit Klavier, für Cello allein, für Gambe mit Klavier, ja sogar für Flöte allein. Wir besitzen Werke für die Orgel, teils in Form von Phantasien über Choräle, teils in Form von Tokkaten und Phantasien mit nachfolgenden Fugen. Er schrieb Orgelsonaten und Orgelkonzerte. Für Orchester schrieb er in verschiedensten Formen und Ausmaßen. Für kleines Orchester, dessen einzelne Instrumente konzertierend auftraten, und für großes Orchester, teils in Form der Conzerti grossi, nicht zu gedenken der Ouvertüren zu den Kantaten und den Oratorien.

Eine besondere Stellung nimmt Bach als Klavierkomponist ein, als welcher er einer der allergrößten, ja wohl — trotz Beethoven — der größte aller Zeiten ist. Als Klavierkomponist hat er sich in allen Formen von den allereinfachsten bis zu den kompliziertesten, ja kaum ausführbaren, in immer gleicher Meisterschaft und Genialität hinsichtlich Erfindung und Durchführung betätigt. Schier unermeßlich ist seine Tätigkeit als Kirchenkomponist. Da er fünf Jahre lang Kantaten für jeden Sonntag geschrieben haben soll, wie der in diesem Punkte alles Vertrauen verdienende Nekrolog besagt, so müssen wir allein die Anzahl der Kirchenkantaten auf 260 veranschlagen. Da 190 noch vorhanden sind, ist diese Annahme auch nicht zu hoch. Damit ist aber seine Tätigkeit als Kirchenkomponist keineswegs abgegrenzt. Er hat bestimmt vier oratorische Passionen nach den vier Evangelisten geschrieben. Wir besitzen von diesen vier heute nur noch die Matthäus- und die Johannispassion.

Vorhanden ist noch ein Stück Lucaspassion, das jedoch als unecht abzulehnen ist. Zu diesem allen kommen noch eine große Anzahl kleiner Messen und das gewaltigste Werk, das Bach selbst, man darf wohl sagen überhaupt ein Komponist jemals unternommen hat: Die hohe Messe in h-moll. Auf einem besonderen Blatte stehen Bachs Motetten, von denen man nicht genau weiß, ob sie nur für Singstimmen geschrieben oder nicht doch gelegentlich durch die Orgel unterstützt worden sind.

Es ist schon in der Lebensbeschreibung angedeutet worden, in welcher Art Bach an die Dinge heranging. Die Besprechung der Werke nach den Genres wie im einzelnen wird uns das noch weiter klar werden lassen. Ehe wir an diese Einzelheiten gehen, wird es gut sein, die Natur Bachs im ganzen etwas näher zu betrachten und zu würdigen.

Hierbei empfiehlt es sich, den Stand der Musik zur Zeit Bachs sich klar zu machen, besonders deshalb, weil der Meister in der Musik eine Art Familienkunst sehen mußte. Tatsächlich hat Bach von Mitgliedern seiner Familie vorzügliche Anregungen erhalten. Seine Bedeutung besteht darin, so könnte man sagen, alles Vorhandene, sei es, daß es in seiner Familie oder von anderen geschaffen oder bereits zu einer gewissen Höhe entwickelt war, noch einmal sich anzueignen und es von sich aus zu einer Größe und Höhe zu entwickeln, die andere vielleicht geahnt, aber zu erreichen nicht kräftig genug gewesen sind. Die meisten sind aber wohl nicht einmal imstande gewesen, diese Größe und Höhe zu ahnen. Man braucht nur an die Werke zu denken, zu denen Bach Kern und Stoff von anderen entnommen hat, und zu vergleichen, was jene damit angefangen haben und was er daraus zu machen verstand. Wir werden solchen Werken häufig genug begegnen. Der Begriff des Plagiats, der zu Zeiten großer Armut, wie etwa der unserigen, eine so bedeutsame Rolle spielt, war zu damaligen Zeiten fast unbekannt. Selbst ein so reicher Geist wie Händel, in musikalischer Erfindung vielleicht das größte Genie, trug kein Bedenken, Themen, Phrasen, ja ganze Melodien anderer sich anzueignen, um sie dann freilich aus seinem Geiste in einer den Urhebern oder Überlieferern ungeahnten Form neu erstehen zu lassen. Daß Bach diese Entwicklung auf allen Gebieten bis zur höchsten Höhe führte, ist das Charakteristische seines Genies, es macht ihn zu einer einzigartigen Erscheinung in der Kunst überhaupt, nicht bloß der musikalischen.

Von seiner Selbständigkeit bekommt man erst den rechten Begriff, wenn man seine Auffassung von Kunstvollendung mit derjenigen anderer Geister vergleicht, die sicherlich sehr befähigt, aber doch mehr von Formalismus beherrscht waren, als von der Notwendigkeit, die Form bis zur höchsten Vollendung auszubilden. Ein Beispiel: wir sahen, wie rühmend der Nekrolog (übrigens nach der neueren Forschung irrtümlich) von einigen Vorfahren Bachs berichtet, sie hätten niemals Stücke geschrieben, in denen nicht fünf lebende Stimmen vorgekommen seien. Wenn die Generation nach Bach, eine Generation, der die lebende Stimme nicht mehr ein Ideal war, diesem Umstande die Ehre besonderer Erwähnung erweist, so ist anzunehmen, daß Bach, der unter der Familientradition aufwuchs, die Ehrfurcht vor dem möglichst vielstimmigen Satze gewissermaßen übererbt bekam.

Bei der kurzen Aufzählung seiner Werke haben wir ein Genre erwähnt, das notwendigerweise nur aus einer Stimme bestehen kann, nämlich die „Sonate für Flöte allein", ein Werk, zu dem man sich alle Stimmen hinzudenken muß und kann, das in reicher Stimmenanzahl zu schreiben dem Meister nicht die geringste Schwierigkeit bereitet haben würde. Und doch beschränkte sich Bach, eben als echter Meister, hier wie überall auf das Notwendige. Aber auch seine komplizierten Werke enthalten nichts weiter als das Notwendige, sie sind in dieser wie jeder anderen Hinsicht nicht mehr und nicht minder musterhaft als jenes einstimmige Werk.

*

Nach diesen kurzen, auf alle Werke Bachs anwendbaren Bemerkungen begeben wir uns an die Darlegung seiner Eigenschaften auf einzelnen Gebieten und betrachten den Meister zunächst in seinen Beziehungen zur kirchlichen und sodann in denen zur weltlichen Kunst.

Natürlich ist diese Einteilung künstlich und unzureichend, und doch notwendig, wenn wir zu einer Übersicht großer Teile in ihrer Gesamtheit gelangen wollen.

Das Schaffen Bachs war nur in gewissen, ganz kurzen Abschnitten seines Lebens auf eine bestimmte Betätigung beschränkt. Am typischsten in seiner Köthener Zeit. Von der Lüneburger Zeit, die dem Erlernen des Handwerks und kindlichen Versuchen gewidmet war, dürfen wir absehen; wir erwähnten sie nur, um zu zeigen, wie die Entwicklung begonnen und wie organisch sie verlaufen ist.

Wir betrachten also zunächst Bach als Orgelkomponisten.

Unter den Werken, die Bach für die Orgel geschrieben hat, unterscheiden wir

die zum eigentlichen Gottesdienst gehörigen Orgelwerke,

die mehr der Einleitung und Beendigung des Gottesdienstes dienenden Werke.

Die ersteren umfassen alle Bearbeitungen von Chorälen.

Diese Bearbeitungen sind nicht nur als bloße Vorspiele oder Zwischenspiele aufzufassen, sondern eher als Phantasien, als Auslegungen des Textes, der, an eine bestimmte Melodie gebunden, doch selbst verschiedene Gefühle und Empfindungen zum Ausdruck bringt. Geht es doch bei den Chorälen so weit, daß auf eine Melodie die verschiedensten Texte gesungen wurden, selbst auf Melodien, die ursprünglich auf bestimmte Worte komponiert und für den Kirchengebrauch gedacht waren. Wir wissen aber, daß keineswegs alle im Gottesdienst gebrauchten Gesänge ursprünglich für die Kirche bestimmt waren. Eines der berühmtesten und überzeugendsten Beispiele ist die Melodie des von Bach so bewunderten Liedes: „Innsbruck, ich muß dich lassen", eine Melodie, die zu bearbeiten Bach nicht müde geworden ist, der wir in zweien seiner größten Werke an besonders bemerkenswerten Stellen begegnen werden. Der Choral ist ja, wie wir nicht vergessen dürfen, eigentlich für die musikalisch Unbeholfensten gemacht. Die Gemeinde, aus verschiedensten

Elementen zusammengesetzt, sollte sich des Gesanges befleißigen. Da konnte man ihr nur Bekanntes zu singen geben und auf das Bekannte, wenn ihm ein weltlicher Text zugehörte, einen geistlichen Text aufpfropfen. Oder aber man komponierte Neues, befleißigte sich der einfachsten Bewegung, der einfachsten Harmonisierung, um die Gemeinde nicht durch allzu schwere Aufgaben abzuschrecken.

Die Texte, die von den Dichtern auf dieselbe Melodie gedichtet wurden, waren einander wenig ähnlich. Wir sehen es an dem berühmten Choral der Matthäuspassion „Wenn ich einmal soll scheiden". Tatsächlich ist dieser Text der Melodie aufgezwungen worden, denn der ursprünglich dazu gehörige ist eher freudig. Er beginnt mit den Worten: „Herzlich tut mich verlangen". Auch die Worte: „Wie soll ich dich empfangen?" sind einmal, und zwar ebenfalls an einer besonders freudigen Stelle im Weihnachtsoratorium untergelegt worden.

Die Melodie eines Chorals steht nicht immer Ton für Ton fest, sie gestattet dem Gesang kleine, der Stimmung entsprechende Abänderungen, freilich nur solche, die eine an bestimmte Wege gewöhnte Gemeinschaft nicht allzusehr verdutzen. Die Choralmelodie gibt also dem Orgelkomponisten gewissermaßen ein Thema auf, das er variierend auslegen soll.

*

Es kommt nun auf die Begabung des Bearbeiters an, wie er sich mit der Variierung des Themas abfindet. Sicherlich hat es keiner seiner Vorgänger und auch keiner seiner Nachfolger, bei aller Anerkennung der Leistungen Regers, Bach entfernt gleich getan.

Wir sahen schon im Verlaufe der Lebensbeschreibung Bachs, daß der alte Reinken nach Anhören der Phantasie über den Choral „An Wasserflüssen Babylon" zu Bach sagte, er habe diese Kunst für tot gehalten. Daraus darf man schließen, daß sie einmal lebendig gewesen ist. Es wird sich nun darum handeln, ihre Lebensäußerungen bis zum Auftreten Sebastian Bachs in Kürze darzulegen; wir werden dann sehen, daß die Choralvorspiele früherer Meister gewissermaßen die Schößlinge sind, aus denen Bach durch Zucht edelste Bäume von ungeheurem Format entwickelt hat.

Als die Orgelkunst in Italien bereits zu höchster Blüte gelangt war, als dort, um nur zwei Namen zu nennen, Frescobaldi und Merulo ihre Meisterwerke schufen, war sie in Deutschland kaum dem Namen nach bekannt. Sie wurde erst langsam angebaut und zwar durch Schüler der italienischen Meister, besonders durch Froberger, dessen Lehrer Frescobaldi gewesen ist.

Italienische und noch mehr deutsche Künstler, die Reisen nach Italien machten, verbreiteten sie langsam, ohne daß sie freilich eine große Ausbildung fand. Auch technische Schwierigkeiten kommen bei diesen Verhältnissen in Betracht. Der Orgelbau lag noch sehr im argen. Die Ausbildung des Spielkörpers steckte noch in den Kinderschuhen. Dem Willen des Organisten, sich zu einer höheren Spielstärke hinaufzuarbeiten, traten unüberwindliche Hindernisse in dem schlecht funktionierenden Mechanismus entgegen. Sicherlich hätte Sebastian Bach auf den Orgeln, die noch in der ihm vorangehenden Generation gebaut worden sind, eines seiner bewegteren Stücke nicht spielen können, oder höchstens in einem Tempo, das ihm selbst wohl zu langsam vorgekommen wäre.

Das Verlangen der Organisten nach Ausbildung ihrer Technik mußte auf die Erfindung neuer Orgelmechaniken hindrängen. Das Bedürfnis, das sich das Organ geschaffen hatte, suchte es dann zu möglichster Beweglichkeit auszubilden. Die ganze Generation vor Bach, soweit sie musikalisch an die Kirche gebunden war, hängt — beruflich oder geistig — mit der Orgel zusammen. Die Musiker Bach, von denen einige auf Bach Einfluß ausgeübt haben, waren zumeist Organisten. Der Vorsprung, den andere Länder: Italien, Frankreich, auch Spanien auf dem Gebiete der Orgelkunst hatten, ist sicherlich einer erhöhten Technik des Orgelbaus in diesen Ländern zu damaliger Zeit zuzuschreiben. In Deutschland finden wir schon zur Zeit, als Bach geboren wurde, eine Reihe tüchtiger Organisten und guter Kompositionen für dieses Instrument. Unter ihnen ragt Pachelbel hervor. Boehm haben wir schon genannt, ebenso wie Reinken und

Buxtehude. Es ist auch kein Zufall, daß mit dem Auftreten dieser Meister eine Periode erhöhter Orgelbautätigkeit beginnt. Bach selbst ist zu wiederholten Malen von Gemeinden eingeladen worden, neue Orgeln zu probieren oder sich von den Ergebnissen der Veränderung einer alten Orgel zu überzeugen. Wir können hier nicht die Geschichte der Orgelkunst in Deutschland im einzelnen darlegen, aber wir dürfen sagen, die Bach voraufgehende Periode hat hinsichtlich der Möglichkeiten, die Orgel im Gottesdienste zu verwenden, alles so vorbereitet, daß es nur eines großen Genies bedurfte, um die aus dem Vorhandenen sich ergebenden Möglichkeiten zum Gipfel der Vollendung zu führen.

Die Passionen

Unter „Passion" versteht man die von Gesang begleitete und unterstützte Darstellung des Leidens Christi. Der Gesang war a cappella oder begleitet. Von der Tatsache ausgehend, daß Bach fünf Jahrgänge Kantaten geschrieben hat, wird auch angenommen, er habe fünf Passionen geschrieben. Vollständig erhalten sind nur zwei: „Die Passion nach dem Evangelisten Matthäus" und „Die Passion nach dem Evangelisten Johannes". In Spuren ist innerhalb anderer Werke noch eine „Markuspassion" nachzuweisen, während die sogenannte „Lucaspassion" mit Recht als unecht abgelehnt wird.

Der Gebrauch der „Passionen" in der christlichen Kirche war schon sehr alt, als Sebastian Bach mit seiner Bearbeitung einsetzte. Vor ihm war die Choral- und die Motettenpassion im Gebrauch, d. h. Formen, die sich in der Weise erfüllten, daß der Evangelientext erzählt und die Erzählung durch Absingen von Chorälen oder Motetten, d. h. frei komponierten Gesangsstücken unterbrochen bzw. verbunden wurde.

Bach wählte die sogenannte oratorische Form. Sie besteht darin, daß die Erzählung nicht nur durch eingestreute Choräle, sondern auch durch religiöse Betrachtungen, in Arien- oder Ariosoform, eine höhere Mannigfaltigkeit erhält. Das Theatralische, das eine Reihe von Vorgängern Bachs bevorzugten, deren Passionen übrigens noch erhalten sind, bestand in der Einführung von Personen, die in dem Bibeltexte gar nicht vorkommen. Dieser Gebrauch, dem Bach sich übrigens widersetzte, schreibt sich wohl noch von den Mysterienspielen her, in denen ja auch verschiedene, zur eigentlichen Handlung nicht gehörige Gestalten wie die „Kirche" oder „die Synagoge" auftreten. Wie denn überhaupt die Passion in unserem Sinne als ein musikalischer Ersatz für das gesprochene, auf öffentlichem Platze aufgeführte Passionsspiel anzusehen ist. Dramatik ist auch in der musikalischen Passion Bachs deutlich fühlbar. Aber die Auffassung des Meisters vom Glauben und der Bedeutung des Gottesdienstes hat es erreicht, die Äußerlichkeiten, an denen ja das Mysterienspiel schließlich zugrunde gegangen ist, auszuschließen und die Darstellung auf einer Höhe zu halten, die einer von allem Äußern abgekehrten Religiosität wie der seinigen entspricht und, wie sie der Quelle tiefster Empfindung entspringt, sich die Erweckung tiefster Empfindung zur Aufgabe macht.

DIE MATTHÄUS-PASSION

Obwohl die „Matthäus-Passion" ihre Entstehung verschiedenen Perioden verdankt, ja, aus anderen, zum Teil verloren gegangenen Werken übernommene Stücke enthält, herrscht in ihr doch eine bewundernswerte Stileinheit. Sie ist die Frucht einer höchsten Einsicht in die Wirkung einer Anordnung der Teile, die man am besten mit der Einsicht eines Baumeisters vergleicht. Die immer weiter vordringende Forschung hat uns einen Einblick in die Wandlungen des dem Werke zugrunde liegenden Gedankens und seiner Verwirklichung verschafft. Es würde zuweit führen, den Weg, den die Gestaltung des Werks genommen hat, auch nur anzudeuten, geschweige denn gar, ihn zu verfolgen. Soviel aber darf gesagt werden: die Bemühungen des Meisters, zu der Fassung, die uns vorliegt, zu gelangen, rechtfertigen die Auffassung, man solle es, trotz seiner ungeheuren Länge in der eigentlichen Gestalt, ohne Kürzungen zur Aufführung bringen. Im allgemeinen hört man es in abgekürzter Form, und sie schadet der Wirkung nicht, wenn die Aufführung in einem Zuge stattfindet. Welche Ausmaße bei der ungekürzten Aufführung erfüllt werden müssen, lehrt die Tatsache, daß das in zwei Teile gegliederte Werk im ersten 35, im zweiten 43 Nummern enthält.

Der Zweck des Werkes ist, den Hörer, indem ihm die Geschichte des Leidens und Sterbens erzählt wird, für alle Gefühle und aus solchen entspringende Vorsätze empfänglich zu machen, in ihm die Empfindungen zu erwecken, die den Gläubigen, unter denen der Meister selbst sich verbirgt, erfüllen: Mitleid, Hingebung, ja Entrüstung und Zorn.

Der erste Teil

Nr. 1 ist ein durch ein langes Orchestervorspiel eingeleiteter Chor.

Das Orchestervorspiel, eines der mächtigsten, die Bach geschrieben hat, nimmt eine Anzahl Gedanken des nachfolgenden Chors zum Gegenstande der Bearbeitung, ja man könnte fast sagen, der Betrachtung. Zion, das Bild der Gemeinde, ruft ihre Töchter, d. h. ihre Gläubigen, auf, ihr das Leiden des Heilandes, Bräutigams, des Gotteslammes, beklagen zu helfen. Diese drei Vorstellungen von der Gestalt Christi, diese drei Verkörperungen seiner seelischen Bildung sind leitend, maßgebend für die Erfindung und Entwicklung der künstlerischen Gedanken. Über einer, aus einem Viertel und einem Achtel bestehenden, auf demselben Ton ruhenden Figur, die einen tiefen Seufzer bedeutet, entwickelt sich eine harmonisch reiche Melodie, in welche hinein plötzlich der Baß gewissermaßen den Berg hinaufzurollen beginnt, um den bis dahin tiefliegenden Gesang in die Höhe zu jagen, eine unerhörte Eingebung des Meisters, der sich hier in einem einzigen Takte wohl als der phantasievollste und zugleich stärkste aller Kontrapunktisten erweist.

Bis zum Eintritt des Chors im 17. Takte bleibt das Vorspiel in den Regionen der Resignation und der Trauer, entsprechend dem Texte, den der zunächst vierstimmig singende Chor sprechen wird: „Kommt ihr Töchter, helft mir klagen!" Das Wort „klagen" bestimmt den Charakter des Tonstückes. Erschütternd ist, wie der Meister ihm, je öfter es wiederkehrt, eine um so tiefere Bedeutung zu verleihen versteht. (Takt 17 und Takt 20—25.) An dieser Stelle setzt ein zweites Stimmungsagens ein durch die Worte: „Sehet den Bräutigam, seht ihn als wie ein Lamm." Sie bringen ein wenig Helligkeit in die Tonart. Aber nur für kurze Zeit. Das Wort „Bräutigam", das eine gewisse Freudigkeit zuließ, verschwindet bald hinter der Vorstellung des Lamms, das die Sünde der Welt trägt. Dieser seelische Vorgang gibt Bach den Anlaß zu einem seiner genialsten Züge. Dem Chore, der sich inzwischen zu einem doppelten entwickelt hat, gesellt er an dieser Stelle einen Knabenchor zu, der zu dem auf- und niederwogenden Gesange den Choral „O Lamm Gottes" anstimmt, ohne daß der Fluß des Chorals die ursprüngliche Anlage der Komposition selbst in irgendwelcher Weise verändert. In regelmäßigen Abständen fällt der Knabenchor unbeirrbar immer wieder mit seinen oft schwere Disharmonien hervorbringenden und zur Lösung zwingenden Choralnoten ein. In wunderbarer Weise macht sich Bach den Gesang des Knabenchors zunutze, er läßt dem Hauptchore, der nunmehr von einer grundlegenden Vorstellung beherrscht wird, höhere Freiheit und gestattet ihm sogar dramatische Bewegung. „Sehet!" sagt der eine Teil, „Was?" fragt der andere. „Die Geduld" ist die Antwort. „Seht!" „Wohin?" „Auf unsere Schuld." „Sehet ihn, aus Lieb' und Huld, Holz zum Kreuze selber tragen." Dies von Bach mit Tönen gemalte Bild ist nicht selten in Parallele gestellt worden zu den Passionen Albrecht Dürers, jenen Werken, in denen die religiöse Sammlung des Malers einer ganzen Epoche des Christentums, ja der Kunst überhaupt ihren höchsten Ausdruck gefunden hat.

Nach diesem Chore beginnt nun die eigentliche Passion, d. h. die Verlesung des Evangelientextes, die in rezitativischer Form vor sich geht. Sie geschieht durch den als Tenor gedachten Evangelisten. Wird von einer Figur des Evangeliums gesprochen und diese als redend eingeführt, so überläßt Bach ihr das Recht, den Evangelisten zu unterbrechen und die ihr in den Mund gelegten Worte selbst zu singen, vornehmlich natürlich dem als Bariton gedachten Jesus.

Schon im ersten Rezitativ haben wir Worte Jesu: „Ihr wisset, daß nach zween Tagen Ostern wird, und des Menschen Sohn wird überantwortet werden, daß er gekreuziget werde."

Während der Evangelist nur unter Begleitung der Orgel singt, tritt sofort das Orchester, vornehmlich die Geige ein, sobald Christus das Wort erhält. Diese Einführung der Instrumente zu den Worten Jesus, denen dadurch innerhalb des Ganzen eine besondere Stellung eingeräumt wird, ist von einer stellenweise wahrhaft zauberhaften Wirkung. Von der Kraft des Ausdrucks, die sich oft nur durch wenige Noten kund tut, gibt die Vertonung des Wortes „gekreuziget" eine überaus eindrucksvolle Vorstellung (Takt 7).

Auf die Worte Jesu fragt voll Verwunderung und Bangigkeit die Gemeinde: „Herzliebster Jesu, was hast du verbrochen?"

Nach einem neuen Rezitativ, in dem berichtet wird, wie die Ältesten im Palast des Kaiphas Rat hielten, „wie sie Jesum mit List ergriffen und töteten", wird zum erstenmal der Chor als die Gemeinschaft der Juden eingeführt. Achtstimmig erteilen sie den Rat: „Ja nicht auf das Fest, auf daß nicht ein Aufruhr werde im Volk!" In diesem nur sechs Takte umfassenden Satz erweist sich Bach wiederum als der große Meister der Charakteristik durch die Kreuzung der Stimmen, mit steter Betonung des: „Ja nicht". Man glaubt die Sprecher mit erhobenem Zeigefinger dastehen zu sehen.

Es folgt die Erzählung der Ereignisse im Hause Simonis, des Aussätzigen, zu Bethanien, wo Jesus von einem Weibe mit köstlichem Wasser gesalbt wurde. Man achte auf die Worte „des Aussätzigen", in deren Vertonung Bach das Grauen, das uns beim Anblick eines Aussätzigen ergreift, durch die wunderbare große Quart fühlbar macht. An der Stelle „Und goß es auf sein Haupt" ist in der abwärtsgehenden Bewegung, die dann plötzlich wieder aufwärts führt, die Darstellung des Gießens und des Auftreffens der Flüssigkeit ebenso greifbar wie ergreifend dargestellt. Der Chor der Jünger, denen die Handlung des Weibes als „Unrat" erscheint, geben ihrer Mißbilligung vierstimmig Ausdruck, sie selbst in ziemlich einfacher Bewegung, während das Orchester durch einen wunderbaren Meistersatz malerisch den Ärger der Jünger aufs packendste vor Augen stellt. In dem folgenden Rezitativ verweist Jesus den Jüngern, die das Wasser lieber hätten verkaufen und das Geld den Armen geben wollen, ihre Rede: „Ihr habt allzeit Arme bei euch, mich aber habt ihr nicht allzeit." Der Jammer des Bittenden kann kaum ergreifender und zugleich kürzer gezeichnet werden als durch die verminderte Septime, auf die Bach das Wort „Arme" singen läßt.

In einem für Alt geschriebenen Rezitativ (Nr. 9), eingeleitet und vollkommen begleitet von einer in Terzen oder Sexten gehaltenen, wiegenden Figur, drückt Bach die Demut und Ergebenheit Jesu aus. Die Stimme singt zu zwei Flöten und begleitendem Basse, sie bittet den Heiland, er möge ihr gestatten, „von ihrer Augen Tränenflüssen ein Wasser auf sein Haupt zu gießen". Die zugehörige Arie Nr. 10 behält den vom Rezitativ angeschlagenen Ton bei und schildert, wie „Buß und Reu das Sündenherz entzwei knirscht". In einem wunderbaren Beisatze auf die Worte „Daß die Tropfen meiner Zähren" schildert Bach durch Flötentöne das Fallen der Tropfen, das Fließen der Tränen und das Seufzen eines von Reue zerrissenen Gemütes in einer nur ihm möglichen Schönheit und Bedeutung.

War bis hier die Betrachtung und Schilderung vorherrschend, so steigt von hier ab die dramatische Linie. Nach einem Rezitativ, Nr. 11, in dem Judas den Verrat anbietet, steht die berühmte Arie für Sopran „Blute nur, du liebes Herz". Wiederum geben zwei Flöten dem Tonstück den Charakter der Trauer, der Ergebung, des Jammers und des Trostes. Mit welcher Greifbarkeit Bach ein Textwort auffaßt und geltend macht, dafür dienen die Töne auf „Ermorden" und „Schlange" als neuer schlagender Beweis.

Im Gegensatz zur Schilderung der finsteren Pläne der Feinde des Heilands stellt das Werk in den Stücken 13—17 diejenige der Einsetzung des Abendmahls. Der Gesang Jesu „Trinket alle daraus" ist einer der berühmtesten des Werkes, von höchster Feierlichkeit, von einer stellenweise freilich etwas seltsamen, auf eine Übernahme der Melodie aus einem anderen Werke schließen lassenden Deklamation (siehe die Worte „Gewächs des Weinstocks"). Das Rezitativ Nr. 18, das den Schmerz über den Abschied Jesu und zugleich die Freude über die Verkündung des neuen Testaments ausdrückt, ist wiederum durch eine wiegende, die Demut Jesu andeutende Figur, diesmal in Triolen, gekennzeichnet.

Die zum Rezitativ gehörige berühmte Arie: „Ich will Dir mein Herze schenken" ergänzt den Freudenausdruck, mit dem das erste Stück schloß, und gipfelt in den Worten „So sollst du allein mir mehr als Welt und Himmel sein". Von ganz besonders starker Bewegung ist das Rezitativ Nr. 20. Jesus verkündet darin den Jüngern, sie würden sich in dieser Nacht alle an ihm ärgern. Eine außerordentliche Stelle ist im Orchester die Begleitung der Worte „Ich werde den Hirten schlagen, und die Schafe der Herde werden sich zerstreuen". Man beachte, wie das Auseinanderlaufen, das Irren und Sichzerstreuen gezeichnet ist. Einen wunderbaren Gegensatz dazu bilden die Worte Jesu: „Wenn ich aber auferstehe, will ich vor euch hingehen in Gallıläam". Man beachte das Aufsteigen des Orchesters an der Stelle „auferstehe". Der Choral Nr. 21 auf die Melodie „Herzlich tut mich verlangen" bittet, der Hüter und Hirte möge sich der Gemeinde annehmen, er ist der natürliche Ausdruck der Gemeinde an ihren als Hirt gedachten, versöhnlichen Heiland. Das Rezitativ Nr. 22 handelt von Petrus und der ihm von Jesus prophezeiten Verleugnung. Man achte auf die Worte „Ehe der Hahn krähet". Fast mit Humor charakterisiert ist die Breitspurigkeit Petri, hinter der sich seine innere Unruhe und Unsicherheit bemerken läßt. Wiederum stellt sich die Gemeinde hin als die treue Gefolgschaft. Der Chor nimmt (Nr. 23) den eben gesungenen Choral in einer neuen Tonart auf und verspricht, im Gegensatze zu Petrus: „Ich will bei dir stehen!"

Im Rezitativ Nr. 24 wird die Trauer Jesu und seine Furcht vor dem Tode geschildert, worauf (Nr. 25) der als Zion eingeführte Tenor seinen Schmerz über den des Heilandes kund gibt.

Die Worte: „Hier zittert das gequälte Herz" werden durch den Baß, der sich drei Takte lang in gestoßenen Sechzehnteln auf derselben Note hält, mit echt Bachscher Treffsicherheit charakterisiert, während Flöte und Oboe über die Bewegung hinwegseufzen. In die Worte des Tenors ertönen die des Chors: „Was ist die Ursach' aller meiner Plagen", gesungen auf die Melodie des Chorals „Mein liebster Jesu, was hast du verbrochen", wodurch ein neuer musikalischer Höhepunkt erreicht wird. Diesem herrlichen Stücke folgt, Nr. 26, die zugehörige Arie auf die Worte: „Ich will bei meinem Jesu wachen", ein mit Recht besonders gepriesener Satz, dessen Oboevorspiel stets als eines der bestcharakterisierenden Bachs angesehen worden ist. Das vom Rezitativ her bekannte Prinzip der Unterbrechung oder noch besser der Illustrierung der durch den Gesang der Solostimme in der Gemeinde erregten Gefühle wird auch hier festgehalten. Hat der Tenor gesungen: „Ich will bei meinem Jesu wachen", so bestätigt der Chor das Vorhaben des Vorsängers durch die Worte: „So schlafen unsre Sünden ein."

Man fühlt, wie sich mit der dramatischen Zuspitzung der Handlung in Bach das Bedürfnis kundgibt, nicht nur die Dramatik in der Erzählung darzulegen und zu charakterisieren, sondern durch Tonsätze besonderer Art, in denen sich Solo und Chor verschränken, einander befragen, einander Erklärungen geben, die Erzählung ins Dramatische einmünden zu lassen.

Um so wirksamer ist dann in seiner Einfachheit das Rezitativ Nr. 27, in dem Christus bittet, den Kelch von ihm gehen zu lassen.

In einer prachtvollen Illustration der Empfindungen, die durch Christi Seele ziehen, gibt der Baß in einem Rezitativ die Schilderung des Niederfallens des Heilandes vor seinem Vater. Hier sieht die Notenschrift beinahe einer Zeichnung des knienden Heilands ähnlich. Die Behauptung: „Er ist bereit" ist tonlich ein Meisterzug Bachs. Wie die Noten an dieser Stelle aufsteigen, malt untrüglich den festen Willen des Heilands, sich dem Opfer nicht mehr zu entziehen. Die folgende Arie des Basses „Gerne will ich mich bequemen" ist liedartig gehalten und erinnert im Tone an die Stelle „Kreuz und Krone sind verbunden" in der Kantate: „Wir müssen durch viel Trübsal in das Reich Gottes eingehen."

Es folgt nun (Nr. 30, 31, 32) die Schilderung der Gefangennahme Christi, worauf (33) wiederum ein dem dramatischen Rezitativ entsprechendes dramatisches Ensemblestück folgt, das Duett für Sopran und Alt: „So ist mein Jesu nun gefangen", in das sich auch der Chor einmischt, mit den herausgestoßenen Worten „Laßt ihn, haltet, bindet nicht!" Die Gewißheit, das Schicksal des Heilands nicht aufhalten zu können, treibt nun den Chor allein zu einem der mächtigsten Aufschreie, die die Musik kennt, dem Stücke: „Sind Blitze und Donner in Wolken verschwunden." Hier wird die Dramatik von einander abwechselnden vierstimmigen Chören vertreten. Es kommt den Absichten Bachs zustatten, daß der Text mit einer Frage beginnt. Dies erlaubt dem Komponisten, die Chöre als handelnde Personen einzuführen, ja, sie gewissermaßen nebeneinander, einander unterstützend, darzustellen. Das Rollen des Donners, das Sprühen der Blitze, sind so malerisch gegeben, wie es einem Bach bei aller Einfachheit der Mittel nur gelingen kann; aber Blitze und Donner sind an sich nicht das Wesentliche, ihre Malerei ist nicht der Hauptzweck des Chors, sie sind vielmehr der Ausdruck des Grolls der Gemeinde selbst bei dem Gedanken, daß es nicht gelingen wird, das unschuldige Opfer aus den Händen seiner Henker zu befreien. Der „feurige Abgrund der Hölle, der mit plötzlicher Wut den falschen Verräter, das mörderische Blut" verschlingen soll, öffnet sich nicht. Denn — „Christus wird gefangen" (Rezitativ Nr. 34). Die Empfindung, die sich der Gemeinde bemächtigt, erhält prachtvollen Ausdruck in dem Chor Nr. 35, der eigentlich ein Choral ist, ein figurierter Choral. Die Textworte lauten „O Mensch, bewein' dein' Sünde groß". Der Gesang wird eingeleitet durch ein ausgedehntes Flötenvorspiel, das durch die Oboe eine noch zartere Färbung bekommt. Auch hier wieder ist der Bewegung, durch die Bach Jesu Ergebenheit, Sanftmut, Opferwilligkeit zu zeichnen liebt, eine führende Rolle zuerteilt. Das Stück ist recht eigentlich eine Zusammenfassung der Passion selbst, die sich ja auch in dem wundervollen Texte spiegelt, einer Strophe von einer Großartigkeit, wie sie sich in der deutschen Poesie und in der Poesie überhaupt nur sehr selten wiederfindet. In dem Satz für den Chor ist wunderbar das Auseinanderhalten der vom Soprane gesungenen Melodie und der drei anderen Stimmen, die einmal sich dem Soprane anschließen, jeweils seinen Tönen einen anderen Ausdruck geben und dadurch dem Satze über die Choralmelodie hinaus Bewegung und Leben verleihen. Wie ferner die begleitenden Instrumente, unabhängig von dem in den vier Stimmen lebenden Gesange, ein selbständiges Tonstück geben, ist durch Worte nicht zu beschreiben.

Die Veränderungen, die Bach mit der Choralmelodie vornimmt, besonders die Stellen, an denen er Verlängerungen anbringt (man achte z. B. auf die Stelle „Kam auf Erden") sind voll genialer Züge. Sie verhelfen nicht nur dem Texte zu einer besonderen Bedeutung mittels Betonung der für den Gegenstand wichtigsten Worte, sondern sie sichern auch in musikalischer Beziehung die Abwicklung der vom Meister festgesetzten rhythmischen Vorgänge. Ein wahrer Meisterzug Bachs ist es, vor dem letzten Verse: „Wohl an dem Kreuze lange" ein längeres Zwischenspiel zu bringen, die Worte zuerst illustrativ in den drei Unterstimmen zu geben und erst dann durch Einführung der Melodie durch den Sopran ihr den höchsten Ausdruck zu sichern. Auf das Wort „Lange", als wichtigstes und letztes, kommt es ihm vor allem an; für dieses Wort spart er sich den letzten langen Halt des Soprans auf dem Grundtone auf, über dem nun die anderen Stimmen, jede in ihrer Weise und der ihr gestellten Aufgabe entsprechend, die Harmonie bis zum wahrhaft himmlischen Schlusse auflösen.

Der zweite Teil

Der dramatische Hauch, der bereits das Ende des ersten Teils durchzieht, belebt auch den zweiten Teil.

Gleich zu Anfang begegnen wir wieder einer Arie mit Chor, wie wir sie schon in den Nummern 25, 26 kennengelernt haben. Der Alt stößt die Klage aus: „Ach, nun ist mein Jesu hin" und wird vom Chor befragt mit den Worten: „Wo ist denn dein Freund hingegangen, o du schönste unter den Weibern?" Mit den Worten: „Ist es möglich, kann ich schaun" setzt der Alt die Klage fort, und der Chor fragt wiederum: „Wo hat sich dein Freund hingewandt?" Der Alt nimmt seine Klage mit den Worten: „Ach mein Lamm in Tigerklauen, ach wo ist mein Jesus hin!" auf. Der Chor fällt mit den Worten ein: „So wollen wir mit dir ihn suchen!"

Dieses Stück ist eines der im Tone sanftesten der ganzen Passion und bezeugt wiederum, wie Bach selbst dann, wenn er strophenweise komponierte, sich doch nur an den Sinn der Worte hielt und innerhalb ihres Stimmungsgehaltes immer neue Varianten für den Ausdruck des einzelnen fand. Man sehe, wie der Chor das erstemal schmeichelt, wie er beim zweiten Einsatz, nachdem er beim erstenmal nach unten gegangen war, aufsteigt, als ob er selbst nicht weiß, wohin der Freund sich gewandt hat. Man achte auf die Vertonung des Wortes „gewandt"! Und wie charakteristisch ist es gezeichnet, dieses Auf-die-Suche-gehen nach etwas Verlorenem, wo gleichsam alle hintereinander herlaufen.

Die Erzählung geht weiter und schildert, unterbrochen von einem Chorale, das Auftreten der falschen Zeugen und das Schweigen Jesu (Nr. 37—39).

Nr. 40 ist ein Rezitativ für den Tenor, ein Ausdruck der Bewunderung für Jesus, der zu falschen Lügen stillschweigt, damit seinen Opferwillen zeigt und ein Vorbild für das Verhalten in der Verfolgung gibt. Die folgende Arie des Tenors, Nr. 41, enthält eine Betrachtung und erteilt eine Ermahnung, Geduld zu haben, „wenn falsche Zungen stechen". Auch diese Arie bewahrheitet die Macht des Ausdruckes, die Bach für die Charakteristik gewisser Gefühle und Vorstellungen zur Verfügung steht. Wie er sich das Stechen und das Rächen musikalisch vorstellt, muß man in den Noten nachsehen, da keine Beschreibung dieses Bildes imstande ist, eine wirkliche Vorstellung davon zu geben.

In Nr. 42 folgt die Verurteilung Jesu wegen Gotteslästerung zum Tode, die vom Chore in einem kurzen meisterhaften Satze achtstimmig ausgesprochen wird.

Christus wird verhöhnt (Nr. 43), und ein achtstimmiger Chor fragt spöttisch: „Weissage, wer dich schlug!"

In einem Choral (Nr. 44) betrauert der Chor die Mißhandlung Christi.

Nr. 45 und 46 bringen dann eine der eindruckvollsten Episoden, nämlich die Verleugnung Christi durch Petrus und die wunderbare Schilderung seines Weinens, nachdem das Krähen des Hahns die Erinnerung an Christi Worte in ihm wachgerufen hat.

Nr. 47 ist eines der berühmtesten Stücke und wohl eine der schönsten Arien, die Bach für Alt geschrieben hat. Zur Begleitung ist eine Sologeige herangezogen, deren Töne in herrlicher Weise das Weinen eines verzweifelnden Wesens schildern. Der Alt singt die Worte: „Erbarme dich, mein Gott, um meiner Zähren willen!" Kaum jemals ist es dem Meister gelungen, in der Verschränkung eines Soloinstrumentes und der menschlichen Stimme ein solches Gleichgewicht des gesanglichen Ausdruckes zu erzielen. Der Bau dieses Wunderwerkes ist ganz einfach, klar zweiteilig, ausdrücklich schulgemäß. Von h-moll geht es nach fis-moll, um von da wieder zu h-moll zurückzukehren.

Der folgende Choral Nr. 48 wird meist und mit Recht weggelassen, da er nach dem vorangegangenen wunderbaren Stücke von geringerer Wirkung ist. Es folgt Nr. 49, ein Rezitativ, das die Überantwortung Christi und die Reue Judas über seinen Verrat schildert.

In Nr. 50 weisen die Priester das Blutgeld zurück. In Nr. 51 erscheint Judas noch einmal und zwar als reuevoller Sünder; in einer Arie gibt er sein Verlangen kund, Jesus wiederzubekommen. Das Stück, wahrscheinlich einer anderen Komposition entnommen, ist eines der bekanntesten, da es unter den Sologesängen der Matthäuspassion vielleicht das melodiöseste ist. Eines der bedeutendsten ist es aber nicht, man könnte es ruhig auslassen, ohne der Wirkung des Werkes im ganzen zu nahe zu treten.

Das nächste Rezitativ (Nr. 52) bringt die Bestätigung der Königswürde durch Christus und die Verwunderung des Landpflegers über das Schweigen Christi auf die schweren Anklagen, mit denen man ihn bedrängt.

In Nr. 53 tröstet der Chor Jesus und sich durch die Worte: „Befiehl du deine Wege!"

Im nächsten Rezitativ (Nr. 54) erklärt das Volk in wildem Aufschrei, daß es von den beiden zum Tode verurteilten Barrabas freigegeben wissen will, und auf die Frage des Pilatus, was er mit Jesus machen soll, daß er ihn kreuzigen lasse. Bach verwendet bei dem Worte „kreuzigen" eine so lange musikalische Phrase, daß man hier gleichsam die zeternde Wut hört, die sich der Volksmenge bemächtigt hat bei der bloßen Vorstellung, das Urteil werde vielleicht nicht zur Vollstreckung gelangen.

Nr. 55 ist ein Choral: „Wie wunderlich ist doch diese Strafe!" auf die Melodie: „Mein liebster Jesu."

Auf das Rezitativ (Nr. 56), in dem der Landpfleger fragt, was Christus denn Übles getan habe, antwortet der Sopran in einem Rezitativ (Nr. 57) mit den Worten: „Er hat uns allen wohlgetan, den Blinden gab er das Gesicht." Die Worte „Betrübte hat er aufgericht" geben Bach wieder Gelegenheit zu einer meisterhaften Charakteristik des Wortsinnes und Darstellung der Bewegung, die der Aufgerichtete macht.

Die folgende Arie für Sopran mit Begleitung zweier gleichgehender Flöten und einer Oboe (Nr. 58) schildert den Schmerz und die Bewunderung darüber, daß der Heiland, obwohl er von Sünde nichts weiß, aus Liebe sterben will, um von dem Sünder das ewige Verderben und die Strafe des Gerichts abzuwenden. Sie ist eines der eindruckvollsten unter den zarten Solostücken der Passion. Ein silbriger Schimmer liegt über der Musik, hervorgerufen durch die wunderbare Zusammenstellung der Stimmen, deren keine einen dunkeln Ton zuläßt, da alle in der Sopranlage sich bewegen; besonders jene dem Text entsprechende Halte, die wir bei Bach so bewundern, scheinen sich in liebliche Bewegung aufzulösen.

Nr. 59 bringt, nachdem der Chor nochmals die Kreuzigung verlangt hat, die endgültige Verurteilung Christi. Pilatus wäscht sich die Hände und erklärt, am Blute dieses Gerechten unschuldig zu sein. Das Volk schreit: „Sein Blut komme über uns und unsere Kinder!" Jesus wird überantwortet, in einem Rezitativ und einer Arie beweint der Alt das traurige Ereignis. Besonders die Arie auf die Worte: „Können Tränen meiner Wangen nichts erlangen" gehört zu den Perlen des ganzen Werkes. Das Fließen der Tränen, die demutvolle Ergebung sind niemals tiefer, erhabener und einfacher geschildert worden. Der Baß erscheint als ein einziger, kaum von Atemstößen unterbrochener Seufzer, über den die Begleitung gleichsam Tränen hingießt, wie Wasser über einen Stein.

Das Rezitativ mit Chor (Nr. 62) schildert die Verhöhnung Christi, die der Chor in Nr. 63 durch den Choral: „O Haupt voll Blut und Wunden" wunderbar beklagt. Die Harmonisation dieses Stückes, in dem der Tenor mit Absicht besonders hoch gelegt ist, hat ihre besondere Bedeutung, weil der Gang der Handlung Bach später Gelegenheit gibt, dieselbe Melodie mit einem anderen Texte und in einer anderen, den neuen Worten entsprechenden dunklen Harmonisation und Tonlage zu bringen.

In Nr. 64 wird erzählt, wie Christus hinausgeführt, und Simon von Kyrene gezwungen wird, ihm sein Kreuz tragen zu helfen. Hierüber stellt der Baß in einem Rezitativ und einer Arie (Nr. 65 und 66) Betrachtungen an; er fleht, daß ihm das Kreuz auferlegt werde. Diese Arie ist eine der merkwürdigsten, die Bach geschrieben hat, wegen ihrer gänzlichen Mißachtung alles sinnlichen Tonklanges und des bis zum äußersten getriebenen Bestrebens, ausschließlich der Charakteristik des Ausdruckes zu dienen, der hier das mit dem Aufsichnehmen des Kreuzes verbundene Leiden zur Empfindung zu bringen sucht. Das Tonstück kann richtig nur gewürdigt werden von demjenigen, der eine gewisse Beziehung zu mittelalterlichmystischen Vorstellungen hat. Bekanntlich hat Bachs Geist sich häufig genug in ihnen bewegt. Man braucht nur an gewisse Choralbearbeitungen, z. B. ,,Komm heiliger Geist, Herre Gott" und ,,Durch Adams Fall ward ganz verderbt" (besonders in der fugierten Form d-moll) zu denken, um sofort ein Bild von der Welt der Dumpfheit zu erhalten, in der sich die von der Welt und ihrer Lust endgültig abscheidende Seele gefällt. Gerade diese mittelalterliche Mystik war für Bach nur ein Antrieb mehr, außerordentliche Charakterisierungen zu vollbringen. Man sehe die Töne zu den Worten: ,,Wie wird mein Leiden einst zu schwer!" Hier sind der Baß, die begleitende Gambe und die singende Stimme gleicherweise in denselben Gedanken eingespannt, um ihn jeder in seiner Weise und von einem eigenen Gesichtspunkte aus aufzufassen und sich auszumalen. Auch die Stelle: ,,So hilf du mir es selber tragen" gehört zu denen, die bei einem anderen Komponisten als Bach nicht vorstellbar sind.

Das große Rezitativ mit Chor (Nr. 67) schildert die Kreuzigung und die Verhöhnung Christi durch den Doppelchor: ,,Der du den Tempel Gottes zerbrichst und bauest ihn in drei Tagen, so steig' herab vom Kreuz!" Die Verhöhnung wird aufgenommen mit den Worten: ,,Andern hat er geholfen und kann sich selber nicht helfen, er steige nun vom Kreuz, so wollen wir ihm glauben. Er hat gesagt: ich bin Gottes Sohn." Diese Stücke, besonders der letzte Chor, an dessen Ende Bach das bei ihm so seltene Kunstmittel des Eintons der Stimmen verwandt hat, gehören zu den Gipfelpunkten im Schaffen des Meisters.

Nach dem kurzen Rezitativ (Nr. 68) klagt der Alt, begleitet von zwei Oboen, das Golgatha an, auf dem der Herr der Herrlichkeit schimpflich verderben muß, und in der Arie (Nr. 70) ruft er die Menschen auf, zu sehen, wie Jesus die Hand ausspannt, um die Menschheit zu fassen. Die Menschheit mischt sich als Chor ein. Auf das Wort: ,,Kommt!" fragt sie ,,Wohin, wohin?" auf das Wort: ,,Suchet!" ,,Wo?" und erhält als Bescheid: ,,In Jesu Armen". Sie sollen in Jesu Armen sterben, die verlassenen Küchlein, sie sollen in Jesu Armen bleiben. Die Komposition des Wortes: ,,Bleibet, bleibet" ist wieder eine von denen, welche sich nur durch das Auffassen des Notenbildes vorstellen lassen können.

Im Rezitativ Nr. 71 ruft Christus: „Mein Gott, mein Gott, warum hast du mich verlassen" und stirbt. Dem erschütternden Augenblick des Todes folgt (Nr. 72) der berühmte Choral: „Wenn ich einmal soll scheiden." Er enthält die wunderbarsten Harmonisationen, unter denen die der Schlußworte: „Kraft deiner Angst und Pein" den tiefsten zuzuzählen sind, die Bachs Fantasie jemals geboren hat.

Das Rezitativ, das das Erdbeben, das Zerreißen des Vorhangs im Tempel und das Aufbrechen der Felsen und Gräber schildert (Nr. 73), gehört zu den mächtigsten des ganzen Werkes. Es ist ein Muster für die Meisterschaft Bachs, der hier mit dem zwanzigsten Teil der Mittel, die ein moderner Komponist anwenden würde, eine Wirkung hervorgebracht hat, die in der Musik kaum ihresgleichen hat. Der kleine, zarte, harmoniegesättigte Chorsatz: „Wahrlich, dieser ist Gottes Sohn gewesen" bringt einen herrlichen Kontrast. Das Rezitativ schließt mit dem Befehl Pilatus', man solle dem Josef von Arimathia den Leichnam Jesu ausliefern. Es folgt ein Arioso für Baß, das mit den Worten: „Am Abend, da es kühle war" beginnt. In der dazugehörigen Arie „Mache dich, mein Herze, rein, ich will Jesum selbst begraben, denn er soll nunmehr in mir für und für seine süße Ruhe haben" ist eine jener Betrachtungen, in denen Bach gewissermaßen sich selbst einführt. In besonderen Worten, wie z. B. dem Worte „begraben", findet er seinen eigensten Ton. Es ist ein Ton der Tröstung, des liebevollen mystischen Sich-Versenkens. Die Worte: „Welt, geh aus, laß Jesum ein!" stellen gewissermaßen die Schlußfolgerung der Empfindungen dar, die sein Gemüt erfüllen; er selbst will das Grab, oder richtiger die ewige Ruhestätte und Zuflucht des Heilands sein.

Im Rezitativ Nr. 76 werden die Juden bei Pilatus vorstellig und warnen ihn davor, den Leichnam stehlen zu lassen, „daß nicht der letzte Betrug ärger würde, als der erste", da, wie sie sagen, der Verführer bei Lebzeiten davon gesprochen habe, er wolle nach drei Tagen wieder auferstehen. Dieser Chor ist wiederum ein gewaltiges Zeugnis für die Macht des Satzes und der Charakteristik, deren Bach fähig ist, um die Empfindungen einer Menge zu schildern, in der doch jede Einzelstimme ihre Eigenart und gewissermaßen ihren Eigenwillen behält. Man sehe besonders die letzten Takte und die Vertonung des Wortes „ärger".

Es folgt die Erzählung vom Begräbnis Christi und mit Nr. 77 ein herrlicher Wechselgesang zwischen dem Baß und dem Chor. Der Baß sagt: „Der Herr sei nun zur Ruhe gebracht." In seine Worte hinein spricht der Chor: „Mein Jesu, gute Nacht!"

Der Schlußchor, in Liedform, wird von einer prachtvollen Orchestereinleitung eröffnet. Chor und Orchester lösen einander ab in der Behandlung der gleichen Melodienfolge. Der erste Teil beginnt mit C-moll und endet schulgerecht in Es-dur. Der zweite Teil wendet sich von Es-dur über As-dur nach F-moll, um von hier aus nach C-moll zurückzukehren. An einer Stelle wiegen sich die Chöre gewissermaßen auf den Worten „Ruhe sanfte, sanfte Ruh". Das Ganze ist der schönste und einfachste Abgesang für ein Werk, das als ein gottesdienstliches betrachtet werden kann, und an dem man sich mit Recht die Gemeinde als mitwirkend denken darf. Diese Erwägung ist es wohl auch gewesen, die Bach veranlaßt hat, zum Schluß an Stelle eines kompliziert-kontrapunktierten Stückes ein einfaches — man darf ruhig sagen — Lied erklingen zu lassen. Das Volkstümliche des Werkes wird dadurch endgültig bekräftigt.

DIE JOHANNES-PASSION

Als zweites der großen musikalischen Werke, die sich mit der Leidensgeschichte Christi befassen, haben wir die Passionsmusik nach dem Evangelisten Johannes zu betrachten.

Welcher Platz ihr in der Reihenfolge der fünf Passionen Bachs zukommt, ist nicht mehr festzustellen. Dem bemerkenswert einheitlichen Stile nach gehört das Werk in die besten Jahre des Meisters. Man darf annehmen, es ist in verhältnismäßig kurzer Zeit entstanden. Daß einzelne seiner Teile auch an anderen Stellen gedient haben, wie es etwa bei dem Schlußchor der Matthäuspassion der Fall war, der in einer Trauermusik figuriert hat, ist nicht wahrscheinlich. Übrigens hat Bach für gewisse Gefühlsausdrücke so bestimmte Vorstellungen und rhythmische Weisen, daß die Übernahme gewisser Stücke nur selten einen Riß in den Stil des Ganzen bringt. Die sogenannte Parodie, das heißt die Verwendung einer Musik mit anderem Texte an einer anderen Stelle, ist Bach sonst keineswegs fremd. Wir werden gelegentlich der Betrachtung des Weihnachtsoratoriums darauf hinzuweisen haben, daß Bach von der Freiheit, über sein Gut zu verfügen, weitgehenden Gebrauch gemacht hat.

Seltsam ist, daß Bach es hat vermeiden können, an irgendeiner Stelle an die Matthäuspassion zu erinnern, außer eben durch Anwendung gewisser Tonfolgen, die jedoch als bei ihm natürliche Auslösungen von Vorstellungen durch die Texteswörte aufzufassen sind.

Wenn eine Ähnlichkeit an einer oder der anderen Stelle — es ist selten genug der Fall! — vorhanden ist, so beruht sie auf der Ähnlichkeit der Empfindungen, deren Ausdruck durch die Behandlung des Gegenstandes gegeben ist.

Die Johannespassion unterscheidet sich von der Matthäuspassion, trotz des fast gleichen Gegenstandes, schon äußerlich durch gewisse Anordnungen des Stoffes, der zwar eigentlich sich selbst anordnet, jedoch durch unterbrechende Betrachtungen der Solisten und der Gemeinde, das heißt durch Arien und Choräle, doch auf sehr eigene Weise gegliedert werden kann. Die Darstellung der Passion nach dem Evangelisten Johannes bringt infolge des Textes selbst eine höhere Beteiligung des Chores mit sich, für den in der Matthäuspassion häufig erst durch hineingedichteten Text Gelegenheit zum Eingreifen geschaffen ist. Beim Evangelisten Johannes tritt die Menge selbst als handelnde Person auf.

Nichtsdestoweniger hat Sebastian Bach sich auch in der Johannespassion eine außerhalb der Passion stehende Gemeinde gedacht, auf deren Gemüt er wirken will. Schon der erste Chor (Nr. 1) ist als ein Gebet von ihr um Verleihung der Sammlung und Andacht gedacht, die nötig sind, um die Leidensgeschichte des Herrn wirklich zu fassen und aus ihr wahren Nutzen für die Seele zu ziehen.

Nach einer kurzen Figur der Bässe, einer Art Rauschen, zu dem der Unterbaß im feststehenden Tone — hier ist eine innere Ähnlichkeit mit dem obstinaten Baß des ersten Chors der Matthäuspassion — eine Art Taktbewegung wie die des schlagenden Herzens gibt, erhebt sich, von den Bläsern gespielt, eine klagende Weise in langen Tönen. Diese Töne liegen häufig genug in allerdings oft nur scheinbar schreiender, alsbald sich lösender Dissonanz, bis sie von der ausgesprochensten in die Grundtonart g-moll zurückkehren und gewissermaßen das Gefilde für den Eintritt des Chors freimachen.

Der Chor setzt mit einem hohen Tone ein und ruft dreimal in Absätzen das Wort „Herr".

„Herr, unser Herrscher, dessen Ruhm in allen Landen herrlich ist." Diese wenigen Worte geben Bach Gelegenheit zur Entfaltung einer Macht und Größe, erweisen durch ihre Behandlung seine Überlegenheit derartig, daß die Erörterung ihrer Komposition eine kleine Abhandlung nötig machen würde. Man beachte, welche Vorstellungen in Bach durch das Wort „Herrscher" geweckt werden; man beachte, wie der Meister, der den ersten Einsatz des Chores auf den guten Taktteil bringen läßt, bei der Wiederholung des „Herr" das Wort auf die schlechten Taktteile legt, als ob der Chor schon durch den bloßen Anruf außer Atem gekommen wäre. Bleibt der Chor zu Anfang mit allen vier Stimmen in einer fast gleichen Bewegung, so ist vom zweiten Eintritt des Chores ab ein lebhaftes Abwechseln der Stimmen, ein Nachahmen, gewissermaßen ein Nachsprechen derselben Gebetsworte die Signatur des Satzes. Ohne die Rufe „Herr, Herr" fallen zu lassen, bringt er sie doch nicht mehr selbständig, sondern er verwendet sie als Material für den Kontrapunkt, der bis zur ersten Fermate schon eine schwer überschreitbare Höhe erklommen hat. Aber der Meister legt uns nunmehr klar, wieso er beim zweiten Einsatze des Chors sich einer gewissen Figur bedient hat. Er erklärt sie uns durch das Wort „Passion", das auf diese

Figur komponiert ist, die er nunmehr fast stets bringt, wenn vom Kreuzestode Jesu die Rede ist.

In unaufhörlichen genialen Ergüssen macht sich der Meister Luft und legt der Gemeinde Töne in den Mund, wie sie zuvor sicherlich nicht gehört worden sind.

Die Johannespassion unterscheidet sich von der Matthäuspassion, vielleicht zu ihrem Vorteil, dadurch, daß sie, soweit der eigentliche Zweck in Frage kommt, sich ihm enger anschließt, da der Hörer sofort in die Tragik des Vorganges eingeführt wird. Während in dem der Anlage nach vielleicht gewaltigeren Werke von Anfang an die verzögernden Momente wirksam sind, sind es in der Johannespassion sofort die treibenden. Hier setzt die Passion, das heißt die Erzählung beziehungsweise die dramatische Darstellung der Vorgänge sofort mit dem ersten Rezitativ (Nr. 2) ein. In ihm wird schon geschildert, wie Jesus die zu seiner Gefangennehmung Hereinstürzenden fragt: „Wen suchet ihr?" worauf der Chor antwortet: „Jesum von Nazareth!", ein Spiel, das sich, offenbar aus musikalischen Gründen, nicht in gleicher Weise wiederholt. Der Meister, der das erstemal die Antwort in der Dominante abschließen läßt, führt sie das zweitemal in den Grundton, aber in Dur zu Ende (Nr. 5).

In dem Rezitativ Nr. 6 verlangt Jesus, man solle, wenn man auch ihn gefangen nehme, seine Begleiter frei ausgehen lassen, was (Nr. 7) die Gemeinde in die bewundernden Worte „O große Liebe" ausbrechen läßt. Der Chor singt einen Choral von wunderbarer Harmonisation, in der ganz besonders die Bewegung des Basses zu beachten ist, namentlich bei den in echt Bachschem Geiste komponierten Worten: „Die dich gebracht auf diese Marterstraße."

Das Rezitativ Nr. 8 schildert die Vorgänge weiter. Jesus gebietet Petrus, der dem Knecht Malchus ein Ohr abgeschlagen hatte, das Schwert in die Scheide zu tun und ihn den Kelch, den der Vater gegeben hat, trinken zu lassen.

Hierzu ergeht sich der Chor in Form eines Chorales auf die Worte: „Dein Will' geschehe, Herrgott, zugleich auf Erden wie im Himmelreich."

Im Rezitativ Nr. 10 wird erzählt, wie Jesus zu Hannas geführt wird, und Kaiphas zur Tötung eines Menschen für das Volk rät. Hierüber betrachtet der Alt in einer Arie auf die Worte „Von den Stricken meiner Sünden mich zu entbinden wird mein Heil gebunden" die Empfindungen, die den Hörer erfüllen sollen bei dem Gedanken an das Leiden des Heilands. Charakteristisch für das Tonstück ist der Baß in seiner eigenwilligen Bewegung. Er bindet gleichsam in den Stricken seines Rhythmus die Oberstimmen, die den Knoten wieder anders schlingen. Man achte besonders auf die Stelle nach dem ersten Abschlusse, an der der Strick zuerst von der Oboe geworfen und gleichsam von der Stimme aufgefangen wird. Diese Arie erfordert von der Sängerin und dem Zuhörer ein gleich hohes Maß von Sammlung und Aufmerksamkeit. Sie ist eine der charakteristischsten von denjenigen, in welchen Bach von der Entwicklung aller Klangschönheiten gewöhnlicher Art absieht und den entscheidenden Ton auf die Hervorrufung der sinnlichen Anschaulichkeit legt.

In Nr. 12 erzählt der Evangelist, daß Petrus und ein anderer Jünger Jesu nachfolgten, wozu der Sopran in einer freudig belebten Arie: „Ich folge dir gleichfalls mit freudigen Schritten" (Nr. 13) das Bekenntnis seiner eigenen Zugehörigkeit zum Heiland und das Versprechen seiner Nachfolge gibt.

Im Rezitativ Nr. 13 tritt Jesus stärker hervor. Es stellt dar, wie Petrus Jesus nicht zu kennen vorgibt, wie die Knechte und Diener sich wärmten — das Wort „wärmten" meisterhaft anschaulich gemacht — und Jesus, vom Hohenpriester um seine Lehre befragt, die stolze Antwort gibt: „Ich habe frei öffentlich geredet vor der Welt", was ihm von einem Diener einen Backenstreich zuzieht.

Die Gemeinde beklagt (Nr. 13) in einem schönen Chorale nach der Melodie des Liedes „Innsbruck, ich muß dich lassen" die Verunglimpfung des Heilandes durch die Frage: „Wer hat dich so geschlagen?"

Nr. 16 und 17, Rezitativ und Chor, bringen nun die Verleugnung Jesu durch Petrus, der in Nr. 18 ihn abermals verleugnet, der Worte

Jesu sich erinnert und bitterlich weint, was in einer ganz besonders bewunderungswürdigen Schilderung der Gemeinde nahegebracht wird. Es ist für das Verständnis der Größe und Erfindungskraft Bachs höchst zuträglich, zu vergleichen, wie er die Worte „Und weinete bitterlich" in der Matthäuspassion kurz sachlich vertont und wie er in der mehr dramatischen Johannespassion eine lange nachahmende, tief eingehende Schilderung des Weinens für notwendig erachtet.

Die Tenor-Arie Nr. 19 auf die Worte „Ach mein Sinn, wo willt du endlich hin, wo soll ich mich erquicken, ach, wo soll ich mich erquicken" ist wiederum ein Beispiel für die Stellungnahme Bachs, wenn es darauf ankommt, entweder ein sinnlich tonschönes Stück oder eine rücksichtslose Charakteristik eines Seelenzustandes zu geben. Alsdann zweifelt der Meister keinen Augenblick und opfert den Ton und die Sinnlichkeit rücksichtslos dem Charakteristischen, der inneren Mystik. Man beachte, wie er die folgenden Textesworte komponiert: „Bleib ich hier oder wünsch ich mir Berg und Hügel auf den Rücken" und die Klage „Bei der Welt ist gar kein Rat und im Herzen stehn die Schmerzen meiner Missetat, weil der Knecht den Herrn verleugnet hat". Die Vertonung des Wortes „verleugnet" (zweimal hintereinander ganz verschieden und beide Male gleich schlagend) ist einer jener Meisterzüge, in denen Bach seinesgleichen nicht hat.

Mit Nr. 20, einem Choral von relativ freudiger Bewegung in Dur, schließt der erste Teil.

*

Der zweite Teil wird durch einen Choral: „Christus, der uns selig macht", eingeleitet. Er soll den Hörer in die Stimmung versetzen, in der er die Schilderung des Leidens Christi aufzunehmen imstande ist (Nr. 21).

In Nr. 22, einem Rezitativ, geht die Erzählung weiter, und Pilatus fragt das Volk, was es für Klage vorzubringen hat. In einem gewaltigen Chore (Nr. 23) antwortet das Volk: „Wäre dieser nicht ein Übeltäter, wir hätten dir ihn nicht überantwortet." Dieser kurze

Chor ist eines der größten charakterisierenden Meisterwerke Bachs. Man beachte, wie der Chor zuerst behauptend auftritt, wie er sich an seiner eigenen Behauptung immer tiefer erregt, immer figurenreicher wird, bis er in der mehrfach wiederholten Behauptung: „Nicht, nicht, nicht, nicht" sich selbst überzeugt hat.

In dem Rezitativ Nr. 24 fordert Pilatus die Juden auf, Jesum nach ihrem Gesetze zu richten, worauf (Nr. 25) der Chor erklärt, sie dürften niemanden töten.

In Nr. 26, Rezitativ, singt Jesus die unvergleichliche Stelle: „Mein Reich ist nicht von dieser Welt", worauf (Nr. 27) die Gemeinde ihn in einem herrlichen Chorale als den „großen König" feiert.

Im Rezitativ Nr. 28 erklärt Jesus, er sei König, und Pilatus fragt das Volk, wen es ihm freigeben soll, den Judenkönig oder Barrabas. Auf diese Frage antwortet dieses Mal (Nr. 29) der Chor nicht wie in der Matthäuspassion durch den bloßen Schrei „Barrabam", sondern durch einen kurzen, aber außerordentlich bewegten Satz: „Nicht diesen, sondern Barrabam."

Nr. 30, ein Rezitativ, schildert in überaus meisterhafter Weise die Geißelung Christi durch Pilatus. Man beachte, wie zuerst die Schläge in Absätzen und bald darauf wüst durcheinander fallen, was durch zuerst gegeneinander abgesetzte Sechzehntel und Zweiunddreißigstel und dann durch Triolen gemalt wird.

Ein Arioso des Basses (Nr. 31) fordert die Seele auf, Jesu Schmerzen zu betrachten, in denen auf „Dornen, so ihn stechen, die Himmelsschlüsselblume blüht". Diesem Arioso folgt eine Arie des Tenors, die zur Betrachtung auffordert, wie des Heilandes blutiger Rücken dem Himmel gleiche. Kaum jemals ist es Bach gelungen, über ein erbärmlicheres Stück Text eine charakteristischere, prächtigere, empfundenere und zugleich durchdachtere Musik zu schreiben. Schon die ersten Figuren, in denen er das Wort „erwäge" viermal wiederholt und es beim vierten Male zur höchsten Eindringlichkeit steigernd hinaufführt, ist ein Zug, den nur er wagen kann, da er nur ihm gelingt.

Ein besonders tiefer Sinn für Charakteristik zeigt sich darin, daß er die Figur, mit der er das Geißeln Christi gemalt hat, bald in der Oberstimme, besonders aber im Baß, immer wieder auftreten läßt, obwohl durch sie in der Arie ein anderer Eindruck, nämlich der der sanften Milde des Heilandes und der tiefen Zerknirschtheit des Vortragenden nicht gestört werden darf. Die große Ausdehnung des Stücks allein weist darauf hin, welche Bedeutung der Meister ihm beigemessen hat. Seine Ausführung bildet für den Sänger eine der schwierigsten Aufgaben, und hieran liegt es wohl, daß es kaum jemals gelungen ist, ihm künstlerisch gerecht zu werden.

Ein kurzes Rezitativ (Nr. 33) spricht von dem Aufsetzen der Dornenkrone und der Verspottung Christi als Judenkönig, die der Chor (Nr. 34) mit den Worten „Sei gegrüßet, lieber Judenkönig" in eine Art Tanzrhythmus kleidet, zu dem das Orchester wiegende Bewegungen ausführt. Die Illusion soll erweckt werden, daß das Volk gewissermaßen im Reigen vorbeizieht. Im Rezitativ Nr. 35 wird die Schaustellung Christi vor dem Volke geschildert, welche den Chor „Kreuzige" (Nr. 36) auslöst.

Dieser Chor besteht aus der Wiederholung einer gewissen kurzen Figur gegen lang ausgehaltene Töne, deren eigentümlichen Lage zueinander wir schon in der Einleitung zum ersten Chore begegnet sind. Ihr tieferer, charakterisierender Sinn wird uns hier an dieser Stelle klar gemacht durch das untergelegte Wort „Kreuzige!". Der Baß ist besonders zu beachten, da er gewissermaßen durch seinen Rhythmus denjenigen des Nägeleinschlagens nachmacht, charakteristisch ist, daß er, je öfter er wiederkehrt, desto entschiedener betont wird. Er entspricht nicht immer dem Gesange der Baßstimme, sondern führt innerhalb und mit Hilfe des bezeichneten Rhythmus ein Eigenleben von außerordentlicher Bedeutung und schlagender Bildkraft.

Nachdem (Rezitativ Nr. 37) Pilatus erklärt hat, keine Schuld an Christus zu finden, und die Juden auffordert, ihn selber zu kreuzigen, antwortet das Volk in einem mächtigen Chore (Nr. 38), es wolle sich auf das Gesetz stützen. „Wir haben ein Gesetz und nach dem Gesetz soll er sterben." Der Rhythmus ist von der größten Entschiedenheit und Bestimmtheit auf die Worte ,,Wir haben ein Gesetz" und kommt einer Geste gleich. Bei dem Worte ,,sterben" bedient sich der Meister einer der ihm eigenen malenden Figuren, durch die das Wort, um dessen Bedeutung vor allem es sich dreht, in das hellste tonliche Licht gerückt wird. Die Begründung des Spruches ,,denn er hat sich selbst zu Gottes Sohn gemacht" wird wiederum im Rhythmus der Worte ,,Wir haben ein Gesetz" gegeben. Die Stimmen kommen mit ihren Figuren immer enger aneinander, bis sie sich an einer Stelle alle vier mit dem Wort ,,sterben" begegnen, ein psychologisch außerordentlich großartiger Zug, durch den der Hörer auf den Hauptpunkt der ganzen Komposition und der Anlage geleitet wird.

Das folgende Rezitativ Nr. 39 schildert das nochmalige Verhör Jesu durch Pilatus und den Wunsch des Landpflegers, Christus loszulassen.

In einem Choral (Nr.40), einer der wunderbarsten Kompositionen Bachs, äußert sich der Chor über seine Empfindungen beim Anblicke des gefangenen Heilandes, ohne den ,,müßt unsre Knechtschaft ewig sein". Die Komposition der eben angeführten Worte ist in harmonischer Hinsicht eines der meistbewunderten Stücke Bachs und weist geradezu auf gewisse charakteristische harmonische Vorstellungen der ,,Meistersinger von Nürnberg" hin, bei deren Komposition Richard Wagner im besten Sinne sich unter den Einfluß des von ihm so überaus verehrten Sebastian Bach begeben hat.

In Nr. 41 und 42, einem kleinen Rezitativ und einem großen Chore, wenden sich die Juden an Pilatus und sagen ihm: ,,Lässest du diesen los, so bist du des Kaisers Freund nicht." Der Ton entspricht fast dem des Chors ,,Wir haben ein Gesetz". Es ist eine Art Umschreibung des anderen Chores, freilich mit anderen Bässen, wie sich das auch bei Bach fast ganz von selbst versteht, da er fast niemals zweimal dasselbe macht, außer wenn er durch die wörtliche Wiederholung einen bestimmten Zweck erreichen will.

Das Rezitativ Nr. 43 schildert die Herausführung Christi vor das Volk und seine Vorstellung durch Pilatus als König der Juden.

Der nachfolgende Chor (Nr. 44) „Weg, weg mit dem, kreuzige" besteht aus einer kurzen Einleitung im Rhythmus der Worte: „Wir haben ein Gesetz", dem alsbald die bekannte Figur des „Kreuzige" folgt. Wiederum bewegt sich der Baß im Hammerschlag-Motive. Auf die Frage Pilatus': „Soll ich euern König kreuzigen?" (Nr. 45) folgt der Chor: „Wir haben keinen König, denn den Kaiser." Der Charakter dieses Stückes entspricht demjenigen, welchem wir in Nr. 25 („wir dürfen niemand töten") begegnet sind. Bedeutsam ist hier wieder, daß Bach, obwohl er zweimal mit demselben Worte „wir" beginnt, es doch beide Male ganz anders figurieren läßt. In dem vorliegenden Chor ist es gewissermaßen eine Frage an Pilatus in dem Sinne wie: „Wir? wir sollen einen König haben außer dem Kaiser?"

Das Rezitativ Nr. 47 handelt von der Überantwortung Christi, daß er gekreuziget werde. Wir begegnen an dieser Stelle der charakteristischen Vertonung dieses Wortes aufs neue. Sie erinnert an das erste „gekreuziget", das wir in der Matthäuspassion vernommen haben. Christus wird nach Golgatha geführt, und dieses Ereignis wird zum Gegenstande einer Betrachtung für den Baß in einer Arie mit Chor auf die Worte: „Eilt, ihr angefochtenen Seelen!" Die Einleitung durch die Geigen schildert den Lauf eines ängstlichen Wesens, und an einer gewissen Stelle glaubt man in den wiegenden Figuren die Andeutung lesen zu müssen, wie der Fliehende ob der Seltsamkeit dessen, was ihn aufjagt, den Kopf schüttelt. Das Stück erinnert uns in bezug auf Anlage und Ausführung an eine Anzahl derer, welche wir in der Matthäuspassion mehrfach gehört haben, ja, welche für die Auffassung der dem Chor zuzuteilenden Rolle für die Matthäuspassion charakteristisch sind. In der Johannespassion, die, wie wir ausgeführt haben, infolge des ihr unterliegenden Textes den Chor als handelndes Prinzip viel mehr berücksichtigen mußte, ist es uns bisher noch nicht begegnet.

Auf die Worte „Eilt, eilt" stellt der Chor die Frage: „Wohin, wohin?" Je öfter der Solist spricht, desto häufiger wiederholt sich die Frage des Chors, auf die der Solist endlich die Antwort: „Nach

Golgatha" gibt. Das ganze Stück ist ein Meisterwerk der Belebung zweier entgegengesetzter Prinzipien, jedes einzelnen in sich selbst und in der Wirkung aufeinander. Es stellt an alle Ausführenden, zumal da ein ziemlich belebtes Tempo vorgeschrieben ist, hinsichtlich der Präzision und der Reinheit die höchsten Ansprüche, und selbst wer viele Aufführungen der Johannespassion gehört hat, wird sich kaum entsinnen können, einer Ausführung begegnet zu sein, die volle Befriedigung gewährt hätte.

Das Rezitativ Nr. 49 schildert die Aufrichtung des Kreuzes und die Anbringung der Inschrift, worauf der Chor folgt (Nr. 50): „Schreibe nicht der Juden König, sondern daß er gesaget habe: ich bin der Judenkönig." Die Musik ist diejenige des Chores: „Sei gegrüßet, lieber Judenkönig."

Pilatus bleibt bei dem, was er geschrieben hat (Rezitativ Nr. 51), und in einem Choral Nr. 52 ermutigt der Chor den Erlöser, im Bilde des Gekreuzigten zu erscheinen zum Troste und zur Erlösung der angefochtenen Seelen.

In Nr. 53 geht die Erzählung weiter, in Nr. 54 singen die Kriegsknechte flüsternd, sie wollen den Rock nicht zerteilen; meisterhaft, wie Bach das Geheimtun der Kriegsknechte durch Rhythmus und Tonlage hörbar macht. In Nr. 55, einem Rezitativ, übergibt Jesus seine Mutter der Pflege des Johannes, was (Nr. 56) den Chor zum Preise seiner Vorsicht und Fürsorge für alle Seinen anregt.

In Nr. 57, Rezitativ, haucht Jesus seinen Geist aus mit den Worten: „Es ist vollbracht!"

Die folgende Arie: „Es ist vollbracht!" für Alt (Nr. 58) gehört zu den schönsten Kompositionen Bachs. In einem sanften, fast ersterbenden Gesange leitet die Gambe, ein schon an sich beschaulich klingendes Instrument, das Stück mit einer Melodie ein, die von der Stimme nicht aufgenommen, sondern nur zum Teil benutzt wird, die aber in den begleitenden Stimmen unaufhörlich wiederkehrt und dadurch das Grundthema: „Es ist vollbracht!" immer wieder dem Hörer ins Gedächtnis ruft. Plötzlich rafft sich die Stimme auf in dem Bewußtsein, daß der Opfertod einen Sieg darstellt, und in einem mächtigen Vivace ruft er: „Der Held aus Juda siegt mit Macht und schließt den Kampf. Es ist vollbracht!"

In Nr. 59 verscheidet Christus, und dem Rezitativ folgt eine vom Baß gesungene getragene Arie auf den Text: „Mein teurer Heiland, laß dich fragen." Während des Gesanges der Solostimme setzt an bestimmten Stellen der Chor, der gleichsam der Verkünder der innersten Empfindungen des Solisten ist, mit dem Choral: „Jesu, der du warest tot, lebest nun ohn Ende, in der letzten Todesnot, nirgend mich hinwende als zu dir, der mich versühnt, o mein trauter Herre, gib mir nur was du verdient, mehr ich nicht begehre." Die Melodie entspricht derjenigen von „Er nahm alles wohl in Acht", die wir nach der Übergabe der Mutter Maria an Johannes gehört haben. Dieses Stück, eines der lieblicheren, bringt in das ganze Werk einen Ton der Beruhigung, der freilich nicht lange anhält, denn es folgt das Rezitativ Nr. 61 mit der Schilderung des Zerreißens des Vorhangs im Tempel und der Auferstehung der Leiber der Heiligen.

Unter dem Eindrucke dieser gewaltigen Erscheinungen singt der Tenor zuerst ein Arioso auf die Worte: „Mein Herz, in dem die ganze Welt bei Jesu Leiden gleichfalls leidet, die Sonne sich in Trauer kleidet, der Vorhang reißt, der Fels zerfällt, die Erde bebt, die Gräber spalten, weil sie den Schöpfer sehn erkalten. Was willst Du Deines Ortes tun?" Dieses Arioso setzt die Schilderung des Erdbebens und der Wunder, von denen das vorige Rezitativ eine Andeutung gemacht hat, fort und verdient als eines der größten Meisterwerke Bachscher Bildkunst eingehend besprochen zu werden. Im Basse grollt der Donner weiter. Man achte auf die Stelle „reißt", man achte auf das Wort „zerfällt", bei dem die begleitende Stimme geradezu in Splitter zu gehen und zu fallen scheint. Die Vertonung des Wortes „spalten" malt uns durch ihre steigende Figur, wie das Grab sich auftut. All dieses, durch einen schlagenden, unerschütterlichen Baß zusammengehalten, läßt uns einen Einblick tun in die durch Einfachheit der Mittel doppelt bewunderungswürdig gemachte Schöpferkraft unseres Meisters.

Dem Arioso folgt (Nr. 63) die berühmte Arie: „Zerfließe mein Herze in Fluten der Zähren." Das Stück ist für Sopran mit Begleitung zweier Soloflöten und des Fagotts. Das Notenbild ist das verschiedener fließender Wasser und dasjenige, dem wir bei der Schilderung der Ergebenheit und der Demut Jesu begegnen, jener wiegenden Sechzehntel, die besonders in Terzenbewegung oder in Sexten vorgetragen werden. Den Höhepunkt der Arie bilden die drei Stellen, an denen die Worte: „Denn Jesus ist tot" in immer verschiedener Vertonung wiederkehren. Neben dem Gesagten ist noch besonders zu beachten, wie Bach das Wort „Zähren" komponiert und wie er bei dem Worte „höchsten" den zu tiefer Betrachtung auffordernden prachtvollen Halt in der Stimme macht, zu dem die Begleitungsinstrumente die charakteristische Einleitungsfigur hören lassen. Die beiden Rezitative Nr. 64 und 66, unterbrochen durch den Choral Nr. 65, auf die Worte: „O hilf Christe, Gottes Sohn", in der Melodie des den zweiten Teil der Passion einleitenden Chorals: „Christus, der uns selig macht", setzen die Erzählung fort bis zu dem Augenblicke, da der Leichnam Jesu in das Grab gelegt wird.

Den Gebeinen Christi singt der Chor ein liedartiges Stück nach auf den Text: „Ruht wohl, ihr heiligen Gebeine!" Trotz des Moll-Charakters ist der Grundton doch tröstlich, was aus den Worten: „Die ich nun weiter nicht beweine" hervorgeht. Der Hauptton ist auf das Ruhen gelegt. Besonders bachisch muten die langen Töne auf das Wort: „Ruht wohl" an. Wie in dem Schlußchor zur Matthäus-Passion wechselt auch hier Gesang mit Zwischenspielen ab. Das erste beantwortet der Chor durch eine Abwandlung der ersten Melodie und geht zum Schlusse in ein ausgesprochenes, die Stimmung klärendes helles As-Dur. Das Thema weiter variierend, bringt der Chor sein C-Moll schließlich auf Es-Dur, das auch später wiederkehrt, obwohl das Orchestervorspiel zum dunkeln C-Moll zurückführt.

Die Schlußfolgerung gewissermaßen des ganzen Werkes wird durch den Choral: „Ach Gott, laß dein lieb Engelein", eines der schönsten, sanftesten, freudigsten Stücke Bachs, gezogen. Er bestätigt die Worte: „die ich nun nicht mehr beweine" in seiner Weise. Die Seele hofft, in Abrahams Schoße getragen zu werden, und will den Heiland ewiglich preisen. Die Komposition bleibt vollkommen — mit Ausnahme einer einzigen Stelle — im hellsten Ton und legt für die Kraft Bachs, harmonische Wiederholungen, zu denen er scheinbar durch eine gegebene Melodie gezwungen ist, zu vermeiden, das glänzendste Zeugnis ab. Man beachte, wie Bach die beiden gleichen Anfangsphrasen ganz verschieden harmonisiert und sich durch die letzte, die Erwartung spannende Art in der einfachsten Weise die Rückkehr zur Grundtonart sichert. Der zweite Teil des Chorals ist eine einzige Glanzstelle voll Leben, Bewegung, Freudigkeit und Fülle der Überzeugung. Er entspricht so recht dem Elemente, aus dem die Johannespassion geboren ist, dem Troste und der Freude über die Erlösung, die das Leiden Christi dem Gläubigen für alle Zeiten verspricht.

Das Weihnachtsoratorium

Unter den großen, besonders für festliche Zeit bestimmten Kompositionen nimmt das Weihnachtsoratorium dem Umfange nach weitaus den ersten Platz ein. Nicht ganz der Bedeutung nach. Es gibt Kantaten für bestimmte Feste, die trotz kleineren, ja nicht einmal vergleichbaren Umfangs, als viel bedeutender anzusehen sind. Nichtsdestoweniger steht das Weihnachtsoratorium in außerordentlicher Gunst, vielleicht deshalb, weil es imstande ist, mindestens einen Konzertabend auszufüllen, und es zu einer Zeit aufgeführt wird, zu der alle Menschen mehr Lust haben, sich in Stimmung versetzen zu lassen, als zu anderer, etwa zu Pfingsten.

Wie schon angedeutet, ist das Weihnachtsoratorium nicht so sehr ein einheitliches, für die Weihnachtszeit geschriebenes Werk, wie eine Zusammensetzung von zum großen Teil schon verwerteten Stücken, denen ein neuer Text untergelegt ist. Namentlich haben

Gelegenheitskompositionen zu Ehren hoher Persönlichkeiten eine Umformung erfahren, um im Weihnachtsoratorium zu figurieren, und dies vielleicht mit Recht, da ja sonst die Musik, nachdem sie einer einmaligen, nicht mehr wiederkehrenden Gelegenheit gedient hatte, eigentlich verlorengegangen wäre.

Nichtsdestoweniger, da es sich ja doch um zwar umgeformte, aber doch immer Bachsche Stücke handelt, ist es dem Meister gelungen, ein schönes Gesamtwerk zustande zu bringen, das freilich den Fehler hat, im ganzen zu lang zu sein, dafür aber den Vorzug, eine Auswahl zu gestatten, die immer noch ihrem Zweck zu dienen imstande ist.

Das Weihnachtsoratorium besteht aus sechs Teilen, von denen die drei ersten sich auf die drei Weihnachtsfeiertage verteilen sollen, während der vierte am Neujahrstage, der fünfte am Sonntage nach Neujahr und der sechste am Feste der Erscheinung Christi aufgeführt werden soll.

Der erste Teil besteht aus nur neun Stücken, die samt und sonders für den Gesang geschrieben sind. Der erste Chor, ,,Jauchzet, frohlocket!" hat nur ein kurzes Vorspiel jubelnder Art mit Pauken und Trompeten und rauschenden Gängen der Streichinstrumente, nach dem der Chor sofort in liedartiger Weise einsetzt und das Stück, das in kontrapunktischer wie harmonischer Hinsicht von bemerkenswerter Einfachheit ist, glatt durchführt. Nur an einer Stelle, wo von der zu verbannenden Klage die Rede ist, wird dem frohen Tone eine geringe Dunkelheit beigemischt.

Nachdem durch Nr. 1 gewissermaßen die Stimmung festgestellt ist, in der die Feier verlaufen soll, beginnt das Oratorium selbst durch die Erzählung aus dem Evangelisten Lukas vom Gebot des Kaisers Augustus und von der nahen Niederkunft der Maria.

In einem Rezitativ Nr. 3 gibt der Evangelist seine Freude über die Ankunft des Jesuskindes kund, und in einer Arie für Alt Nr. 4 wird Zion aufgefordert, sich bereitzuhalten, den Schönsten und Liebsten bald bei sich zu sehen. Diese Arie hat ehedem mit einem ganz anderen Texte in einer Kantate ,,Herkules am Scheidewege" figuriert.

Nr. 5 ist ein Choral auf die Melodie „Herzlich tut mich verlangen" mit den Worten beginnend: „Wie soll ich dich empfangen?" Schon Ambros hat auf den ihm rührend scheinenden Zug aufmerksam gemacht, daß Bach an dem höchsten Freudenfeste einen Ton der Passion erklingen läßt, um anzudeuten, daß der Heiland geboren ist, um sich der Welt zu opfern. Es folgt ein kurzes Rezitativ von der Geburt Christi (Nr. 6). Nr. 7 bringt einen Choral und Rezitativ, ein Stück in der Art, wie wir sie in den Passionen kennengelernt haben. Der Choral wird auf die Melodie „Gelobet seist du, Jesu Christ" gesungen und endigt, nachdem der Baß seinen Gesang abgeschlossen hat, mit einem wunderbaren „Kyrie eleis" des Soprans, während dessen die Instrumente in malender Bewegung andeuten, wie man ein Kind hin und her wiegt.

Der Majestät des Heilands zollt den schuldigen Tribut die Arie für Baß (Nr. 8), die mit den Worten: „Großer Herr und starker König" beginnt, ein prächtiges, fast paradierendes Stück mit einer Anzahl echt Bachscher Einzelzüge, wie etwa der Vertonung des Wortes „Pracht der Erden".

Den Schluß bildet der Choral „Ach mein herzliebes Jesulein" auf die Melodie: „Vom Himmel hoch da komm' ich her." Der Gesang wird dem Charakter des ganzen Teils entsprechend durch Trompetengeschmetter zu der festlichen Höhe gehoben, in der das Ganze gehalten ist.

War im ersten Teile das Orchester stiefmütterlich behandelt, so wird ihm sofort in der Einleitung zum zweiten Teile (Symphonie betitelt, Nr. 10) eines jener Glanzstücke zugewiesen, wie nur Bach schreiben konnte und selbst er nur ausnahmsweise geschrieben hat.

Wenn behauptet wird, Weihnachten sei ein nordisches Fest, nur der Norden könne das geben, was man Weihnachtsstimmung nennt, jene Stimmung, die eine Folge der Armut der Natur ist, den tiefen Schnee, die eisige Luft, die kalte Kirche und danach die warme Stube mit dem brennenden Baum drin, so wird es bestätigt durch die Symphonie, die Bach dem zweiten Teile des Weihnachtsoratoriums vorangestellt hat, da sie, aus ihr wie kein anderes Stück geboren, diese echte Weihnachtsstimmung wie kein anderes zu zeichnen imstande ist. Ihr Anhören verwandelt einen jeden zum Kinde, das sich auf Geschenke freut, das nur hinausläuft und sich ausfriert, um sich nachher desto ausgiebiger wärmen zu können. Die Hirtenschalmeien, die gewissermaßen den Rhythmus angeben, nach dem das Kind gewiegt wird und nach dem die Zuhörer sich in die Kindlichkeit einwiegen, haben stets die Bewunderung der Musiker und der Laien erregt und mit Recht. Niemals ist einem bestimmten Gemütsaffekte so sehr sein Recht geworden wie durch das Ertönen der beiden Oboen, die an das Kind in der Krippe denken lassen und zugleich eine Welt von Vorstellungen aufbauen.

Das Rezitativ des Evangelisten (Nr. 11) erzählt von den Hirten und von ihrer Furcht, die wunderbar durch ein Baßmotiv geschildert ist. Die durch die Erzählung erweckte Stimmung erhält ihren Ausdruck durch den Choral (Nr. 12): „Brich an, o schönes Morgenlicht", nach der Melodie: „Ermuntre dich, mein schwacher Geist."

Im Rezitativ Nr. 13 beruhigt der Evangelist die Hirten, und in einem anderen, Nr. 14, erinnert der Baß in einer Betrachtung an das, was Abraham von Gott versprochen erhalten hat. Es folgt Nr. 15, eine Arie für Tenor, die sich an die Hirten wendet, daß sie eilen, das holde Kind zu sehen. Dieses Stück ist wiederum bemerkenswert durch außerordentliche, tief Bachsche Züge. Man sehe die Vertonung der Worte: „Freude, labet", die geradezu die Vorstellung des Springens der Kinder bei Erwartung eines freudigen Erlebnisses zeichnet.

In Nr. 16, Rezitativ, setzt der Evangelist seine Erzählung fort, und in Nr. 17 besingt der Chor, indem er die Melodie: „Vom Himmel hoch" wiederholt, das Kind, das im finstern Stall liegt. In Nr. 18 (Rezitativ) singt der Baß den Hirten zu, sie sollten das Christuskind in Schlaf singen, und er selbst gibt ihnen (Nr. 18) in der berühmten Arie: „Schlafe, mein Liebster, genieße der Ruh" — übrigens ebenfalls ein Stück, das bereits an anderer Stelle gedient hat — den Ton dazu an. In Nr. 20 verkündet der Evangelist das

Nahen der himmlischen Heerscharen, die „Ehre sei Gott in der Höh und Friede auf Erden und den Menschen ein Wohlgefallen" singen (Nr. 21). Dieser Chor ist ein prachtvolles Stück von außerordentlicher, sich durch Bewegtheit der orchestralen und Singstimmen kundgebender Eigenart und einem Klangreize, den Bach nicht immer zu entwickeln verstanden hat. Einige Stellen erinnern geradezu an bedeutende Stücke der „Hohen Messe", wie denn auch der Text sich dort in lateinischer Fassung wiederfindet. Es ist nicht uninteressant, die beiden Fassungen nebeneinander zu stellen und zu zeigen, wie der Meister, weit entfernt, sich von einer Stimmung beherrschen zu lassen, den Text nach der Gelegenheit auffaßt und, wenn er ihn mit mächtiger Mystik in der „Hohen Messe" behandelt hat, ihn hier menschlicher, festlich, ja fast lustig auffaßt.

Ein kurzes Rezitativ des Basses leitet über zum Schlußchorale nach der Melodie: „Vom Himmel hoch da komm ich her", einer der schönsten Eingebungen des Meisters, der hier in der ihm eigenen Weise am Schlusse auf den Anfang zurückkommt, dadurch, daß er den Gesang begleiten läßt durch die schwingenden Bewegungen, die wir in der einleitenden Symphonie vernommen haben, und nach jedem Absatze das wie Kindersang klingende Oboe-Zwischenspiel ertönen läßt, mit dem dann auch das Stück, nach viermaliger Wiederholung, entsprechend den Choralversen, abschließt.

Der dritte Teil ist für den dritten Weihnachtsfeiertag bestimmt, der zwar nicht kirchlich, aber durch den bürgerlichen Gebrauch in manchen Gegenden Deutschlands eingeführt ist.

Auch der Eingangschor dieses Teiles (Nr. 24) ist in jubelnder Stimmung geschrieben. Die Trompete, dieses gerade von Bach so wunderbar verwandte Instrument, gibt dem Stücke die Signatur durch fanfarenartige Klänge, mit denen die der Streicher zu wetteifern versuchen. Der Charakter des Chors ist ausgesprochen tanzartig, eine Art Menuett kirchlicher Prägung. Mit herrlichen Figurationen des Grundtaktes und unter Verwendung jener bei Bach beim Ausdrucke der Freude so beliebten Figur, der wir in seinen Werken öfter begegnen.

Ein kurzes Rezitativ leitet über zu dem Chor (Nr. 25 und 26): „Lasset uns nun gehen gen Bethlehem", einem helltönigen, freudig bewegten Stück, besonders infolge der orchestralen Figuration, durch die das eilige Vorwärtsgehen in echt bachischer Weise sinnfällig gemalt wird.

Das kurze Rezitativ Nr. 27 spricht von dem durch die Geburt Christi Israel gespendeten Trost, für den sich Nr. 28, der Chor, durch den Choral: „Dies hat er alles uns getan" (nach der Melodie: „Gelobet seist du Jesu Christ") bedankt.

Nr. 29, Duett für Sopran und Baß, ist ein Preis des Erbarmens und Mitleids des Herrn, das den Christen freimacht, ein einfaches schönes Stück, mit den uns bekannten Figuren des Erbarmens, des Mitleids und der durch Baßfiguren kundgegebenen Herzensfreude darüber, ein Dank der Kinder an den treuen Vater.

Im Rezitativ Nr. 30 wird geschildert, wie die Hirten das Christuskind in der Krippe liegen sehen, ein Ereignis, das vom Solo-Alt in der Arie Nr. 31: „Schließe, mein Herze, dies selige Wunder fest in deinem Glauben ein" in einer den „festen" Glauben feiernden Melodie besungen wird. Charakteristisch, echt bachisch, wie der Baß in abgesetzten Achteln das „fest" ausdrückt. Der Aufforderung zu folgen verspricht der Alt in einem kurzen Rezitativ Nr. 32, und ihm schließt sich der Chor mit einem Choral: „Ich will dich mit Fleiß bewahren" (nach der Melodie: „Warum sollt ich mich denn grämen") an.

Im Rezitativ Nr. 34 schildert der Tenor die Umkehr der Hirten, und in einem Chorale: „Seid froh dieweil" (nach der Melodie: „Wir Christenleut") leitet der Chor zur Wiederholung des Eingangsstückes über, mit der dieser Teil abschließt.

Für den Neujahrstag ist der vierte Teil bestimmt.

Auch dieser wird mit einem, in einfachem Rhythmus und einfacher Melodik gehaltenen, sich im Dreitakte bewegenden Chor eingeleitet, aber ohne Trompeten. Die Musik deklamiert dem Texte entsprechend, ohne wesentliche Verschränkungen der Stimmen und ohne hervorstechende spezifisch bachische Züge. Auch hier ist ein gewisser Tanzcharakter freudiger Stimmung — es gibt auch Tänze trauriger Art — bemerkbar, entsprechend den Textworten: „Fallt mit Danken, fallt mit Loben vor des Höchsten Gnadenthron."

Das Rezitativ für Tenor Nr. 37 spricht von der Namengebung Jesu, und in Nr. 38 wird den Namen Immanuel und Jesus in einem Rezitativ für zwei Stimmen, das als Arioso zu singen ist, der Ehrfurchtszoll entrichtet, wie die Sehnsucht nach der Vereinigung mit dem Heiland und das selige Vertrauen, auch im Tode nicht zu sterben, ausgedrückt wird.

Nr. 39 spricht, mittels einer Arie, der Sopran von den Schrecken, die des Heilands Namen einzuflößen die Kraft hat. In diesem merkwürdigen Stücke bedient sich Bach eines zur damaligen Zeit beliebten, teils aus dem Gebrauche mehrfacher Chöre oder von der Orgel mit Fernwerk sich herschreibenden Kunstmittels: des Echos. In die Arie des Soprans singt ein anderer Sopran gewisse Worte, die die Solostimme hat vernehmen lassen, nach, um gewissermaßen den Widerhall zu zeichnen, den die Worte der Solostimme in dem Herzen der Hörer wecken sollen und geweckt haben.

Nr. 40 ist ein Duett für Baß und Sopran, wiederum ein Arioso mit gewissermaßen rezitativischer Auslegung. Ein klangreiches, reizvolles Stück infolge des Stimmsatzes und der Anordnung mannigfaltiger, Abwechslung schaffender Unterbrechungen, auf die es dem Meister besonders ankommt. Er hat die beiden äußersten menschlichen Stimmen zusammengelegt, als ein Symbol gleichsam der Anreihung des Anfangs und des Endes, des A und des O.

In der Arie Nr. 41 legt der Baß das Gelübde ab, zu Ehren des Heilands zu leben, und erbittet sich von ihm die Kraft dazu. Ein energisches, in Moll gehaltenes Stück von ganz besonderer Entschiedenheit des Rhythmus, sowohl in der Stimme wie in den begleitenden Instrumenten. Selten ist von einem Komponisten das „Leben" durch laufende Figuren so entschieden als Bewegung bejaht worden wie in dieser Arie durch unseren Meister.

Der Teil schließt mit einem Choral von sanfter Melodie: „Hilf, Herr Jesus, laß gelingen!" Hörner und Oboen als obligate Instrumente bestimmen den Charakter dieser innigen vertrauensvollen Bitte.

Der fünfte Teil ist für den Sonntag nach Neujahr bestimmt. Wiederum will der Chor Gott die Ehre geben. Nach einer kurzen, aber sehr lebhaften instrumentalen Einleitung, innerhalb deren die Oboe und die Geigen miteinander abwechseln, und der Baß nach schrittweisem Auftreten das Motiv der Freude erklingen läßt, beginnt der Chor eine Art Wechselgesang ohne besondere kontrapunktische Verwicklungen, ein rein melodisches, im wesentlichen auf den Klang hin geschriebenes, durch ihn bestimmtes Stück.

Im Rezitativ Nr. 44 spricht der Evangelist von dem Erscheinen der Weisen aus dem Morgenlande. In einem durch ein Rezitativ des Alts unterbrochenen Chore fragen die Weisen, wo der neugeborene König der Juden ist, den sie anzubeten gekommen sind.

Die Erwähnung des Sternes von Bethlehem löst in dem Chor den Choral mit den Worten: ,,Dein Glanz all Finsternis verzehrt" nach der Melodie: ,,In dich hab ich gehoffet, Herr" aus. Dieser Choral wird vom ganzen Orchester mitgespielt und ist von ganz besonderer klanglicher Wirkung. Es folgt eine Arie für Baß (Nr. 47) auf den Text: ,,Erleucht' auch meine finstren Sinnen", ein im ganzen dunkel gehaltener Gesang, dessen Melodie aber bei den Worten: ,,strahlen" und ,,erleuchte" in charakteristisch Bachscher Weise lichtvoll durchbrochen wird.

Die Rezitative Nr. 48 und 49 erzählen teils vom Schrecken Herodes', teils von der Verwunderung der durch eine Altstimme vertretenen gläubigen Seele über solche Furcht. ,,Warum wollt ihr erschrecken?" fragt sie, von außerordentlich charakteristischen Begleitfiguren unterstützt, und preist im Rezitativ Nr. 50 Bethlehem als die Heimat des Herzogs, der über Israel Herr sein soll.

In einem Terzett Nr. 51 für Sopran, Alt und Tenor verfinstert sich die Stimmung, und sehnsüchtig fragen die Singenden: ,,Ach, wann wird die Zeit erscheinen, wann kommt der Trost der Seinen", und die Trauer wird so groß, daß es zu dem Rufe kommt: ,,Jesu, ach, so komm zu mir". Dieses Terzett ist ganz besonders ausgezeichnet durch echt Bachsche Züge und erinnert im Charakter an gewisse zweistimmige Arien aus der „Hohen Messe". Auch hier gehen zwei Stimmen sehr häufig und offenbar mit bewußter Betonung des Sinnes der Textworte gleichmäßig in Terzen, gewissermaßen die gleiche Stimmung und die gleichen Gedanken der Singenden symbolisch zu kennzeichnen; bereichert wird das Tonbild, und der Sinn tiefer gekennzeichnet durch die Einführung einer dritten, die Rolle des Vermittlers, des Auslegers spielenden Stimme. Ein echt Bachsches, aber nur durch höchste Meisterschaft beherrschbares Kunstmittel!

In einem kurzen Rezitativ Nr. 52 tröstet der Alt die Singenden mit den Worten: „Mein Liebster herrschet schon, und ein Herz, das seine Herrschaft liebt, ist Jesu Thron." Der Teil schließt mit einem Choral nach der Melodie: „Gott des Himmels und der Erden" und mit einem ganz besonders wenig einladenden Texte, dessen erste Worte lauten: „Zwar ist solche Herzensstube wohl kein schöner Fürstensaal". Er hat Bach nicht gehindert, das „Blinken der Sonne" durch eine besonders schöne Modulation zu malen.

Zum Feste der „Erscheinung Christi" soll der sechste Teil gesungen werden. Er zeichnet sich durch einen ganz besonders starken, infolge der Textworte an spezifisch Bachschen Zügen außerordentlich reichen Eingangschor aus: „Herr, wenn die stolzen Feinde schnauben". Schon in den ersten Takten haben wir den Charakter und den Zweck der Komposition klar vor Augen. Dem „Schnauben" der Feinde (Trompete!) wird der „Glauben" der Erwählten (Oboe!) gegenübergestellt, die nach der Macht und Hilfe des Herrn sehen. Im zweiten Teile, nach einem kurzen Zwischenspiele auf die Worte: „Wir wollen dir allein vertraun" wird das Ergebnis aus der Einleitung gezogen, und durch das Neueintreten der ersten Figuren, wiederum nach einem kurzen Zwischenspiele, der umfangreiche Chor mit den glaubensstarken Worten: „Nach deiner Macht und Hülfe sehn" zum Abschluß gebracht.

Im Rezitativ Nr. 55 erzählt der Evangelist von der heimlichen Berufung der Weisen durch Herodes und dessen angeblichen Wunsch, das Kindlein anzubeten.

Orgelempore der St. Blasienkirche in Mühlhausen (Thür.)

Kirche in Dornheim

In einem weiteren Rezitativ warnt der Sopran den Fürsten vor dem Versuche, dem Heiland mit List nachzustellen, denn die Tücke der Bösen sei wohlbekannt.

Die darauffolgende Arie Nr. 57 für Sopran, mit den Worten: „Nur ein Wink von seinen Händen stürzt ohnmächtger Menschen Macht, hier wird alle Kraft verlacht", ist ein ungemein kraftvolles Stück, in dem Bach in einer ganz eigenen Weise den Gesang zurückstellt, ihn fast auf das Aussprechen der Textworte beschränkt und die eigentliche Illustration dem Orchester überläßt, das in höchst ausdrucksvollem und außerordentlich umfangreichem Zwischenspiele die Empfindungen ausdrückt, welche die Textworte in einem sich dem unverbrüchlichen Banne der göttlichen Bestimmung verfallen wissenden Sterblichen auszulösen vermögen. Bewunderungswürdig ist die Einteilung des Rhythmus und besonders die Einführung der Synkopen, die eindrucksvoll malen, wie ein Wink einer höheren Hand die Macht zu zerstören Gewalt hat.

Im Rezitativ Nr. 58 schildert der Evangelist die Anbetung der Könige, über die (Nr. 59) der Chor durch einen Choral seine Freude und den Willen ausdrückt, an die Krippe zu treten.

Das Rezitativ Nr. 60 erzählt von dem Befehle Gottes an die Könige, einen anderen Weg zu gehen, als den des Herodes.

Es folgt ein ariosoartiges Rezitativ des Tenors, der Jesus um Hilfe fleht, Jesus, der bei ihm bleibt, während die anderen davongehen. Dieser Gedanke wird in der energischen Arie: „Nun mögt ihr stolzen Feinde schrecken, was könnt ihr mir für Furcht erwecken" weiter ausgeführt. Das Marschcharakter aufweisende Stück ist liedartig, gewissermaßen strophenweise komponiert und wird nur an einer Stelle im Tempo verlangsamt.

Im Rezitativ Nr. 63: „Was will der Hölle Schrecken nun", einem sehr merkwürdigen, kurzen Satze, läßt Bach das Arioso von den vier Chorstimmen singen. Die Worte: „Da wir in Jesu Händen ruhn", geben dem Komponisten Gelegenheit zu einem wunderbaren Zuge, der darin besteht, daß er dem Alt bei dem Worte „ruhn" das

Gis nach g heruntersinken läßt, als ob der Stimme das Haupt auf die Brust fiele.

Das Ruhen in Jesu Händen erfüllt den Chor mit herzlichstem Vertrauen und hoher Freude, Empfindungen, denen er durch den großartigen Choral: „Nun seid ihr wohlgerochen an Eurer Feinde Schar" einen festlichen, triumphalen Ausdruck verleiht.

Wiederum gibt die Trompete die Signatur, und das Auftreten der charakteristischen Figur der Freude am Schluß des Vorspiels bezeichnet aufs klarste die Absicht des Komponisten auf Festeslust und Triumph hin. Dennoch trennt er jede Verszeile ihrem Charakter entsprechend durch ein Zwischenspiel von der anderen, weiß aber aus der Stimmung der einen in die der anderen mit der Meisterschaft überzuleiten, in der er einen Nebenbuhler nicht hat.

So schließt er mit vollen Tönen sein populärstes Oratorium.

Die hohe Messe in H-moll

Bach hat eine Anzahl Messen geschrieben, von denen er wohl keine für den Gottesdienst unmittelbar bestimmt hat.

Seine Stellung als protestantischer Kantor brachte es mit sich, daß er einen Text wie den der katholischen Messe vor allem als einen Gegenstand musikalischer Komposition betrachtete, ohne Rücksicht darauf, ob diese in der Kirche Verwendung fand.

Von einer dieser Messen steht fest, daß sie zur gottesdienstlichen Handlung niemals hinzugezogen werden könnte, selbst wenn sie von einem katholischen Komponisten herrührte, nämlich von Bachs größter und wohl auch neben der „Kunst der Fuge" größtem Werke, der hohen Messe in H-moll.

Schon der Umfang — die pausenlose Aufführung in ungekürzter Form würde annähernd 3 Stunden dauern — läßt ihre Verwendung auch innerhalb des katholischen Kirchendienstes nicht zu, und andererseits würde sie infolge ihrer Übermacht und der von ihr an den Hörer gestellten Ansprüche eher störend als aufbauend im

Gesamtbilde der kirchlichen Handlung wirken. Die hohe Messe in H-moll von Bach ist vor allem so recht von Grund aus ein musikalisches Werk. Dennoch sind wohl dann und wann Stücke daraus sogar von Bach selbst innerhalb des Gottesdienstes zur Aufführung gebracht worden. Aber als Ganzes — und darin unterscheidet es sich von der hier unwillkürlich vor dem Auge aufsteigenden hohen Messe in D-dur von Beethoven — bleibt sie ein Gegenstand der außergottesdienstlichen Aufführung.

Sprengt die H-moll-Messe den Rahmen des kirchlichen Gottesdienstes, so ist sie doch ein religiöses Kunstwerk ersten Ranges, und die Kirche bleibt der Raum, in dem sie bei Aufführungen die höchste Wirkung ausübt. Das Werk ist nicht ganz vollständig in sich insofern, als Stücke davon nicht eigentlich zu ihm gehören, und deshalb auch nicht ganz einheitlich. Seine Ausführung erstreckt sich auf einen längeren Zeitraum, und man darf wohl behaupten, daß der erste Chor, durch dessen Einsendung nach Dresden Bach seine Bewerbung um den so heiß begehrten Titel eines Hofkapellmeisters zu unterstützen suchte, zunächst als Einzelstück gedacht war.

Trotz der vielen Unterbrechungen, gewisser Zusätze und Überarbeitungen hat der Meister doch ein Ganzes zustandegebracht, mit dessen Größe die eines anderen Werkes der Musik sich kaum vergleichen läßt.

Der Stil des Werkes ist, soweit es sich um Chöre handelt, größtenteils durch Verwendung der Fuge bestimmt. Als Grundsatz hat der Meister die Fünfstimmigkeit aufgestellt. Aber er hält sie nicht immer strenge inne, sondern er geht von seinem Grundsatze, wie es ja immer seine Gewohnheit ist, dann ab, wenn ihm scheint, der dem Text entsprechende musikalische Gedanke lasse sich nur in einer anderen Zusammensetzung der Stimmen vollkommen zur Entwicklung bringen.

Die Textworte sind streng diejenigen, welche die Gemeinde, an deren Stelle hier der Chor tritt, zu sprechen hat.

Der erste Chor enthält nur zwei Textworte: „Kyrie eleison". Über diese zwei Worte hat Bach ein Tonwerk geschrieben, dessen Klavierauszug 17 Seiten annähernd einnimmt. Diese eine Tatsache beweist schon die ganz einzige Auffassung des Textsinns und Außerachtlassung aller Rücksichten auf gottesdienstliche Verwertung.

Der Chor, der aus zwei Sopranen, Alt, Tenor und Baß besteht, setzt sofort ein. Dieses ist ein charakteristischer Zug in der Auffassung, die Bach in diesem Falle von der Rolle des Chors hat und von der Stimmung, in der er sich die Gemeinde in diesem Falle vorstellt. Nicht auf ein Orchestervorspiel, das sozusagen den Ton angibt, wie etwa in Beethovens schon angezogener großen Messe, sondern zusammen mit dem Orchester in einer Art Aufschrei ruft der Chor die Worte: „Kyrie eleison, Herr erbarm dich!" Wunderbar ist schon der zweite Takt des Werkes in seiner Behandlung der Stimmen, nicht bloß in rein musikalischer, sondern vor allem in psychologischer Hinsicht. Während der Meister das Orchester und die vier Stimmen, außer dem zweiten Sopran, mit ihrem Schrei abbrechen läßt, verbindet die verharrende Stimme den ersten mit dem zweiten, und diesen wieder verbindet der erste Sopran mit dem dritten Schrei. Während er zu einem großartigen Ruhepunkt hinaufzusteigen sich bestrebt, geht die Hauptstimme des Orchesters, die erste Geige, in mächtigem Schritte zur endgültigen Dominante herunter. Damit ist die Stimmung des ganzen Werkes festgelegt und die Erwartung des Hörers auf das höchste gespannt.

Es ist ein großartiger Zug Bachs, daß er, nachdem er die größte Kraft aller Beteiligten in Anspruch genommen, in klanglicher Hinsicht äußerst zurückgeht, aber zugleich durch das in seinen Klängen Auszudrückende eine ungeheure geistige Spannung bewirkt. Er beginnt mit dem Vortrage eines der größten umfangreichsten und tiefsten Fugenthemen, die selbst er geschrieben hat, und überläßt es einem Blasinstrumente, der Oboe, gleichsam das Thema aufzustellen, mit dem Chor und Orchester sich in erschöpfender Weise auseinanderzusetzen haben.

Während die Oboe das Thema spielt, singen andere Instrumente die Harmonien. Mit erstaunlicher, an das höchste Raffinement streifender Weisheit führt der Meister zunächst nach dem doppelten Vortrag des Themas auf einem Nebenmotive ein längeres Zwischenspiel durch, das wiederum eine Hochspannung herbeiführt, da der Hörer, je länger er sich in das Gewebe dieses Zwischenspieles verwickelt, desto eifriger sich fragen muß, wie die Entwicklung und Befreiung daraus vor sich gehen wird. Der Meister bewirkt sie dadurch, daß er das Thema in tiefster Lage von den Kontrabässen spielen läßt. Seine Weisheit begründet sich so gleichsam von selbst. Der Meister hätte es spielend fertig bekommen, die Fuge sofort fünfstimmig durchzuführen. Genötigt aber, den fünfstimmigen Chor sich über dasselbe Thema aussprechen zu lassen, hätte er es schon zu Anfang abgebraucht, wäre er nicht auf den genialen ökonomischen Einfall gekommen, es dem Orchester vorzuenthalten, es gewissermaßen vor allzu häufigem Gebrauche zu schonen.

Sobald der Chor seine Rolle aufnimmt, beginnt auch für den Meister die innere Verpflichtung, den durch die Fuge von vornherein gültigen Gesetzen entsprechend zu verfahren.

Er läßt nun das Thema durch alle fünf Stimmen gehen, zuerst vom Tenor, dann vom Alt, dann vom ersten Sopran, vom zweiten Sopran und schließlich vom Baß Note für Note singen, und kaum hat es der Baß von den Lippen gelassen, als auch schon der zweite Sopran es wieder aufnimmt, um es dem ersten Sopran zu überliefern. Wir haben es also nun siebenmal hintereinander gehört, und jetzt wiederum entzieht es der Meister seinen Ausführenden, denen er aus den die Harmonie bildenden Motiven einen neuen eigenen Gesang schafft. Hier wieder zeigt sich der allen überlegene Kunstgeist Sebastian Bachs, der bereits beim Beginn eines Stückes gewissermaßen den Schluß genau voraussieht, Entfernung, Breite der Wege, Windungen, Abzweigungen, wie auf einer Landkarte, in seinem Geiste zu überschauen und daher den Wanderer den genußreichsten Pfad zu führen vermag. Hat der Meister uns nun sein großartiges Thema in verschiedener Beleuchtung und zur Genüge gezeigt, so entzieht er in neuer Weisheit diesen breit vor dem Hörer offen gelegten Teil und gleitet in eine andere, gewissermaßen vor dem Auge sich verengende Landschaft, die aber im geeigneten Moment sich aufs neue öffnet. Ehe der Chor zu seinem Ruhepunkt kommt, wird dem Hörer das Thema durch den Baß, also in dunkelster Tönung ins Gedächtnis gerufen und für ein kurzes Zwischenspiel wiederergriffen, das, kaum glaublicher Weise, eine neue Steigerung mit jener Sicherheit vorbereitet, die Bachs Geheimnis ist.

Wiederum folgt der Meister streng dem durch die Fuge vorgeschriebenen Gesetze der Entwicklung. Diesmal fängt er von unten her an, nicht wie das erstemal von der Mitte aus. Die unteren drei Stimmen folgen einander absolut regelrecht. Nach ihnen bemächtigt sich der erste Sopran des Themas und zuletzt erst, wiederum nach einem kurzen Zwischengesange, der zweite Sopran. Nach wenigen Takten beginnt der Meister die Fuge neu, und zwar jetzt von oben her, zuerst erster Sopran, dann zweiter Sopran. Dann läßt er das Thema wiederum entschwinden, begnügt sich immer wieder mit Entfaltung der Nebenmotive, bis er denn sich entschließt, sein letztes Wort damit zu sprechen, das Thema noch einmal im Baß auftreten zu lassen, um dann mit rhythmisch gewaltigen, einen Marsch des Chores auf das Ende hin charakterisierenden Figuren den großartigen, in Dur gehaltenen Schlußakkord herbeizuführen.

Dem „Kyrie eleison" folgt als zweite Nummer das „Christe eleison". Nach dem fünfstimmigen Chore hören wir plötzlich zwei Stimmen, und zwar zwei hohe, zwei Soprane. Dieser Gegensatz ist nicht nur ein Ergebnis rein klanglicher Spekulation, sondern ergibt sich aus dem Texte. Das Wort ist, wie nicht oft genug betont werden kann, der wahre Schlüssel zum Verständnis Bachscher Musikformen und Bachschen Ausdrucks.

Christus ist für Bach etwas anderes als Jesus und besonders als der Kyrios, der Herr, der Herrscher und damit der Richter.

Mit dem Begriffe Kyrios wie mit dem Begriffe Jesus verbindet sich für Bach ein anderes Tonbild als mit dem Begriffe Christus. Heiland: unter diesem weitesten Begriffe für Bach haben alle anderen Bezeichnungen Platz, was nicht hindert, daß Bach auch für den Begriff Heiland selbst an gewissen Stellen eine eigene musikalische Weise festzusetzen für richtig gehalten hat.

War das Gebet an den ,,Herrn" um Erbarmen dunkel, streng, wenn der Ausdruck gestattet ist, formell, so ist das an ,,Christus", den ,,Gesalbten", gerichtete zutraulich, einschmeichelnd, ein einfacher Gesang zweier Stimmen, die sich noch dazu soweit wie möglich in der volkstümlichsten aller Harmonisationen, der Terz, bewegen.

Nach einem von den Geigen gegebenen Vorspiele setzen die beiden Stimmen, auch ein charakteristischer Zug, zugleich ein. Wie alle zusammen den ,,Herrn" angerufen haben, wenden sich auch die zum ,,Gesalbten" Rufenden gleichzeitig an ihn.

Natürlich weiß Bach, daß er ein Kunstmittel nicht allzulange gebrauchen darf. Wie sehr er sich in dieser Hinsicht Beschränkungen auferlegt und welche Erfindungskraft ihm zu eigen ist, wenn es sich darum handelt, seine Mittel zu schonen und zu ändern, haben wir schon zu oft gesehen, um es noch einmal hervorheben zu müssen. So bricht er denn auch in dem Duett der Soprane bald mit den Terzen ab und gibt den Stimmen eine Bewegung, die man, wenn man nur vom Rhythmus ausgeht, fast als kanonisch bezeichnen darf. Eine Stimme folgt der anderen in gemessenem Zwischenraume mindestens in rhythmischer Hinsicht. Wiederum eine geniale Einkleidung des die Stimmen beseligenden Einheitsgedankens. Es ist dieses dasselbe Vorgehen, das die Auffassung des Symbolischen bei Bach auch an anderen Stellen gezeitigt hat, wo es, wenn man so sagen darf, darauf ankam, die Übereinstimmung des Geistes und des Willens bei verschiedenen Individuen zu kennzeichnen. Als großes Ganzes besteht die Arie aus zwei Teilen, annähernd gleich langen. In beiden Teilen ist das die Stimmung Charakterisierende die Beharrung in der einfachen Tonart, in der Harmonie und auch der Wiederaufnahme des Themas durch die beiden Stimmen an den verschiedensten Stellen des Stückes, das hierdurch die Ruhe und gewissermaßen die Gewähr für den Erfolg des Gebetes mit einschließt. Der Hörer bekommt die Vorstellung der Sicherheit und dünkt sich dabei selbst Gegenstand des Erbarmens, dessen Gewährung ihm gewissermaßen durch das am Schlusse wiederholte Vorspiel bestätigt wird.

Als dritten Teil bringt der Meister wieder die Worte „Kyrie eleison" in musikalische Einkleidung, und zwar wieder anders als das erstemal. Er begnügt sich hier mit vier Stimmen, und die Bewegung des Chors ist seltsam lebhaft. Auch die Tonart hat etwas Brütendes. Es ist das nur einen offenen Ton aufweisende, für Streichinstrumente ganz besonders dumpfe Fis-moll.

Das zweite „Kyrie" ist ein fugierter Satz von verhältnismäßig kurzer Ausdehnung, gewissermaßen ein Nachwort, eine Mahnung an den Hörer, trotz der gegebenen Zusicherung die Ehrfurcht und auch die Furcht nicht zu vergessen. Der Satz geht schnell vorüber und hat jenes unheimliche innere, gerade harmonisch zurückhaltenden Bachschen Sätzen eigentümliche, gewissermaßen verdrängte Leben. Es beruht auf der Kürze und dem eigentümlichen Bau des infolge der Einführung der kleinen oberen Sekunde mittelalterlich finsteren Themas, das todesmutig zur Oberquart vormarschiert, um in kurzer Zeit zum Grundton zurückzukehren. Es ist zwar „dolce" vorzutragen, allein diese Bezeichnung bezieht sich mehr auf den Gedanken einer Milderung als einer Verleugnung der Bitterkeit. Nicht umsonst läßt der Meister den einige Helligkeit verbreitenden Sopran als letzte Stimme einsetzen. Charakteristischerweise wird er bis zum eingestrichenen A nur einmal zu kurzem Aufschrei erst im 51. Takte hinaufgeführt, und bezeichnenderweise gibt von hier ab der Satz nicht ein einziges Mal den Willen zum Hochsteigen kund, sondern er sinkt so, daß der Sopran beinahe in Altlage schließt.

In eine ganz andere, in eine Welt des Lichts, des Glanzes, versetzt uns sofort mit dem ersten Takte der vierte Satz, das „Gloria in excelsis". Pauken und Trompeten geben ihm die Signatur. In einem vierundzwanzig Takte langen, lebhaft bewegten und jubilierend vorzutragenden Vorspiele bereitet der Meister ein großartiges, weniger auf kunstreichen Bau, als auf Klangfülle abzielendes Tonstück vor. In weiser Beherrschung des Gegensatzes läßt er das Thema zuerst von einer Stimme vorsingen, dem Alt, der den Tenor nach sich zieht, dann bringt er nach vier Takten alle fünf Stimmen zusammen und, ohne das Thema selbst singen zu lassen, läßt er es in glanzvollster Weise umschreiben. Auch nach dem ersten Zwischenspiel enthält er sich der Wirkung durch den gesamten Chor, sondern geht genau so vor wie das erstemal. Später ergehen sich die Gesangstimmen geschlossen in einer ununterbrochenen Melodie bis zu einem weiteren Zwischenspiele, nach dem die Stimmen abwechseln, entsprechend der biblischen Beschreibung des Engelgesangs.

Dann erweist Bach sich wieder als Meister des Gegensatzes durch die Einführung des einfachen, innigen Themas auf die Worte: ,,et in terra pax". Hier nun ist es das Vorhaben des Meisters, in einer schwebenden Bewegung die Ruhe und den Frieden darzustellen, ohne dabei zu vergessen, daß Ruhe und Frieden eine haltbare Unterlage haben müssen. Man beachte die für die sinnliche Vorstellung Bachs so überaus charakteristische, über zwei lange Takte im Baß sich streckende Note ,,H" (Takt 107). Dieser ganz kurze Einleitungssatz ist allerdings nur da, um auf einen fugierten vorzubereiten, in dem das erste Thema wieder aufgenommen wird, aber einen ganz neuen künstlerischen Zweck erhält. Es ist, als ob der Chor jetzt erst zum Bewußtsein der Bedeutung und auch des Segens gelangt, den der Friede bringt, und nun seiner Freude darüber durch jubelnde Figurationen Ausdruck verleiht. Die Fuge wird dann wieder von einem Stücke im Stile der Einleitung unterbrochen und geht in einem wunderbaren Aufschwunge, in dem der Sopran die Kraft seiner Helligkeit leuchten läßt, zu Ende.

Nachdem Chor und Orchester nebst der Orgel höchste Kraft entfaltet haben, beschränkt der Meister die Mittel und bringt mit einem Male eine Arie, zu der eine zart begleitete Geige die Einleitung hören läßt.

In hellem A-dur beginnt das Instrument in der Mittellage eine der herrlichsten Melodien, die selbst Bach jemals gelungen sind, und in die sich das Orchester entzückend hineinspielt. Es löst sich bald nur zum Halte für das sich in freien, wie Improvisationen anmutenden Fantasien ergehende Soloinstrument auf, das bis in helle Lagen hinaufsteigt und in einem schönen Laufe seinen Gesang zu Ende führt, gleichsam mit einer Einladung an die Solostimme. Diese setzt in einer seltsam erscheinenden Entrücktheit ohne jede Achtung einer melodischen Linie, in einfachen Figuren und sogar von der Tonart scharf abweichend ein, bis das Soloinstrument durch Wiederaufnahme der Melodie der Stimme den Weg zeigt, den sie noch zu suchen scheint. Im Grunde wird die Arie nicht gesungen von dem Mezzosoprane oder einem hellen Alt, sondern von der Sologeige und vielmehr von der Gesangsstimme deklamiert. — Selten hat Bach einem Gesange einen so instrumentalen Charakter aufgeprägt wie diesem „laudamus te", wenigstens bis kurz vor dem Schlusse. Hier erst läßt er die Stimme zur wirklichen Ausführung der Melodie zu.

Die Fortsetzung des Gebetes „laudamus te, benedicimus te, adoramus te, glorificamus te" geschieht durch den Chor.

„Gratias agimus tibi propter magnam gloriam tuam." Der Meister begnügt sich mit vier Stimmen, denen er als Vortragsweise „pietoso" vorschreibt, also: „fromm". Das Thema dieses fugierten, in D-dur stehenden Stückes ist viel bewundert worden wegen seiner Kürze, Prägnanz, Klangschönheit und inneren Bewegung. Die Stimmen lassen einander nicht aussingen. Während der Baß bei seiner dritten Note ist, setzt schon der Tenor mit dem Thema ein. Dem Tenor läßt der Alt nur vier Noten Zeit, und der Sopran dem Alt gar nur zwei. Das Thema ist so gebaut, daß es, auf diese Weise abgewechselt und angeordnet, ebenso lebendig wie harmonisch schön am Ohre des Zuhörers vorbeizieht, sich ihm einprägt, so daß, sobald vom Basse aus mit der Figuration begonnen wird, ein Überhören des Rhythmus und der Melodie ausgeschlossen ist, und sich die Stimmen in den gewagtesten Evolutionen bewegen dürfen, ohne daß auch nur eine Spur von Unsicherheit in der Auffassung möglich ist.

Der Charakter des Tonstückes ist fromme Innerlichkeit und innerliche Frömmigkeit. Das Regsame des Themas selbst, das nach lebhaften rhythmischen, man möchte sagen, Aufsässigkeiten in sich selbst zurückkehrt, sich gleichsam seiner Tonart unterwirft, versinnbildlicht in wunderbarer Weise den Weg, den die Seele des Zuhörers zum Gedanken der Dankbarkeit macht.

Im siebenten Stücke nähert sich der Meister der Art, die er im zweiten, dem Duette: ,,Christe eleison", gewählt hat. Er bringt wiederum ein Duett, diesmal für Sopran und Tenor.

Die Gleichartigkeit in der Anordnung dieser Stücke hat einen tiefen Grund. Auch hier handelt es sich darum, der Bitte um Erbarmen Ausdruck zu geben, aber in Form einer bewundernden Huldigung an den eingeborenen Sohn, der als ,,Domine deus filius unigenite Jesus Christus altissime" angesprochen wird. Die Melodie ist so angeordnet, daß sowohl Jesus wie Christus, die in Bach musikalisch verschiedene Vorstellungen erwecken, gleicherweise angebetet werden. Jesus ist der Dulder, Christus der Gesalbte.

Die zwei Stimmen lassen dem Orchester zu einem längeren Vorspiele Zeit, in dem die Zweiheit der Jesus-Christus-Figur symbolisch angedeutet ist durch den zweimaligen Eintritt desselben Themas nacheinander und seine figurale, sich über sechzehn Takte erstreckende Entwicklung.

In gleichmäßiger Bewegung nun steigen die Stimmen herunter, bis sie sich an einer Stelle finden, in der sie in der uns aus dem ersten Duett bekannten gleichlaufenden Bewegung in Terzen ihre Einmütigkeit kundzugeben suchen. Während der Entwicklung des Tonstückes, in dessen Verlaufe Bach den Gedanken der Zweiheit und doch Zusammengehörigkeit nicht einen Augenblick außer acht läßt, zeigt sich die Vielseitigkeit der Erfindung in dem Sinne, wie man mit demselben thematischen Material auf verschiedene, immer neu anmutende Weise demselben Grundgedanken neuen Gehalt verleiht, dadurch daß man ihn in immer neuer Form vorträgt.

Dieses Duett nimmt in der Anordnung der Messe eine eigentümliche Stellung ein. Denn es ist kein abgeschlossenes Tonstück in dem

Sinne, in welchem es das erste Duett ist, sondern vielmehr eine merkwürdige Vorbereitung für einen Chor, der die Textworte in seiner eigenen Weise fortführt. In G-dur beginnt der Zwiegesang, um im 95. Takte in einer ganz fremden Tonart, H-moll, zu schließen, in welcher der Chor, wohl gemerkt ohne Orchestereinleitung, mit den Worten: „qui tollis" in dumpfer Lage einsetzt.

Damit sind wir im achten Stücke und an dem Punkte, an dem die Verherrlichung Jesu als des Trägers der Weltensünde einsetzt.

„Qui tollis peccata mundi, miserere nobis, suscipe deprecationem nostram." Dieses Tonstück, gänzlich auf Stimmungsmalerei durch den Gesang hingeschrieben, hat im Orchester eine charakteristische, unruhig sorgenvolle Figuration, der sehr bald sich die anschließt, welche wir aus der Schilderung der Leiden Christi kennen, jene Bewegung, mit der vor allem der den ersten Teil der Matthäus-Passion abschließende Choral „O Mensch, bewein' dein Sünde groß" von den Flöten so wundersam begleitet wird. Der Chor, der nirgends zur eigentlichen Höhe aufsteigt, versinkt, je näher er dem Ende kommt, in immer tiefere Lagen und langsamere Bewegung. Dieses Stück ist gewissermaßen eine andere gedämpftere Fassung des zweiten „Kyrie eleison".

Die folgende Arie für Alt auf den Text „Qui sedes ad dexteram patris, miserere nobis" soll in grandiosem Stile gesungen werden, trotz ihrer dunkeln Tonfärbung und ihrem Mollcharakter.

Die Stimme wendet sich an den zur Rechten des Vaters sitzenden, schon in der Glorie sich sonnenden Christus, aber des noch nicht gewonnenen, sondern zu gewinnenden. Wiederum beherrscht die Stimmung das Wort „miserere" „erbarme dich!" Und das Grandiose bezieht sich mehr auf das, dem die Stimme sich zuwendet, als das, was sie singt.

Diese Arie wird abgelöst durch eine Baßarie (Nr. 10) auf den Text: „Quoniam tu solus sanctus dominus, tu solus altissimus, Jesu christe!" In dieser Komposition, die eine der dunkelsten, schwerstverständlichen, aber großartigsten von Bach ist, bedient der Meister sich als Soloinstrument des Waldhorns. Dieses Stück so zu singen, daß die musikalische Schönheit, die dem Auge beim Lesen der Noten sich auftut, auch dem Ohre vermittelt wird, ist noch kaum je gelungen.

Als Gegensatz zu dem Dunkel, in dem wir uns befanden, dient der Chor ,,Cum sancto spiritu" (Nr. 11). Die Melodie wird vom zweiten Sopran gesungen in Begleitung einer Art zweiter Stimme, welche der Tenor übernimmt. Die Stimmen sprechen den Text sofort vollständig aus: ,,Cum sancto spiritu in gloria dei patris." ,,Mit dem Heilichen Geiste in der Glorie Gott Vaters." Die Worte sind im Sprechtone in musikalische Laute gekleidet als Gegenhalt gegen das Orchester, das in diesem Chore eine ganz besonders hervortretende und ihm in den bisher erwähnten Ensemblestücken des Werkes noch nicht zugeteilte Rolle spielt. Dem Waldhorn ist eine große Bedeutung beigemessen, wie denn überhaupt der ganze Chor etwas Stürmisches von Anfang an bis zum Ende behält, etwas Andrängendes.

Man glaubt, eine große Schar Gläubiger will zum Altare stürzen, eben beseelt vom Heiligen Geiste, im Namen Gott Vaters. Der Ausruf wird zu einer Art gehaltenem Schrei bereits im fünften Takte, in dem, außer dem den Marschtritt markierenden Basse, die anderen vier Stimmen einen zum Teil bis über vier Takte sich erstreckenden Halteschrei ertönen lassen, während dessen das Orchester, vor allem die Geigen und die Bässe, in fast ständig beibehaltenen Bewegungen den Charakter des Tonstückes noch schärfer präzisieren. Vor allem sind es die Bässe, die in einer bei Bach nicht überraschenden Logik und Sicherheit den anderen Stimmen die Wege weisen und dabei in ihrer Art dem Gefühlsgehalt einen Ausdruck geben, während die Stimmen noch einmal den Jubelschrei erklingen lassen, der sich ebenfalls während des ersten Teiles immer wieder einstellt und besonders mächtig ist nach einer selbst für Bachsche Verhältnisse ganz ungewöhnlich großartigen Figuration durch die Stimmen, welche vom 21. bis zum 25. Takte dauert, noch einmal absetzt, um dann mit ganz elementarer Gewalt aufzuklingen und durch nochmalige Wiederholung der Figuration, aber in veränderter Form, den zweiten Teil einzuleiten, der, im Gegensatze zu dem mehr auf den Zusammenklang hingeschriebenen ersten Teile, ausgesprochen polyphonen Charakter trägt. Er beginnt in der Mitte des 37. Taktes und stellt der Beweglichkeit, Sicherheit, Reinheit der Stimmen eine Aufgabe, wie selbst der wahrlich mit den Stimmen nicht gerade sanft umzugehen gewohnte Bach ihnen nur selten zugemutet hat.

Mit dem „Amen" setzt der Abgesang ein, freilich ein Abgesang, der fast so lang ist wie der erste Teil vor dem Eintritt des fugierten Teils. Aber es ist doch ein Abgesang, er dauert kürzer oder scheint wenigstens kürzer zu dauern, weil die Elemente, die ihn zusammensetzen, nun schon bekannt sind, und der Meister, wenn man so sagen darf, das Deklamatorische in den Vordergrund stellt. So gehen z. B. sofort nach Wiederaufnehmen des Amen die fünf Stimmen in vollkommen gleichem Rhythmus miteinander. Erst langsam lösen sie sich wieder voneinander ab. An gewissen Stellen wird man an das Zusammengehen der Stimmen im Halleluja aus dem „Messias" von Händel erinnert.

Wiederum beginnt das kontrapunktische Spiel, eingeleitet dieses Mal vom ersten Sopran. Die Figuration wird langsam größer, lebhafter und drängt sichtlich einem Höhepunkte zu, der mit der zweiten Hälfte des 100. Taktes erreicht ist. Hier setzt der Baß den vier in vollem Wogen auf- und niederstrebenden, den zweiten Sopran umbrandenden Stimmen seine Gewalt entgegen und singt beinahe für sich die Melodie, unterstützt von der Orgel im Pedale und den Kontrabässen, bis im 112. Takte der Schrei, den wir schon kennen, eingeleitet wird, der Schrei zu Ehren der Glorie, aus dem sich nun, ohne Unterlaß für irgendeine der fünf Stimmen, der Schluß aufbaut, wie ihn niemand außer Bach, und selbst er nur ausnahmsweise, geschrieben hat. Neben den fünf in unbegreiflicher Selbständigkeit eigene Melodien singenden Chorstimmen äußert sich das Orchester ganz selbständig und frei, und als ob, was man gehört hat, noch nicht genug sei, als ob der Meister zeigen wollte, es stehe ihm selbst nach dem scheinbar Unüberbietbaren doch noch etwas Neues zu Gebote, läßt er zum Schluß die Trompete einsetzen, sich in aufsässiger Bewegung (Triolen gegen gleiche Achtel) einspielen und gewissermaßen als höchste Orchesterstimme den in eine große Fermate auslaufenden Satz zu Ende bringen.

Es folgt nunmehr jener Teil, in den die „Passion" hineinspielt. Es wird das Glaubensbekenntnis an Gott, Christus und den Heiligen Geist abgelegt, wobei in Kürze das Leben Jesu erzählt und gewissermaßen sein Leidensweg, aber auch seine Glorie gezeichnet werden. In diesem Teile des Werkes herrscht im wesentlichen der Chor, logischerweise, da ja das Glaubensbekenntnis eine Sache der Gemeinschaft ist. Wenn Bach den Strom des Chores zweimal durch Arien unterbrechen läßt, so geschieht es zunächst wohl aus ökonomischen Gründen. Eine gewisse Abwechslung in der musikalischen Anlage war auch ihm selbstverständlich keine Nebensache. Aber die Rücksicht auf sie allein erklärt nicht die Tatsache, daß Bach die Soli an bestimmten Stellen einführt und gerade an denen, an welchen — wenn der Ausdruck erlaubt ist — die seelisch weniger aufregenden Bekenntnisse abgelegt werden. Wir werden sehen, wie der Meister diese Tiefpunkte musikalisch so hebt, daß sie in ihrem Niveau schließlich bis an die großen Dinge heranreichen.

In den das Bekenntnis enthaltenden Stücken geht Bach auf alte kirchliche Motive zurück. Er macht sie zur Grundlage der Sätze, die gewissermaßen diese Motive erläutern, klären, verschönen und vergeistigen. Aus dem rein kirchlichen Bekenntnisse der Gemeinde wird ein Bekenntnis künstlerischer Art, durch das die Heiligkeit der Handlung noch vertieft wird.

„Credo in unum deum": „ich glaube an einen Gott." In diesem Chore (Nr. 12) ist die Bewegung durch die Bässe der Orgel angegeben. Die Bewegung geht in zwei ganzen Noten für den Takt und ist schon dadurch als ziemlich langsam und feierlich bestimmt. Der Tenor beginnt mit dem alten Kirchenthema, dem bereits vom ersten Takte ab eine lebhafte Auf- und Niederbewegung des Haltebasses entgegengesetzt ist. Das Thema wird von allen Stimmen, zuletzt vom zweiten Sopran, aufgenommen und gibt zunächst zu keinen besonderen Verwicklungen Anlaß. Anscheinend singen die

Stimmen genau dasselbe und doch hat jede, sobald sie das Thema erledigt hat, eine eigene Melodie, die nur unterbrochen wird durch Wiederaufnahme des Themas, das nun wiederum anders ausgelegt und umschrieben wird. Die kleinste Bewegung ist eine kurze Achtelwendung, sonst ist das Viertel die höchste Beweglichkeit, zu der Stimmen und Orchester sich aufschwingen. Besonders bemerkenswert ist das Festhalten an der angeschlagenen Tonart. Auch dieses ist symbolisch von Bedeutung. Der Glaube an einen Gott soll auch tonal durch eine Einheitlichkeit charakterisiert werden. Der Ausdruck des Stückes ist sanft, zart, von überirdischer Klarheit. Die Stimmen bewegen sich ausnahmslos in den bequemsten Lagen und können an Schönheit und Reinheit das Höchste geben, dessen sie fähig sind. Trotz seiner Bedeutung hat dieser Satz doch nur den Zweck, als eine Einleitung zu dienen. Im Grunde ist es eine Art Rezitativ, dem das eigentliche Hauptstück erst folgen soll. Man sieht das daran, daß es eigentlich keinen Abschluß hat, denn das im letzten Takte auftretende A-dur entspricht zwar der Grundtonart, wirkt aber in der Fermate als ein Dominantakkord, und gerade dadurch überrascht der Meister. Denn er läßt das zweite Credo (Nr. 13) wiederum in A-dur gehen.

Für diesen Chor kommt es Bach, wie schon angedeutet, auf einen Gegensatz an, und dieser Gegensatz wird dadurch erreicht, daß nicht mehr bloß von dem einigen Gott die Rede ist, sondern gewissermaßen seine Kräfte und Eigenschaften dargelegt und gepriesen werden sollen. Der Text spricht zwar auch von einem Gott, aber auch von dem Allmächtigen Vater, Schöpfer Himmels und der Erden, alles Sichtbaren und Unsichtbaren.

Diese Textworte geben dem Meister Anlaß und Gelegenheit zur Entfaltung ganz besonderer Schönheiten, deren rein musikalische Bedeutung noch weit vermehrt wird durch die ideelle Tiefe, durch die Mystik des Ausdruckes, die sich in den Themen, ihrer Verschränkung und ihrer Auflösung kundgibt.

Während im ersten Credo die Bewegung langsam bedächtig, gewissermaßen von sich einfühlender Schüchternheit war, ist sie hier

Schloß in Cöthen

sofort bestimmt und mutig. Alle vier Stimmen beginnen zugleich, und während die drei oberen noch beim „Credo in unum deum" sind, ist der Baß schon beim „allmächtigen Vater, Schöpfer Himmels und der Erden". Das Orchester fällt dazu sprunghaft ein, besonders der Baß, der sofort vom dritten Viertel des ersten Taktes ab sich in lebhafte Bewegung setzt und erst im 30. wieder zu seiner ersten zurückkehrt. Das Orchester in seinen oberen Stimmen verhält sich einen großen Teil des Satzes über wie auf einem Marsche. Die Einmischung dunklerer Färbung macht sich bemerkbar erst bei dem Worte „invisibilium". Das Unsichtbare ist dem Meister Ursache einer gewissen Angst. Bei diesem Worte, auf das er sich durch den Riesensatz über das Wort „omnium" „alle" gewissermaßen vorbereitet hat, kommt er wie selbstverständlich in die Moll-Tonart. Es ist von hoher psychologischer Bedeutung, wie er, nachdem er dem Schrecken vor dem Unsichtbaren gewissermaßen seinen Tribut gezahlt hat, den Satz zu immer höherer Freude in der Tonart entwickelt dadurch, daß er das Dur nur ganz leicht verläßt, aber im Grundsatze beibehält und schließlich auch das Wort „invisibilium" zuletzt nicht nur im einfachen Dur bringt, sondern sogar den Chor gerade mit diesem Worte nun in die, nach der Überwindung der Furcht, begreifliche höchste Lage treibt und damit in vollem Glanze schließt.

Diesen beiden Chören folgt ein Duett und zwar zwischen Sopran und Alt (Nr. 14). Das Stück ist komponiert auf die Worte „und an einen Herrn Jesum Christum, Gottes eingeborenen Sohn und vom Vater geboren vor aller Ewigkeit, an den Gott vom Gotte, an das Licht vom Lichte, den wahren Gott von Gott, wahrhaft geboren, nicht gemacht dem Vater gleichartig, von dem alles gemacht worden ist, der um uns Menschen willen, um unseres Heiles willen, vom Himmel gestiegen ist". Das Tonstück steht in G-dur und entfernt sich von der Grundtonart nur wenig. Die Tatsache, daß Bach zwei Stimmen vereinigt hat, um den Glauben an den einen Herrn kundzugeben, hat seine tiefe Bedeutung, wenn man die Anordnung der Komposition vom Thema ab bis zum Schlusse verfolgt. Die beiden

Stimmen singen und sprechen nämlich dasselbe oder fast dasselbe in bestimmten Abständen, so daß man zwar nicht von einem wirklichen Kanon, aber doch von einem Tonstücke deutlich kanonischen Charakters reden darf. Durch diese Verteilung des Bekenntnisses, durch seine Wiederholung mittels zweier verschiedener Organe erhält es eine doppelte Eindringlichkeit. Es ist, als ob die eine Stimme der anderen das Wort abnehmen möchte. Nur selten kommt es zu einer der Parallelbewegungen, die uns aus dem ersten Duett erinnerlich und bei Besprechung jenes Stücks in ihrer Bedeutung gekennzeichnet worden sind. Dieses Duett, das eigentlich keines ist, sondern ein Ablösungsspiel zwischen einer Stimme und der anderen behufs Erfüllung der gleichen Aufgabe, stellt an die Fähigkeit der Ausführenden, namentlich da auf den sinnlichen Reiz des Gesanges vom Komponisten ganz besonders wenig Wert gelegt ist, außerordentliche Ansprüche bezüglich der Reinheit und des Ausdrucks. Denn kein Wort ist komponiert, ohne daß für die Art, in der es in Musik gesetzt ist, ein tieferer religiöser Grund vorhanden ist. Der Meister stellt sich gewissermaßen zwei Andächtige vor, die dasselbe sagen und zwischen denen nicht eine Harmonie schlechthin, sondern sogar eine mystischen Untergründen entsprechende herzustellen seine Aufgabe ist. Wie sehr dies zutrifft, lehrt besonders die Stelle: „der vom Himmel herabgestiegen ist." Hier malt der Komponist ganz und gar durch die Bewegung der Stimmen dieses Herabsteigen aus einem sicheren Bereiche, indem er sie, obwohl sie sich zum Preise des eingeborenen Sohnes vereinigt haben und man erwarten sollte, sie würden in einem Jubel endigen, in tiefer Lage endigen läßt. Damit bereitet er die Stimmung vor, die durch die folgenden, das Leben und Leiden Jesu berührenden Stücke innegehalten werden soll.

In dem nächsten „Et incarnatus est" wird die Fleisch- und Menschwerdung Christi, eines der größten Mysterien der Kirche, dargestellt. In demselben H-moll, das wir schon nach einem anderen G-dur, demjenigen des Duettes zwischen Sopran und Tenor, kennen, setzt das Orchester ein mit schweren, von oben nach unten gehenden Figuren, einem nachträglichen wiederholten Hinweise auf das Herabsteigen Jesu auf die Erde, den der Chor bestätigt. Auch die Singstimmen halten die Bewegung von oben nach unten ein, wenigstens solange sie dem Thema treu bleiben. Der ganze Satz ist in eine Art bläulichen Schimmer gehüllt. Man glaubt ein Nachtbild zu sehen. Nur an einer Stelle werden die Akzente etwas stärker, nämlich dort, wo der Sopran vom Gis aus niedersteigt. In seiner ganzen Größe zeigt sich der Geist Bachs zum Schlusse dieses Chores, den er nicht auf den Anfang der Textworte endigen läßt, sondern den er gebraucht, um das Menschwerden Christi besonders eindringlich zu machen. Auf das Wort „factus" legt er drei Takte, bevor er zu dem Haltepunkt gelangen läßt, in dem die anfängliche Moll-Tonart in das Dur geführt wird. Bei allem Mitleiden, das der Fromme mit dem Erlöser hat, der dadurch, daß er vom Himmel herabsteigt und Fleisch und Mensch wird, sich der Todespein aussetzt, hat der Gläubige doch ein Gefühl der Genugtuung bei dem Gedanken, daß diese Menschwerdung sein Heil bedeutet.

Der Chor Nr. 16 für vier Stimmen ist auf die Textworte komponiert „Gekreuzigt auch für uns unter Pontius Pilatus hat er gelitten und ist begraben worden".

Seitdem man sich mit der Kenntnis Bachs in der Weise beschäftigt hat, daß man nicht nur den Gegenstand, d. h. die Kompositionen Bachs, sammelte, sondern die Eigenart seines Wesens zu durchleuchten versuchte, ist dieses Stück immer als eines seiner tiefsten bewundert worden.

Der Meister verlangt von dem Hörer hier eine ganz ungewöhnliche Sammlung, denn das ganze Gebäude des Gesanges steigt auf vier immer wiederkehrenden Takten auf, die der Baß von E aus chromatisch bis H hinabsinkend wiederholt. Solcher Baß heißt in der Kunstsprache „hartnäckig" „basso ostinato".

Die Chorstimmen gehen nur ganz selten miteinander. Fast der ganze Gesang spielt sich im Wechsel der Stimmen ab, die kurze Klagetöne ausstoßen. „Crucifixus, crucifixus, crucifixus, crucifixus", sagt eine der anderen, wie etwas, das sie nicht glauben könnte, ohne daß es von einer anderen Stimme bestätigt würde. Nur an der Stelle, wo von Pontius Pilatus die Rede ist, treten die Stimmen zusammen, um sich dann zu trennen, und da nun doch kein Zweifel an der furchtbaren Tatsache mehr sein kann und sie dennoch mit Ergebenheit getragen werden muß, sich in einer wunderbar abgeglichenen Figur dem Ende unaufhaltsam entgegenzusingen. Eine der größten harmonischen und modulatorischen Leistungen, die die Musik überhaupt kennt, sind zweifellos die Takte vom letzten Eintritte des obstinaten Basses ab. Von E-moll aus sinkt der Sopran chromatisch, immer um einen Taktteil dem Basse nachfolgend, für einen Augenblick die erschrecklichsten Disharmonien bildend und sie im nächsten Taktteile lösend, zu seiner Dominante herab. Scheinbar! Denn bald führt der Meister einen symbolischen geheimen Septimen-Akkord von as-moll ein, von dem aus er in nur ihm eigener Weise plötzlich für den letzten Takt keinen Mollakkord mehr, sondern den der Grundtonart entsprechenden Dur-Akkord, ein still verhauchendes tröstendes G-dur bringt.

Von diesem Punkte der Messe ab steigt die Stimmung der Komposition deutlich auf. Das Folgende ist kaum noch von einer dumpfen Stimmung unterbrochen. Gleich dem dem Begräbnis Christi folgenden Chor ist ein Jubel über des Heilandes Himmelfahrt. „Et resurrexit." Und er fuhr auf am dritten Tage, stieg zum Himmel und sitzt zur Rechten Gott Vaters.

In einer gewaltig aufstürmenden Figur, deren eines Motiv geradezu malt, wie ein Mensch, der aufsteigend mit den Schultern die Lüfte teilt, gibt der Chor Kunde von der Tatsache, die sofort in einem außerordentlich klangreichen, von Trompeten belebten Zwischenspiel in echt bachischer Weise illustriert wird. Nun setzt vom Baß her der Chor aufs neue ein und nimmt die Figurationen des Orchesters in seiner Weise auf. Der Charakter dieser Figurationen ist, wiederum ein echt Bachscher Zug, von deutlich ansteigendem Charakter. Ihm wird gewissermaßen die kräftigste Bestätigung, sobald als letzte Stimme der Sopran einsetzt und bis zum H hinaufgeht, einem der höchsten Töne, die ihm zugemutet werden können.

Die Entwicklung ist nun so, daß die Stimmen vor der Hand in ziemlich gleicher Bewegung weitergehen, bis eine Art Durchführungsteil beginnt, in dem das Hauptthema sich verändert, um einer anderen als der ersten Figuration Möglichkeit zu verschaffen. Sie schließt ab mit den Worten: „Secundum scripturas", wie es geschrieben steht.

In einem Orchesterzwischenspiele führt der Komponist den Gedanken des Auferstehens weiter durch und leitet über zu dem Eintritt des Chores, der die Himmelfahrt schildert, und zwar so, daß alle fünf Stimmen sich im wesentlichen im Sinne der Melodie äußern, nicht im Sinne vielfacher Melodik, d. h. sich teils bekämpfender, teils einander stützender Kontrapunkte. Das Auftreten des Chores ist zunächst nur von kurzer Dauer und unterbrochen von einem neuen Zwischenspiele, dem im Verlauf von neun Takten ein weiteres folgt, das eine merkwürdige Episode einleitet, nämlich ein längeres Solo des Baßchors, dem die Aufgabe ist, die Wiederkunft Christi in der Glorie und sein Richteramt über Lebendige und Tote anzukündigen.

Diese Episode ist von großer Einfachheit, Feierlichkeit und, was bei Bach nicht unwichtig ist, ebenso überraschend in sich selbst, wie als Vorbereitung einer noch größeren Überraschung. Nachdem der Baß zwölf Takte lang in einer für die Stimme sehr lebhaften Figuration sich bewegt hat, setzen mit einemmal, ohne jedwede Überleitung, alle fünf Stimmen zusammen ein, um die Unendlichkeit der Regentschaft Christi zu verkünden, zuerst wieder in einfachen Melodieschritten und alsbald in einer an den ersten Teil anschließenden, von den Kontrabässen gewaltig eingeleiteten Figuration, zu der das Orchester in einfachen harmonischen Schlägen gleichsam den Takt angibt. Nach diesem letzten Aufstieg hält man einen weiteren nicht für möglich, aber der Meister bringt ihn fertig durch eine letzte höchste Verschränkung der Themen, die sich im vorletzten Takte bis zur höchsten Höhe heraufwirbeln, um nach einem letzten

Auftreten des Auftaktes den Gesang in einer Fermate abzuschließen.

Das letzte Wort hat das Orchester, das in einem eigenen Nachspiele, nicht etwa dem wiederholten Vorspiel, die Herrlichkeiten, die geistlichen und musikalischen, in eigenster Weise eindringlichst bestätigt. Man müßte eine große Studie schreiben, allein über den diesem Chore untergelegten Baß, dessen Bewegung hinsichtlich Rhythmus, Harmonik, Chromatik zu den mächtigsten zu zählen ist, die Bach je geschrieben, ein würdiges Gegenstück zu dem hochberühmten, schon besprochenen Chore: Cum sancto spiritu.

Es folgt nun der zweite der schon vorhin erwähnten Sologesänge und zwar eine Arie für Baß (Nr. 18), beginnend mit den Textworten: ,,Et in spiritum sanctum", ,,Und an den Heiligen Geist".

Der Charakter dieses in Bewegung und Melodie wundervollen Tonstücks ist festgelegt durch die Wahl des die Stimme begleitenden Soloinstruments, der Oboe.

Das Vorspiel schließt im 13. Takt ab. Schon der erste ist bewunderungswürdig und charakteristisch für die Sicherheit, Unverrückbarkeit der Anschauung, die Bach von der Bedeutung eines Tonstückes hat. Man sehe den wirklich gewaltigen Ansprung des Basses, der die vier Töne der A-dur-Tonart als Begleitung einführt und durch eine rhythmische Abwechslung eigener Art die Vorstellung des aufstrebenden Geistes wachruft. Wie denn überhaupt Bachs Vorstellung vom Geiste, d. h. vom Heiligen Geiste, nur ausnahmsweise mit mittelalterlicher Dumpfheit verbunden ist, sondern etwas heldenhaft Anstürmendes hat. Bei der Besprechung des mehrfach als Beispiel angezogenen Chores ,,cum sancto spiritu" haben wir es bereits feststellen können; es wird durch diese Arie neu bestätigt, weniger durch die Melodie selbst, als durch die sie antreibende, unterirdische Kraft des in seinem eigenen Rhythmus sich bewegenden Basses.

Der Sänger bekennt sich zum Heiligen Geist, dem Herrn und Beleber. Während in den ersten Takten das Singen ein wirkliches Singen ist, die Wiedergabe einer Melodie, etwas Liedhaftes zu erklingen scheint, beginnt mit einem Male, echt bachisch, im 36. Takte eine große mystische Darlegung des Aufziehens und Erscheinens des Heiligen Geistes! „Der aus dem Vater und dem Sohne hervorgegangen ist": „qui ex patre filioque procedit". Mit diesem letzten Worte verbindet Bach offenbar ein überaus großartiges Bild, durch das er sich, und durch dessen Fassung in Musik er uns das Hervorgehen des Heiligen Geistes als etwas besonders Eindringliches vor die Seele stellt. Vier Takte hin zieht sich das Wort, außergewöhnlich lang gehalten auf der Silbe „ce". Man hat einen geradezu sinnlichen Eindruck des Schreitens.

Nach einem kurzen, die Melodie wiederholenden Zwischenspiele setzt die Stimme aufs neue ein und spricht von dem Heiligen Geiste weiter, der mit dem Vater und dem Sohne gleichzeitig angebetet und verherrlicht wird: adoratur und glorificatur, das sind die beiden lateinischen Worte, auf die Bach den Hauptton legt. Man sehe nun, wie er sich das Gebet musikalisch vorstellt und wie die Verherrlichung, im ersten die zwischen Ruhe und Bewegung abwechselnde Hingebung der Seele, im letzten die reine Bewegung, die Aufregung, ausgedrückt ist.

In einer letzten, man darf sagen, Strophe, denn die Arie hat deutliche Liedform trotz der an einzelnen Stellen abgeänderten Melodie, bekennt sich der Sänger zur einen apostolisch-katholischen Kirche, wonach das Orchester und das Soloinstrument in einem im Sinne des Vorspieles gehaltenen Nachspiele die liebe Melodie noch einmal am Ohre des Hörers vorbeiziehen läßt.

Der Chor setzt nunmehr ein, um (Nr. 19) eine einzige Taufe zu bekennen: confiteor unum baptisma.

Damit beginnt das Stück, das wohl als das großartigste, tiefste, mystischste des ganzen Werkes anzusprechen ist. Hier geht Bach einen Weg, wie nur er ihn sich vorzuzeichnen und zurückzulegen imstande ist. Im dumpfen Fis-moll legt zunächst der Chor sein Bekenntnis ab, halb gehalten, halb vorgestoßen durch eine Baßbewegung, deren Unheimlichkeit durch Vorhalte, Synkopen, Reibungen noch erhöht wird, da sie dem im ganzen gleichmäßigen Schritte des ein altes Kirchenmotiv umschreibenden Chors die Festigkeit nehmen zu wollen scheint. Gelegentliche Trugschlüsse bringen immer neue Unruhe schon in die ersten paar Takte, die in einem kurzen Halte in der Dominante eine Art Abschluß zu finden scheinen, aber die Erwartung auf das Kommende höher treiben.

Ist dieser erste Teil ein Bekenntnis, so ist er auch eine Frage. Sie lautet: Wozu die einzige Taufe?

Die Antwort wird gegeben in einer wunderbaren, einfachen, musikalischen Phrase über die Worte „in remissionem peccatorum", „zur Vergebung der Sünden". Diese Melodie wiederholt sich in verschiedenen Tonlagen und Tonarten, zuerst in Moll bleibend, dann einen Versuch auf das Dur hin machend, ohne dabei den Mut zu finden, das Dur wirklich zu ergreifen oder gar festzuhalten. Der Chor sucht sich schließlich über einem in Cis stehenden, bleibenden Orgelpunkte eine gewisse Ruhe zu verschaffen und strebt dann, ein paar Taktteile harmonisch deutlich nach Dur orientiert, nach aufwärts, um bald, gewissermaßen vor seinem Mute sich ängstigend, wieder in eine Molltonart abzuweichen (Takt 75). Die Stimmung bleibt weiter dumpf. Der Chor flüstert mehr als er singt, durcheinander: ich bekenne, ich bekenne, ich bekenne. Daneben hört man wieder von einer einzigen Taufe, von der Vergebung der Sünden, bis endlich sich eine gewisse Beruhigung einstellt und eine Wendung deutlich auf D-dur hin gemacht wird. Aber der Mut zerfällt bald und macht einer noch höheren, als der mitten im Zweifel herrschend gewesenen Dumpfheit Platz. Von dem D-dur weg geht der Satz in ein D-moll und wird nun, nachdem er ein „Allegro molto moderato e solenne" gewesen war, zum Adagio.

Es tritt ein neues Motiv auf von einer Größe, die nur mit der Erhabenheit seiner Harmonisation verglichen werden kann. Es wird begründet durch die Worte: „et expecto resurrectionem mortuorum", „Und ich erwarte die Auferstehung der Toten".

An dieser Stelle zeigt sich die unvergleichliche Psychologie Bachs von ihrer großartigsten Seite. Die Erwartung ist zunächst ein Zweifel an der Möglichkeit des Erwarteten. Der Baß, der untrügliche Wegweiser in dem Labyrinthe Bachscher Kompositionsweise, deutet es uns in klarster Weise an, er singt von D teils ganz, teils halb stufenweise sechs Töne herunter und ermöglicht dadurch die merkwürdigsten und der Grundtonart fremdesten Harmonien dennoch in ungezwungener Weise. Vier Viertel lang bleibt er in Es-moll liegen, um durch eine Wendung des Akkords auf B-moll hin B-dur einzuführen und von hier aus nach D-moll zurückzukehren, das in einem Voll-Dominant-Akkord ausklingt. Hier ist ein Halt.

Ein Halt bei Bach ist immer das Zeichen, auf eine besondere Überraschung sich vorbereitet zu halten. Und sie kommt nun an einer Stelle, die in psychologischer und zugleich modulatorischer Hinsicht selbst bei Bach nur selten oder gar nicht ihresgleichen hat, die überhaupt als ganz einzig zu betrachten ist. Während der Sopran deutlich nach G-moll hingeht, wird ihm durch die einsetzenden Stimmen der Weg nach einer Kreuztonart gewiesen. Das C, das der Sopran als Septime des G-moll-Akkords singt, wird ihm, ohne daß er es selbst merkt, enharmonisch zum Leittone nach Cis zu, das wiederum nur die Dominante für einen Fis-moll-Akkord wird. Dieser aber ist nur von kurzer Dauer, wird über A-dur nach D-moll entwickelt, um, zu D-dur umgewandelt, in das ,,Vivace et allegro" zu münden, bei dem die Trompeten einsetzen und in einer unerhörten Weise die Bestätigung der langen Erwartung bringen. Die Toten stehen wieder auf. Zwar singt der Chor weiter die Worte: ich erwarte ,,expecto", aber die Haltung der Motive läßt keinen Zweifel mehr darüber, die Erwartung wird als Erfüllung betrachtet, und das Auge sieht geradezu den Zug, den Aufmarsch der zum ,,Vitam venturi saeculi", zum Leben des kommenden Zeitalters, Wiedererweckten. Trotz der vorstürmenden Figuren gelingt es Bach doch noch, von der Macht des nun doch überwundenen Todes eine sinnliche Vorstellung einzuführen. Die Silben ,,mortuorum" sind in dem Motive von denen, welche dem sinnlich Wahrnehmlichen der Auferstehung dienen sollen, deutlich verschieden. Während das Wort ,,mortuorum" sich in langen Noten hinstreckt, steigt das Wort ,,resurrectionem" in großartiger Achtelbewegung auf. Die Harmonie bleibt unweigerlich an D-dur und seinen Dominant-Akkord gebunden. Die Melodie wird immer höher geführt und erreicht in dem Amen die allerhöchste Höhe im 243. Takte, von dem ab der Satz in einem herrlichen Abschlusse, noch einmal bis A geführt, zu Ende gebracht wird, unter heller Beteiligung des Streichorchesters und dem Geschmetter der Trompeten, in deren Verwendung, wie man schon längst weiß, Sebastian Bach einzig ist.

Der nächste Chor „sanctus" (Nr. 20) bestätigt gewissermaßen die Erfüllung, die die Erwartung gefunden hat. Entsprechend der biblischen Schilderung vom Gesange der Engel, die in sechs Stimmen das Lob des Höchsten erklingen lassen, führt Sebastian Bach hier den sechsstimmigen Chor ein. Das Motiv besteht aus zwei Schlägen, die sich im zweiten Teile des Taktes in sechs Triolen auflösen. Diese Triolen werden nun herrschen und bestimmen gänzlich die Bewegung des Satzes, der im Orchester eine Glanzleistung Bachs bedeutet. Die Verwendung der Pauken, sparsam, aber treffend, ist von wahrhaft aufwirbelnder Großartigkeit. Die Stimmen scheinen durch die Triolen wie in einen Tanz gebracht, der aufwärts geht und einen erschütternden Haltepunkt findet von der Art, wie wir ihn nach einer mächtigen aufwärtsstrebenden Bewegung schon in dem Chore „cum sancto spiritu" begegnet sind (Takt 17 bis 21 und Takt 35 bis 39). Darauf geht der Gesang einem Allegro maestoso zu, dessen Text ist: „Voll sind Himmel und Erde seiner Glorie".

In einem ehernen Drei-Achtel-Thema werden die Textworte markant deklamiert und erst bei dem Worte „Gloria" tritt eine gewisse Figuration ein. Der Satz ist ein Fugato für sechs Stimmen. Er macht einen tanzmäßigen Eindruck, er hat etwas derb-ländliches. Man denkt an gewissen Stellen an Themen, die dem letzten Satze der Sonate für Klavier und Geige in G-dur ihr Gepräge geben. Auch die auf die Worte „Alles was Odem hat" komponierte Fuge der ungeheuren siebenstimmigen Motette: „Singet dem Herrn ein neues Lied" tritt uns vor die Seele.

In unerschöpflichen Veränderungen, Abwechselungen, Verschränkungen rollt der Satz ab, eine der großartigsten Variationskompositionen, selbst mit Bachschem Maßstabe gemessen. Man hat die Empfindung, es gebe für Erfindung, für Tonsatz, für Abwechslung keine Grenzen mehr, und die Bewegung ist so lebhaft, so reich und dabei so einfach, daß eine Erörterung, wenn man das Thema erfaßt hat, vollkommen überflüssig erscheint. Nur darauf soll hingewiesen werden, mit welcher durchdenkenden Überlegenheit und Meisterschaft die den einzelnen Worten untergelegten Themen, je nachdem diese Worte in den Vordergrund oder in die zweite Reihe gerückt sind, als den Satz bestimmend verwandt werden. Nichts Lehrreicheres gibt es, als die letzte Ausführung der Figuration über dem Worte ,,Gloria" in den beiden Oberstimmen. Sie erstreckt sich über dreizehn Takte und rückt Sinn und Zweck des Ganzen in das hellste, untrügliche Licht.

Die diesem Chor bei öffentlichen Aufführungen folgende Tenor-Arie ,,Benedictus" gehört eigentlich erst hinter den großen Chor ,,Hosianna". Sie wird aber im allgemeinen an diese Stelle gesetzt, da man zwei große Chöre nicht hintereinander ausführen lassen will.

Das ,,Benedictus" (Nr. 29) ist eine Tenor-Arie von nicht mehr genau festzustellender Herkunft. Bach hat sie zweifellos einem anderen, verlorengegangenen Werke entnommen und, wenn man offen sein will, gehört sie ihrer Natur wie auch dem Stile nach kaum in die Große Messe. Es fehlt ihr die Gedankenhöhe und der eigentlich passende Gesang für den Text. Es ist ein Larghetto mit Solo-Violine, die, der Schreibweise nach, wahrscheinlich an die Stelle einer Flöte getreten ist. Der Text ,,Gesegnet, der da kommt im Namen des Herrn" wird durch die Töne nicht illustriert. Es hat eher den Anschein, als ob das Werk ursprünglich einer traurigen Vorstellung Ausdruck geben sollte. Selbst die Verteilung der Textworte auf die Noten hat etwas Gezwungenes, sie geht nicht völlig auf. Wir wissen, der Meister hat eine ganze Reihe eigener Kompositionen teils in ursprünglicher Form, teils mit bald tiefer eingreifender, bald nur auf Kleinigkeiten sich erstreckender Umarbeitung in andere Werke aufgenommen. Mit dem Gesagten soll dem Ganzen nicht völlig der Wert abgesprochen werden, aber das Werk wird hier aus seiner Haltung gerissen und erleidet zweifellos eine Schwächung. Man braucht nur die ebenfalls von der Solo-Violine begleitete Arie „Laudamus te" zum Vergleich heranzuziehen, um zu fühlen, daß es sich bei dem „Benedictus" um eine Verlegenheitskomposition handelt. Und man hat deshalb recht, sie vor den mächtigen Chor „Osanna" einzustellen.

Mit ihm (Nr. 21) treten wir wiederum in das eigentliche Werk ein. Er enthält die ganze Macht und Gewalt, an deren Bewunderung Bach uns gewöhnt hat. Der Chor ist achtstimmig.

Auch hier beginnt Bach fast im Sprechton. Die Stimmen singen unisono. Nachdem gewissermaßen das Motiv, das behandelt werden soll, angeschlagen ist, beginnt das Orchester, die Orgel ablösend, mit einer kurzen Figuration, in die der Chor wiederum voll einfällt, um dann einen ganz kurzen Wechselgesang auszuführen

Das Bisherige war eigentlich nur Einleitung. Nun erst beginnt die Ausführung des Themas am Ende des 14. Taktes durch den Alt des ersten Chores. Diesem ist zunächst die Figuration zugewiesen, während der zweite Chor ihn durch jubelnde Zwischenrufe gewissermaßen unterstützt und, sobald er seine Aufgabe erfüllt hat, unter Einführung einer eigenen Figuration ablöst, während nun wiederum die Zwischenrufe vom ersten Chor übernommen werden (Takt 51). In diesem Hin und Her spielt sich die prächtig klingende, nicht besonders komplizierte, ja sogar stellenweise an Händelsche Einfachheit streifende Komposition ab. Auch sie ist charakterisiert durch einen tanzartigen Rhythmus, wie wir ihm schon in dem Chor „Pleni sunt coeli" begegnet sind.

Wie für das „Benedictus" hat auch für das „Agnus dei" der Meister eine Komposition, die schon an anderer Stelle gedient hatte, übernommen. Es ist die Melodie für die Arie „O bleibe doch, geliebtes Leben", der hier der lateinische Text „Agnus dei qui tollis peccata mundi miserere nobis" untergelegt ist. Auch mit dieser Arie kann man sich, von dem Gesamtstile des Werkes aus, nur schwer zufrieden geben. So schön sie an sich ist und so passend sie an der Stelle und zu dem Texte erscheint, zu dem sie ursprünglich komponiert ist: für die angeführten lateinischen Textworte paßt sie nicht.

So ist denn unleugbar, daß die Stimmung des Zuhörers im letzten Teile des Werkes ein wenig hin und her bewegt wird. Aber sie wird wieder gehoben durch den Schlußchor Nr. 24 ,,Dona nobis pacem", der auf dieselben Noten wie der Chor ,,Gratias agimus tibi" gesungen wird und das Werk und die Stimmung wieder zu der Höhe hinaufführt, auf der sie während der großen Chöre gewesen sind, und die außer Bach kein Meister mehr erreicht hat.

Bach als Komponist für die Kirche

Bachs Gestalt als Komponist für die Kirche ist so ungeheuer groß, daß eine Reihe von Büchern, und sehr umfangreichen, nötig wäre, um ihrer Bedeutung nur einigermaßen gerecht zu werden. Der Zweck dieses Buchs ist nun nicht, von allen Werken Bachs ein Bild zu geben, sondern nur eine Anregung für diejenigen Leser, welche an Musik ein besonderes Interesse im allgemeinen haben und aus den ihnen gegebenen Hinweisen zu einer eingehenderen Kenntnisnahme auch der ihnen in öffentlicher Aufführung selten oder gar nicht begegnenden Werke des Meisters hingeleitet werden wollen.

Die alltäglichen Verhältnisse bringen es mit sich, daß Bach in Verbindung mit der Orgel der Öffentlichkeit am häufigsten bekannt gemacht wird, einmal beim Gottesdienst selbst und ein andermal durch sogenannte Kirchenmusiken, bei denen, schon aus rein materiellen Gründen, die ein für allemal vorhandene Orgel an erster Stelle zur Wirkung gebracht wird.

Dem eigentlichen Gottesdienste gewidmet sind Bachs „Orgelvorspiele". Sie sollen dazu dienen, die zum Singen aufgeforderte und bereite Gemeinde an die Melodie zu erinnern und ihr, freilich soweit sie folgen kann, die Bedeutung der Textworte klarzumachen dadurch, daß in den die Worte begleitenden Figuren zunächst einmal die den Komponisten beim Durchdenken überkommenden Empfindungen auszudrücken gesucht werden, natürlich zur Mitteilung an den Hörer und zur Erzielung bewußter Andacht.

Diese Choralvorspiele, für deren Mehrzahl die Bezeichnung: „Choralfantasien" besser paßt, gehören nicht nur zu den an sich bewunderungswürdigsten Leistungen des Meisters, sondern sie zeigen ihn uns auch als sich entwickelndes Wesen am deutlichsten. Eine einfache Überlegung wird die besondere Wichtigkeit der Choralfantasien als Erkennungsmittel der Entwicklung dartun, die der Meister macht nicht nur in der Beherrschung der technischen Ausdrucksmittel, sondern vor allem in der Unterordnung der technischen Meisterschaft unter den Willen und die Fähigkeit zu immer tieferer Erfassung der Textworte, das heißt zu immer höherer Vergeistigung des ihnen entnehmbaren Stimmungsgehalts. Der Meister hat sich mit etwas Gegebenem, eben der Choralmelodie, auseinanderzusetzen. Um es anders und greifbarer auszudrücken: er hat darüber zu predigen wie auf seine Art der Pfarrer über einen gegebenen und unveränderlichen Text. Je öfter nun der Meister zu einem Texte zurückkehrt, desto öfter wird er sich gezwungen sehen, dem Texte einen neuen Sinn unterzulegen, was nur erreichbar wird durch Auffindung neuer seelischer Beziehungen, die ihrerseits wiederum neuen Ausdrücken und Wendungen zum Leben verhelfen. Wodurch dann eben der alte Text auf einmal eine neue Bedeutung erhält. Geht doch Bach so weit, nicht nur die Melodie zu phrasieren, sondern sogar zu verändern, je nach den einzelnen Strophen, deren Worte natürlich wechseln und daher eine neue Empfindungsreihe an- und einleiten.

Es ist eines der in geistiger Beziehung erschütterndsten und erhebendsten Schauspiele, zu verfolgen, wie Bach verfährt, stets bewußt, daß es Tautologien nicht geben darf und Synonyma nicht gibt. Für den aufmerksamen und empfindungsvollen Hörer eröffnet sich durch die Choralfantasien Bachs ein nicht zu erschöpfendes Bergwerk voll edelsten Erzes. Von seiner künstlerischen Kindheit her durch seine Jünglingszeit, über die Mannheit dem Greisenalter zu, ja, bis zum Tode — der Ausdruck ist, wie wir sehen werden, nicht übertrieben — ist die Choralfantasie das künstlerische Lieblingskind des Meisters gewesen, für dessen Pflege und Ausbildung ihm nichts zu schwer und kein Weg zu weit gewesen ist.

Daß tatsächlich der Ausdruck: ,,bis zum Tode" nicht übertrieben ist, dafür hier sofort der Beweis! Und er wird für die Richtigkeit der bloßen materiellen Tatsache um so lieber angeführt, als er zugleich die Richtigkeit der Behauptung des stetigen Durchdenkens der Textworte durch Bach beweist. Tatsächlich ist die überhaupt letzte Komposition Bachs eine Choralfantasie. Sie ist wenige Tage vor seinem Sterben verfaßt. Der schon erblindete Meister war bereits unfähig, sie selbst aufzuschreiben, und gezwungen, sie zu diktieren. Sein Schreiber war sein Schwiegersohn, der Naumburger Organist Altnikol. Der Meister, der sein Ende nahen fühlte, war naturgemäß zunächst im Bannkreise der Gedanken von Menschen, die „in höchsten Nöten sein". Er suchte seine höchsten Nöte zu verklären dadurch, daß er sich in die Dichtung und die zugehörige Melodie des Chorals: „Wenn wir in höchsten Nöten sein" vertiefte und durch die Vertiefung zu einem neuen Ausdruck der eingegebenen Empfindungen gelangte. Er änderte nun nachher den Titel und setzte statt des angeführten den des nach derselben Melodie zu singenden Chorals: „Vor deinen Thron tret' ich hiemit". Tatsächlich hat dem Meister, wie er sich selbst noch zu überzeugen imstande war, nicht die Angst der „höchsten Nöte" vorgeschwebt, als er die erschütternden Töne ersann, sondern das ihm Trost und Festigkeit in die Seele legende Hintreten vor den Thron Gottes, an den er glaubte. Der „Tritt" in der Tat ist das Bezeichnende dieser Tondichtung, in der sich etwas Marschmäßiges zeigt, und die in „säuselnder" Art zu spielen gänzlich verfehlt ist.

Die Choräle, mit denen Bach sich fantasierend auseinandergesetzt hat, sind Legion, und es wird kaum einen geben, dem er nicht den Stoff für eine ganze Reihe von Präludien in der verschiedensten Art und von verschiedenem Umfange entnommen hätte. Diese köstlichen Stücke — manche darunter stellen Gipfelpunkte Bachschen Schaffens dar — sind zum Teil für Klavier übertragen und stellen dem künstlerisch empfindenden Virtuosen ausgezeichnete Aufgaben. Als hervorragender Übertrager dieser natürlich zumeist für Orgel geschriebenen, für Klavier verständlicherweise sehr schwer zu fassenden Stücke hat sich Ferruccio Busoni erwiesen und besonders verdient um die Verbreitung Bachscher Gedanken gemacht, die sonst nur an einen Bruchteil des Publikums, nämlich an den zu einer über einen tüchtigen und für Bach begeisterten Organisten verfügenden Kirche gehörenden gelangen.

Die eigentlichen Orgelkompositionen, diejenigen, durch welche Bach sich an eine von niemand anderem auch nur entfernt erreichte Stelle gesetzt hat, die Tokkaten, Präludien und Fugen und Sonaten sind im wesentlichen für kirchliche Zwecke geschrieben. Auch nur einen geringen Bruchteil davon gehört zu haben, dürfen sich nur wenige rühmen. Die Werke gehören zu den schwersten ihrer Art und stellen an Masse eine wahrhafte Enormität dar, obwohl Bach nur einen kleinen Teil seines Lebens der Schöpfung eigentlicher großer Orgelwerke gewidmet hat. Wie es möglich war, daß ein so spezifisch genialer, die Technik seiner Zeit sogar weit hinter sich lassender, nicht bloß über ihre Ideen erhabener, also alle Vorbedingungen für das Zustandekommen eines in seiner Art unerreichbaren Orgelkomponisten erfüllender Geist einen großen Teil seines Lebens an die Orgel gar nicht gedacht hat, das zu ergründen ist bisher unmöglich gewesen. Man hat sich sogar mit Vermutungen bezüglich der Entstehungszeit der einzelnen Werke begnügen müssen, da die gerade bei so enormen Werken wie denjenigen Bachs doppelt wünschenswerten Zeitangaben fast völlig fehlen. Auf stilkritische Einzelheiten gründen sich eine Anzahl mehr oder minder wahrscheinlicher Vermutungen. Selbst bei einem so weltberühmten Werke wie der Fantasie und Fuge aus G-moll, einer der riesenhaftesten Eingebungen des menschlichen Geistes überhaupt, einem Werk, das alle bis zu Bach vorstellbaren thematischen und harmonischen Möglichkeiten um etwa das hundertfache des Bestehenden bereichert hat, wissen wir nur ungefähr, vor welchem Zeitpunkte es kaum entstanden sein dürfte. Außer diesem Werke sind als Riesenleistungen zu nennen die Werke aus D-dur, aus C-dur, A-moll, D-moll, das Werk aus Es-dur mit einer grandiosen, drei Themen einbeziehenden Fuge u. a. m.

Die Werke Bachs für Orgel stehen in oft sehr gelungenen Übertragungen als Klavierstücke auf den gebräuchlichen Konzertprogrammen und haben in dieser anderen Form den Weg zur breiteren Öffentlichkeit gefunden. Aber auch die meisten Organisten rechnen es sich zur Ehre, entweder in der Kirche innerhalb des Gottesdienstes oder im Konzertsaale Bachsche Orgelwerke zu Gehör zu bringen.

Als ganz einzige Erscheinung tritt uns Bach als Komponist für die Kirche entgegen bei Betrachtung seines Kantaten- und Motettenwerks. Obwohl — um von dem letzten aus Zweckmäßigkeitsgründen zuerst zu sprechen — das Motettenwerk nur einige wenige Stücke einschließt, ist es doch eines der ungeheuerlichsten der Musik überhaupt, da es u. a. die mit den Worten: „Singet dem Herrn ein neues Lied!", „Der Geist hilft unsrer Schwachheit auf" und: „Komm, Jesu, komm" beginnenden Motetten enthält. Diese Werke gehören zu den schwersten ihrer Art, und ihre Ausführung stellt ungefähr die höchste Aufgabe dar, die ein A-cappella-Chor zu lösen hat. Bedenkt man, daß Bachs Kurrende diese Werke bei Beerdigungen gesungen hat, so darf man ihre Leistung auch als rein technische bewundern, da die von Bach an die Stimme schlechthin gestellten Anforderungen stellenweise über das Menschenmögliche herauszugehen scheinen. Wer einmal eine gelungene Ausführung eines dieser Werke etwa durch den Leipziger Thomanerchor gehört hat, wird von der Größe Bachs einen geradezu überwältigenden Eindruck erhalten, gerade weil in ihnen auf alle sonst die Wirkung vertiefenden Mittel, vor allem das Orchester — ob die Orgel hinzugehört, steht nicht fest — verzichtet ist.

Als schier unheimlich tritt uns Bach, der Kantor, entgegen in seiner, wenn man so sagen darf, beruflichen Eigenschaft, als der die Kirchenmusik „besorgende", und zwar durch für die einzelnen Sonn- und Feiertage, „für die Gelegenheit" gefertigte Werke: die Kantaten.

Wie wir gehört haben, hat Bach „fünf Jahrgänge" Kantaten, das heißt für alle Sonn- und Feiertage dieser Jahrgänge ein neues Werk, sei es für eine Stimme oder für Chor und Solo, geschrieben. Eine einigermaßen genaue zeitliche Bestimmung der Entstehung dieser meist unvergleichlichen Meisterwerke ist nur annähernd möglich. Sie ist zum Teil aufgestellt mit Hilfe der Vermutung, daß auf derselben Papiersorte geschriebene Stücke auch zeitlich zusammengehören. Wieweit die aus der immerhin annehmbaren Vermutung gezogenen Schlüsse im einzelnen richtig sind, läßt sich nicht nachweisen. Die Frage nach der Entstehungszeit ist übrigens nur von geringerer Wichtigkeit. Wichtiger ist, daß von den fünf Jahrgängen, die etwa, von den zugehörigen ,,Passionen" abgesehen, 260 Stücke umschlossen, nur 190 vorhanden sind. Bedenkt man, daß von diesen 190 Stücken im allgemeinen etwa 25 auf den Programmen wiederkehren, so ersieht man, wie wenig im ganzen das von Bach hinterlassene Erbe nutzbar gemacht worden ist.

Es kann der Zweck dieses Buchs nicht sein, die Aufmerksamkeit auf unbekanntere Werke zu lenken; vielmehr soll es auf das vorbereiten, was der Leser etwa zu hören Gelegenheit haben könnte. Er wird vielleicht folgenden Kantaten begegnen: ,,Der Herr ist mein König", einer der frühesten und auch, weil sie eine der wenigen im Drucke vorliegenden ist, merkwürdigen Leistungen des Meisters. Es ist ein durch glänzenden Klangeffekt ausgezeichnetes Stück.

In einem gewissen Gegensatze bezüglich des Zwecks und Inhalts zu dem genannten Werke steht der sogenannte ,,Actus tragicus", eine Trauermusik, wie es sehr wahrscheinlich ist, zum Andenken an den Onkel und Wohltäter des Meisters, den Erfurter Ratsherrn Tob. Lämmerhirt, geschrieben, ein zauberhaftes, von tiefster, unsentimentaler Empfindung durchströmtes, durch außerordentliche Eingebungen — schon die Entwicklung der Instrumente in der orchestralen Einleitung ist ein Meisterwerk ersten Ranges — erfülltes Tonstück. ,,Nun komm' der Heiden Heiland!", ,,Wer mich liebt, der wird mein Wort halten", eines der bewunderungswürdigsten Werke, ein in Zartheit und Tiefe unerreichbares Muster der Einfachheit; die viel aufgeführte Kantate: ,,Ich hatte viel Bekümmernis"; die freudige: ,,Der Himmel lacht, die Erde jubilieret", ,,Komm, du süße Todesstunde", mit dem wundervollen, von zwei Flötenstimmen umrankten Schlußchorale, einer selbst mit Bachschem Maße gemessen unerhörten Eingebung, werden öfters aufgeführt.

Von besonderer Schönheit ist die Kantate: ,,Wer sich selbst erhöhet, der soll erniedriget werden", wahrscheinlich in Köthen geschrieben. Dann und wann gesungen werden die Kantaten: „Sie werden aus Saba alle kommen", „Ärgre dich, o Seele nicht!", „Christen, ätzet diesen Tag", eine Komposition für Weihnachten; „Ach, entsage doch der Sünde!", für Altsolo; die wundervolle Osterkantate: „Christ lag in Todesbanden", die berühmte: „Weinen, klagen, sorgen, zagen", „O Ewigkeit, du Donnerwort!", „Jesus schläft, was soll ich hoffen?"; die himmlische Komposition: „Liebster Gott, wann werd' ich sterben?", eines der trostreichsten Musikstücke der Literatur überhaupt. „Es erhub sich ein Streit im Himmel", für das Michaelisfest 1725 geschrieben, eines der wenigen, auf mächtigste äußere Wirkung ausgehenden; „Halt' im Gedächtnis Jesum Christ", eine der höchsten Leistungen Bachs, eine unvergleichliche Vereinigung von Innigkeit, Zartheit und Glanz; „Du Hirte Israel", eine der klanglich bezauberndsten unter allen von Bach vorhandenen. Zu nennen noch: „Christ unser Herr zum Jordan kam", ein Wunder der mit festestem Kontrapunkte sich verbindenden, bis zur Bildlichkeit der Schrift gehenden Tonmalerei, „Ein ungefärbt Gemüte", „Gelobet sei der Herr!", von überwältigendem Reichtum an Erfindung, „Ein' feste Burg ist unser Gott", eine gewaltige Paraphrase des lutherschen Chorals, „Herr, deine Augen sehen nach dem Glauben", ein zu den gewaltigsten Bachs zählendes Werk von fast mittelalterlichem Charakter.

Wir brechen hier die Aufzählung ab, obwohl sich in dem uns Gebliebenen kaum ein Werk findet, das nicht der Allgemeinheit bekannt zu werden verdiente. Wer sich wenigstens mit den Texten Bachs bekannt machen will, sehe den Band Wustmanns durch, in dem die Texte aller kirchlichen und weltlichen Kantaten Bachs und die Namen der Dichter aufgezeichnet sind.

Bach als weltlicher Komponist

Steht Bach vor dem Auge der Welt vor allem als religiöser Tondichter, so hätte man unrecht, seine Bedeutung als profaner Meister geringer anzunehmen. Ein schier unerschöpfliches Meer stellt seine Musik für weltliche Zwecke dar. Es gibt von Bach Werke weltlichen Charakters vom verschiedensten Genre. Von einer Sonate für Soloflöte, also einem gezwungenerweise einstimmigen Werke, bis zu den kompliziertesten. Ja, wir werden sehen, daß das vielleicht tiefste und komplizierteste Werk unseres Meisters weltlichen Charakters beinahe ein Studienwerk ist.

Sprachen wir eben von einem natürlicherweise einstimmigen Stücke, so darf man nach ihm von einer Anzahl zweistimmiger sprechen: den entzückenden Inventionen für Klavier, den freigeschriebenen kleinen Präludien, Stücken, die, im wahren Wortessinne, jedes Kind spielen kann, die in einem des Namens würdigen Klavierunterrichte stets an hervorragender Stelle stehen, da sie wie nur wenige geeignet, den musikalischen Geschmack zu bilden, und dazu in ihrer instruktiven Natur noch nicht erreicht, geschweige denn gar übertroffen sind. Sie haben ihren Ursprung im Unterrichte, den der Meister, seinen Söhnen vornehmlich, erteilt hat.

Die „Suiten" und „Partiten" für Cembalo sind hochstehende Kunstwerke, die zur höchsten Klasse der Klaviermusik gerechnet werden und bereits an den Ausführenden sehr bedeutende, sowohl geistige als auch technische Ansprüche stellen. Von besonderer Bedeutung sind die einzelnen Fugen für Klavier, nicht nur, wie selbstverständlich, ihrer musikalischen Schönheit wegen, sondern auch, weil sie, deren Entstehung im allgemeinen zeitlich sicher ist, in stilkritischer Hinsicht gute Fingerzeige geben.

Für wirklich virtuose Zwecke sind die „Cembalo-Konzerte" geschrieben, für eins, zwei, drei, vier Instrumente. Eines der größten Meisterwerke Bachs selbst ist ein Studienwerk, bestehend aus Präludien und Fugen in allen Tonarten, zwei Teile, genannt „Das wohltemperierte Klavier", dessen erster Teil in Köthen entstanden ist. Auf seiner Existenz beruht ein großer Teil der Berühmtheit Bachs, denn es ist eines der wenigen des Meisters, das in verhältnismäßig kurzer Zeit eine sehr große Verbreitung gefunden und den berühmtesten Virtuosen und Tondichtern als klaviertechnisches und kontrapunktisches Lehrmittel gedient hat. Der zweite Teil des Werks ist etwa zwanzig Jahre nach dem ersten entstanden. Zu den berühmtesten Werken für das Tasteninstrument gehört noch die in ihrer rein musikalischen Einwirkung unabsehbare „Chromatische Fantasie", deren Spuren sich noch bei Chopin nachweisen lassen, und das „Italienische Konzert", ein prächtiges, an den Spieler höchste geistige und klavieristische Ansprüche stellendes, dreiteiliges Werk.

Hat der Meister das Cembalo reich bedacht, so nicht minder die Streichinstrumente, vor allem die Geige, für die er, auch an Bachschem, also ganz einzigem Maßstabe gemessen, kaum vergleichliche Werke geschaffen hat. Zunächst die sechs Sonaten resp. Partiten für Geige und Cembalo, bewunderungswürdigste Vorbilder für den dreistimmigen Satz, auf den sich in diesen Stücken der Meister verpflichtet hat, und die sechs Partiten resp. Sonaten für Geige solo, in denen er für ein einziges, noch dazu nur eine greifende Hand zulassendes Instrument auch fortschreitend vierstimmig schreibt. Diese Meisterwerke sind von unvergleichlicher Bedeutung für die Entwickelung des Geigenspiels, dem Bach neue Möglichkeiten eröffnet hat, allerdings im wesentlichen für Meister ersten Ranges, die allein ernstlich daran denken dürfen, Stücke wie das Präludium in E-dur, die Ciacona in D-moll oder gar die Fuge in C-dur so vorzutragen, daß alle Anforderungen in geistiger und technischer Hinsicht erfüllt werden.

Geigenkonzerte hat Bach sowohl für eins als auch zwei Instrumente geschrieben. Sie alle sind herrliche Stücke und enthalten Teile, die, wie der langsame Satz aus dem Doppelkonzert in D-moll, zu den rätselhaftesten Äußerungen Bachschen Geistes gehören.

Auch die Gambe, ein ziemlich verlassenes, celloartiges Streichinstrument, und das Cello hat Bach reich bedacht, besonders das

Cello, dem er sechs Partiten geschenkt hat. Sie werden von klassisch orientierten Künstlern zuweilen vorgetragen, sind aber nicht von dem Reichtum an Abwechslung wie die entsprechenden Stücke für Geige, ein Umstand, der auch auf die Überlegenheit der Geige in klanglicher Beziehung zurückzuführen ist.

Für das Orchester als solches, das heißt das nicht zum Zusammenwirken mit Chor bestimmte, hat Bach weniger gearbeitet. Besonders trifft diese Feststellung zu, wenn wir die, allerdings orchestrale Elemente aufweisenden sechs „Brandenburgischen Konzerte", wundervolle Kammermusikwerke, für den damaligen Markgrafen Christian Ludwig von Brandenburg geschrieben, von den eigentlichen Orchesterwerken absondern. Unter solchen haben wir die Suiten zu verstehen, Ensemblestücke vornehmlich tänzerischen Charakters, bei aller Popularität künstlerisch und bei allem Künstlerischen populär, ja manchmal derb. Bis ins neunzehnte Jahrhundert hinein haben sich nachweislich Bachsche Tanzweisen bei den Tanzbodenorchestern auf den um Leipzig herum abgehaltenen Jahrmärkten erhalten.

Noch ist der weltlichen Kantaten Bachs zu gedenken. Es handelt sich dabei um Werke zum Teil für eine Solostimme, zum Teil für mehrere. Unter ihnen ist an erster Stelle eine Hochzeitsoder Verlobungskantate: „O, weichet nur, betrübte Schatten!" zu nennen, eines der größten Bachschen Kunstwunder, für Sopran und einen höchst originell zusammengesetzten Instrumentalkörper geschrieben, in dem, neben den Streichern und dem Continuo, die Solooboe in bezauberndster Weise wirkt. In den weltlichen Kantaten herrscht das humoristische Element in der glücklichsten Weise vor, und die im populären Geiste erfundenen Stücke des Meisters geben an Kraft seinen an die letzten Dinge streifenden Melodien nichts nach, sind aber in glücklichster Hinsicht anderer Art, eben weltlicher Natur. Die „Hochzeitskantate", erst vor kurzer Zeit (durch W. Wolfheim) entdeckt, die „Koffeekantate", ein echter Bach, vom Satiriker und Hausvater; in anderer Richtung „Der Wettstreit zwischen Apollo und Pan" und „Der zufriedengestellte Äolus",

„Mer han 'ne neue Oberkeet" und so weiter; all das sind für des Meisters Kunst in ihrer Vielseitigkeit, ja Allheit, vollgültige Zeugen, die Neues, Ungeahntes bekunden, Werke, durch deren Schöpfung er in seinen Ehrenkranz neben den Lorbeer des Apollo, dem er in der genannten Kantate eine so wunderbare Arie in den Mund legt, seidige Weidenblätter einflicht, die, gerade durch ihre Bescheidenheit sich selbst zierend, die Zier des Lorbeers zu ihrer höchsten Wirkung bringen.

Dieser Überblick wird genügen. Das Register der Werke wird, trotz seiner Unvollständigkeit, eine Ahnung wenigstens von dem unerschöpflichen Reichtum erwecken, mit dem Bach die musikalische Menschheit gesegnet hat, von der Verpflichtung auch, die der Menschheit gegen Bach erwächst, nämlich sich seiner Werke anzunehmen, sie kennenzulernen, sie sich ernstlich angelegen sein zu lassen. Von dieser Verpflichtung der Menschheit fällt selbstverständlich das Hauptteil auf des Meisters Vaterland. Ganz abgelöst hat es seine Dankesschuld noch nicht, trotz der zwar noch nicht ganz fehlerfreien, aber doch außerordentlichen Gesamtausgabe der Werke Bachs durch die zu dem Zwecke eigens gegründete Bach-Gesellschaft. Ganz abgetragen werden kann die Dankesschuld nur durch die immer weitere Verbreitung der Kenntnis der Werke des Meisters. Bedenkt man, daß erst 1927 das tiefste, allerdings in seiner ursprünglichen Fassung zum Vortrage in Konzerten sich nicht eignende, nur mit Goethes „Faust II. Teil" zu vergleichende Werk: „Die Kunst der Fuge" überhaupt zum ersten Male seit dem Erscheinen (1750) in der Leipziger Thomaskirche, unter Leitung Karl Straubes erklungen, daß Bachs für König Friedrich II. von Preußen auf ein Thema des Königs verfaßtes Werk: „Musikalisches Opfer" erst neuerdings dem öffentlichen Interesse nahegebracht worden ist, so muß man den Vorwurf, Deutschland sei Bach nicht voll gerecht geworden, als berechtigt anerkennen. Aber Bach hat Zeit. Seine Kraft, als die des größten musikalischen Genies aller Zeiten, wird sich immer wieder geltend machen und auf Erfüllung seiner Rechte unaufhaltsam drängen.

Zu Johann Sebastian Bachs
menschlicher Erscheinung

Grundsätzliches zum Thema: Künstler und Mensch

Das Interesse, das eine Naturerscheinung wie Johann Sebastian Bach erregt, läßt die Frage erstehen: „Wie war er als Mensch?"

Bei Lichte besehen eine müßige Frage! Sie hat ihren Ursprung in einer seltsamen Vermischung von Vorstellungen, die der Eitelkeit nicht gänzlich fremd sind. Machen wir uns den Ursprung des Verlangens, in die sogenannte Menschlichkeit eines großen Genies einzudringen, klar, so muß uns ein solches Verlangen zum mindesten als eine Ungehörigkeit erscheinen ..... sobald wir uns in die dem Genie durch unsere Neugier geschaffene Lage selbst versetzen, was zu tun uns nicht unsere Bescheidenheit hindert, wie wir uns glauben machen wollen. Ganz einfach die Furcht davor, selbst unter die Lupe genommen zu werden, unter die das betreffende Genie zu nehmen wir das genaue Gegenteil aller Verschämtheit haben, müßte uns von unserem Vorhaben abschrecken. Wir selbst würden es als Zudringlichkeit ablehnen, uns in unseren privaten Angelegenheiten beobachtet, ja spioniert zu finden, bloß damit der Beobachter oder Spion sich die Gewißheit verschaffen kann, die Äußerung unserer beruflichen Fähigkeiten befinde sich mit unseren menschlichen Eigenschaften in der vom Beobachter vorausgesetzten, d. h. verlangten Übereinstimmung.

Betrachtet man dies Verlangen ohne Erregung, d. h. ohne einen vorgefaßten Wunsch, ein bestimmtes Verhältnis feststellen zu dürfen, so erscheint es grotesk. Dem werden wir sofort zustimmen, wenn wir aus der als etwas „Besonderes" angesehenen Sphäre der „Kunst" hinausgehen und die zu betrachtenden Dinge, wie Kunst und Leben, nicht als Gegensätze, sondern etwa wie Handwerk und

Leben als zusammengehörig und einander ergänzend anerkennen. Nehmen wir das banalste Beispiel! Wird es uns je interessieren, zu wissen, welcher Gemütsart, welcher Moral, welcher Weltanschauung unser Tischler, unser Schuhmacher, unser Böttcher außerhalb seiner Berufssphäre ist, sobald wir mit ihm nur als dem Lieferanten unserer Möbel, Schuhe oder Fässer zu tun haben wollen? In beruflicher Hinsicht allein oder zunächst interessiert er uns; das ergibt sich schon daraus, daß wir nicht oder höchstens ganz ausnahmsweise von seiner moralischen oder kurz gesagt menschlichen Erscheinung auf seine Arbeiten hingelenkt werden, sondern, da wir seine Arbeiten brauchen, unser Eigennutz und unsere Neugier die Maske der Teilnahme an seiner Menschlichkeit aufsetzt.

Haben wir es mit einem Künstler zu tun, so tritt seltsamerweise sofort eine ganz neue Auffassung in ihre Rechte ein, obwohl die Beziehung zu ihm ebenfalls nicht auf seine Menschlichkeit zurückzuführen ist, sondern auf seine Werke. Diese sind es ja doch, die uns veranlassen, das von ihnen in uns erweckte Interesse auch dem Urheber zuzuwenden. Der Beweggrund für diese Regung ist in verschiedenen Fällen sehr verschieden. Meistens liegt der rein moralistische Wunsch zugrunde, in dem bewunderten Künstler auch einen zu bewundernden Menschen zu finden, welcher Wunsch der uneingestandenen Eitelkeit entspringt, als kunstliebende Natur ohne weiteres sich als sittlich höheres Wesen betrachten zu dürfen.

Will man ganz offen und ehrlich sein, so erscheint das Begehren, den Künstler in rein alltägliche Abhängigkeit von seinem Werke und sein Werk in das gleiche Verhältnis zu seinem Leben in der Alltäglichkeit zu bringen, philiströs, und es führt am Ende der Dinge zu nichts weiter als zur Genugtuung, eine vorgefaßte Meinung bestätigt oder, was viel häufiger zutrifft, nicht ganz widerlegt zu sehen.

Ein Beispiel für viele: Man nimmt an, und mit Recht, der Künstler, der einen immer höheren Grad erreichen oder, wenn er einen höchsten erklommen hat, nicht von diesem herabsteigen will, sei ununterbrochen fleißig. Man findet diese Tatsache an einem Künstler, dessen Charakteristik man zu schaffen beflissen ist, bestätigt: so charakterisiert doch diese Tatsache den Mann nicht als Einzelerscheinung, sondern läßt ihn als der Klasse der strebsamen Künstler zugehörig erscheinen. Wenn Goethe sagt, das Genie ist der Fleiß, und Bach seine Ausdauer in der Übung als die Quelle seiner Meisterschaft bezeichnet, so ist das der Ausfluß einer Bescheidenheit, aber die Behauptungen an sich sind unrichtig. Mit Recht wird man Goethe antworten dürfen, er hätte ohne sein Genie bei noch hundertmal mehr Fleiß, als er aufgewandt hat, nichts von dem erreicht, was wir bei ihm bewundern. Und man wird tausendmal soviel „üben" können wie Bach, und man wird nicht die „Matthäus-Passion" oder die „Hohe Messe" schreiben, ja nicht eine seiner zweistimmigen Inventionen. Man darf ruhig behaupten, Aussprüche wie die Goethes und Bachs stellen nichts anderes dar als den Ausdruck der Verlegenheit, in die auch der mit sich selbst einige Mensch gerät, wenn er vor die Notwendigkeit gestellt ist, eine wirkliche Rechenschaft abzulegen. Er wird ihr naturgemäß ausweichen, und desto weiter, je verantwortlicher er sich infolge seiner Stellung fühlt. Er sucht dann Wirkung und Folge in den engsten, d. h. seiner Meinung nach für den einfachen Menschen faßlichsten Zusammenhang zu bringen. Fleiß und Übung sind, wie man meint, leichtest in Konkreta überzuleitende Abstrakta. Sie stellen Eigenschaften dar, deren Walten sich sogar rein materiell leicht nachweisen läßt. Bei Goethe und Bach geben sie sich kurzerhand durch verbrauchtes Papier kund. Der Philister ist nun beruhigt. Nicht nur der, welcher Antwort verlangt, sondern auch der Antwort gebende, der in jedem Menschen steckt, und wäre er das größte Genie.

Es ist eben eine seltsame, durch nichts zu begründende Vorstellung, daß die allgemeinen menschlichen Gesetze, die Gesetze der Gemeingefühle, wie man sie auch nennt, keine Geltung für sogenannte große Menschen haben sollen. Ihre Geltung abzuleugnen ist aber nur Sache eines aller Einsicht in die künstlerische Produktion und ihren Prozeß entbehrenden, von den Tatsachen abgewandten Philistertums. Der Zusammenhang der Kunst und des Künstlers mit dem

Leben ist eine unumgängliche Vorbedingung für jede Kunstübung, selbst für die dem Leben scheinbar fremdeste. Es ist nicht wahr, daß der Künstler die Dinge aus sich nimmt. Er nimmt sie aus der Welt: außerhalb ihrer gibt es nichts. Kunst ist eben nichts weiter, als Aufnahme und Umformung oder Auslegung der Dinge auf eigene persönliche Weise.

Bei Bach ist die, möchte man sagen, Begier, mit der er die Dinge aufnimmt, so stark, daß er sich befleißigt, sie geradezu zeichnerisch darzustellen. Dem vortrefflichen französischen Bachkritiker André Pirro ist es gelungen, eine ganze Anzahl zeichnerischer Formen festzustellen, durch welche Bach im wahren Wortessinne ein Notenbild von den Dingen und Empfindungen gibt, die er durch musikalische Mittel sinnlich anschaulich zu machen wünscht. Die Orchesterpartitur zu der Kirchenkantate „Christ unser Herr zum Jordan kam", um nur ein Beispiel zu nennen, zeigt im ersten Satze ein Notenbild, das an lebhaft fließendes gewelltes Wasser gemahnt, wie die Illustrationsfigur zu dem Rezitativ „Mein Heiland fällt vor seinem Vater nieder" aus der Matthäus-Passion das Bild einer knienden Gestalt zeigt. So erdennah, so, man darf sagen, ausgesprochen materiell ist die Auffassungsweise Bachs von der Welt und den Dingen! Daß es ihm gelang, die sinnliche Auffassung in geistige und seelische höchster Ordnung abzuwandeln, hat mit seinem Menschentum, das heißt mit seinen privaten, bürgerlichen Eigenschaften nichts zu tun und gestattet keinen Rückschluß auf ihre Natur und Eigenart. Ein Rückschluß beregter Natur ist nur für den Fall gestattet, daß sich im Schaffen eines Künstlers Schwächen nachweisen lassen, deren Ursprung im Mangel an Widerstandskraft zu suchen ist, die seine Begabung der Verfälschung durch äußere Einflüsse, sei es religiöser oder materieller Art — also auf die Nützlichkeit zurückzuführende —, entgegenzusetzen hätte. Dann enthüllt sich im Kunstwerke das privatim Persönliche, dem vor nicht zugehörigen Dingen zu schützen die schöpferische Kraft nicht zureicht. Wäre sie zulänglich, würde es ihr gelingen, die vom Schaffenden selbst als Schlacken in seiner Menschlichkeit und Persönlichkeit empfundenen Materien im Feuer des schöpferischen Prinzips zum Schmelzen zu bringen.

Wenn trotz aller dieser Bedenken sachlicher Art das Wagnis unternommen werden soll, ein Bild von der Persönlichkeit Bachs im menschlichen Sinne zu geben, so geschieht es nicht etwa in der Absicht, ja nicht einmal in der Hoffnung, etwas Gültiges zu erzielen, sondern nur, weil es nun einmal Brauch ist, die Zeichnung eines Bildes dieser Art zu versuchen. Dies läßt sich sogar verteidigen, solange die ehrliche Absicht herrscht, es sich aus dem beglaubigt Überlieferten zusammenzusetzen, und wenn nicht, wie es leider meist geschieht, aus utilitaristischer Absicht ein Bild im Kopfe vorgeformt, und dementsprechend das Material angeordnet, geschätzt und ausgelegt wird. Ein an Lehrreichtum nicht zu überbietendes Beispiel für eine solche, angeblich objektive Methode der Darstellung findet man, wo es sich um politische oder religiöse Persönlichkeiten handelt, deren Darstellung natürlich nicht aus dem bloßen Drange, sie zu zeichnen, unternommen wird, sondern sie dazu zu modeln, wie sie sich zur höheren Ehre der Sache, die man als von ihr vertreten vorgibt, darstellen sollen.

Man denke an die Bilder, unter denen man dem Volke etwa Friedrich II. von Preußen oder Luther gezeigt hat! Man vergleiche für den ersten etwa Kugler und Hegemann, für den zweiten Hausrath und v. Gerdtell! Man wird gelinde Unterschiede wahrnehmen. Dabei wird sich zeigen, wie stark das geschichtliche Vorurteil wird, wenn eben nicht nur die Erforschung der Wahrheit, selbst in der sicheren Aussicht, sie niemals zu finden, sondern eine äußere Absicht die Beurteilung beeinflußt, ja sogar schon zur Erforschung der Tatsachen anregt! Jene Absicht kann übrigens vom Standpunkte des Darstellers aus etwas sehr Berechtigtes, ja hochsittlich Erscheinendes haben, z. B. bei Kugler den sich in der Huldigung für das angestammte Fürstengeschlecht ausleben wollenden Patriotismus, bei Hausrath eine eigene Auffassung von der dem Protestantismus anzudichtenden Gestalt, die gewissermaßen als im Begründer der Konfession vorgebildet erscheinen soll. Hegemann hat den Weltkrieg erlebt und weiß, wie sehr die Auswirkungen der Politik Friedrichs II. in den Ausbruch der Weltkatastrophe verflochten sind. v. Gerdtell sieht und verurteilt in Luther den Mann, der, trotz seiner Gegnerschaft gegen alle das Urchristentum seiner Ansicht nach verfälschende papistisch-dogmatische Einmischung, die Neubildung des Urchristentums mit den härtesten, grausamsten Mitteln verhindert hat.

Das rein Utilitaristische schließt sich ja nun bei der Beurteilung künstlerischer Persönlichkeiten wenigstens in dem Maße aus, wie es in der Zeichnung politischer oder religiöser Persönlichkeiten sich eigentlich von selbst versteht; aber doch nicht ganz. Denn ein erzieherisches Element wenigstens sucht selbst der objektive Darsteller meist noch herauszuholen, übrigens unterstützt, wie man zugeben muß, durch Äußerungen ebenso allgemeiner wie anfechtbarer Art der Gefeierten selbst. ,,Das Genie ist der Fleiß" Goethes, oder Bachs ,,Übet euch, wie ich mich geübt habe", sind Muster dieser anfechtbaren Gattung.

Um die Unsinnigkeit dieser Aussprüche klar zu zeigen, genügt es, sie in die Form der Vorschrift mit obligater Nutzanwendung zu kleiden. Also: ,,Seid fleißig, so werdet ihr ebenfalls den ‚Faust' und andere Sachen schreiben!" und: ,,Übet euch, dann wird euch ‚die Kunst der Fuge' zu ersinnen nur geringe Schwierigkeiten bereiten!" Gibt es größeren Unsinn?

Bachs Persönlichkeit

Wenn wir es trotz der gegen die gewöhnliche Persönlichkeitsbetrachtung erhobenen Einwände versuchen wollen, ein Bild von der Persönlichkeit Bachs zu geben, so tun wir dies nicht etwa, um diese Einwände abzuschwächen, sondern vielmehr um ihre Berechtigung nachzuweisen. Es wird sich zeigen, daß selbst bei einer so singularen, am einfachsten als Kunstgenie aufzufassenden Bildung wie Bach sich eine Menge Schätzungen eindrängen teils rein philiströser, teils utilitaristischer Natur, obwohl in Form der religiösen Idee. Gewiß ist die Religiosität aus der Persönlichkeit Bachs nicht zu streichen, aber die Persönlichkeit als Ganzes auf der Religiosität ihres Trägers aufzubauen, hat keinen anderen Zweck, als ihn in die Vertretung der Interessen des Beurteilers einzuspannen.

Bei einem Meister, der die meiste Zeit seines Lebens im Dienste der Kirche gestanden hat, ist religiöses Gefühl als sicher vorhanden vorauszusetzen. Aber darum ist es nicht unbedingt berechtigt, dieses religiöse Gefühl als ein ausgesprochen konfessionelles auszugeben und ihm die Begründung für das Werden des Genies selbst in seiner unbegreiflichen Vielfältigkeit zu entnehmen.

Vor der evangelischen Nachwelt steht Bach als der ,,dreizehnte Apostel" da; als den wenigstens hat ihn ein angesehener schwedischer Kanzelredner einmal charakterisiert. Bach ist also hier ausschließlich als der religiöse Komponist gesehen, der er ja auch im wesentlichen gewesen ist. An dieser Bezeichnung sieht man schon wieder: Charakterisierung geht stets oder fast stets von dem Standpunkte des Charakterisierenden aus; hier dem des evangelischen Geistlichen. Der Ton liegt auf ,,evangelischen". Ein katholischer Geistlicher würde Bach eine andere Stellung zuweisen, da er von einem anderen als in katholischer Absicht ausgeübten Apostolate nicht zu sprechen vermöchte.

Nimmt man Bach als Persönlichkeit, ohne andere Absicht als die, das sich schon von vornherein als unmöglich ankündigende Gesamtbild dieses ungeheuren Mannes doch zu zeichnen, so ist es ganz verkehrt, ihn für etwas anderes als für den größten Kunstgeist zu nehmen, der je existiert hat. Es wäre sogar nicht ganz richtig, ihn nur als Musiker zu nehmen, obwohl eine solche Auffassung sich der Welt begreiflicherweise aufdrängt. Es ist eben etwas in ihm, das ihn über die Grenzen eines um seine Kunstgattung selbst über alle Vergleichsmöglichkeiten hinaus verdienten Mannes erhebt. Er ist zwar eine geistige Bildung von grundsätzlicher Prägung, eine Bildung, die bestimmungsgemäß die Züge des größten Musikers aller bekannten Zeiten angenommen hat. Aber in ihr ist die Musik doch nur das Mittel, durch dessen Heranziehung zum Werke er die seiner Ansicht nach unersetzliche Art und Weise klarlegt und zum Siege führt, sich mit den Forderungen absoluter geistiger Sittlichkeit nicht nur abzufinden, sondern sie bewußt und im höchsten Wortessinne zu erfüllen.

Man hat sich, besonders im neunzehnten Jahrhundert, über den „denkenden Künstler" ein wenig lustig gemacht. Man nahm ihn als den talentlosen oder wenigstens minder talentierten. Den Künstler, bei dem die Reflexion, ohne die es aber, selbst ihren ausgesprochensten Verächtern zufolge, nicht geht, das unmittelbar sich äußernde Talent totdrückt. Man steht in dieser Hinsicht auf ganz anderem Standpunkte, als andere Zeitalter ihn sich gewählt haben, und zwar Zeitalter, deren künstlerische Überlegenheit selbst die ausgesprochensten Verehrer des nicht denkenden Künstlers werden anerkennen müssen. Denken wir an Dürer und seine noch nicht voll begriffene Kunst! Man darf mit Genugtuung feststellen: die neuesten Darsteller seiner Kunstweise, die sich nicht bei den hergebrachten Phrasen beruhigten, sondern den Mann als das, was er wirklich gewesen ist, vor das Auge und die Vorstellung der Gegenwart und wo möglich auch der Zukunft haben bringen wollen, halten sich an den „denkenden Künstler" in ihm. Der Verlegenheit, mit der unsere den Künstler als reines Empfindungswesen proklamierende Zeit drohte, sind sie seelenruhig weder ausgewichen noch erlegen. Sie haben Dürer für sein „Denken" nicht nur eine Art Entschuldigungszettel ausgestellt, sondern es — und mit Recht — als ein den künstlerischen Charakter und danach seinen Wert bestimmendes Ingrediens hingestellt. Mit Recht hat man Berührungspunkte zwischen Johann Sebastian Bach und Dürer behauptet. Sie hier einzeln aufzuzählen, würde zu weit von unserer eigentlichen Aufgabe wegführen, und zu bemerken wäre bei einer ausführlichen Aufzählung der Einzelheiten immer noch, eine wie andere Gestalt die Dinge annehmen mußten, nicht nur durch die Verschiedenheit der Kunstarten, sondern auch der Epochen. Dürer stand fest im sechzehnten Jahrhundert, er war Renaissancekünstler seinem tiefsten

Wollen nach. Bach bildet eine Brücke zwischen dem siebzehnten und achtzehnten Jahrhundert. Sind Barock und Rokoko zwar sehr verwandte Stile, so sind es doch verschiedene, und kein Wunder ist es, daß der vom Barock ausgehende und seine Mannesjahre im Rokoko durchlebende Bach ganz andere Wandlungen und Anpassungen kannte als Dürer, dessen leider kurzes Leben innerhalb einer einzigen Stilperiode ablief. Bachs Betätigung war daher auch viel breiter als etwa diejenige Dürers, der eigentlich immer beim „Gedanken" stehenblieb, der seiner Kunstsittlichkeit nicht genügt zu haben geglaubt hätte, wenn ihm nicht gelungen wäre, in seine bildliche Darstellung alles zur Erweckung sittlicher und religiöser Gedanken beim Beschauer Dienliche hineingelegt zu haben. Ähnliche Vorstellungen von den durch die Kunstübung an ihn gestellten Forderungen hatte Bach natürlich auch, aber er opferte ihnen niemals den formellen Ausdruck. Bei Dürer wandelt sich der Ausdruck, der Form nach, zugunsten des Gedankens, bei Bach wandelt sich der Gedanke, (nicht seiner Natur, aber) seiner Form nach, zugunsten des Ausdrucks. Dürer war, um es kurz zu fassen, auch dort geistlich, wo er weltlich war. Bach wußte Geistliches vom Weltlichen und umgekehrt wohl zu trennen, und hätte es auch manchmal den Anschein des Gegenteils. Am deutlichsten wird Bachs Bestreben, die beregte Distanz zu wahren, wenn man beachtet, wie er mit musikalischen Gedanken umgeht, die er aus einer geistlichen Komposition in eine weltliche oder umgekehrt herübernimmt, wenn er das sogenannte Parodieverfahren anwendet. Es gibt darüber sehr aufschlußreiche Arbeiten (Arnold Schering hat darüber vortreffliche Anmerkungen gemacht). Aus ihnen geht deutlich hervor, wie Bach die Gedankengebiete voneinander zu trennen versuchte und es auch fertig bekam.

Somit erscheint Bach, und nicht ohne Grund, als eine Art Verstandesmensch, also als etwas, das der allgemeinen Auffassung seines Wesens als Mensch, als Protestant und Vertreter der ätherischesten aller Künste völlig widerspricht. Man sah in ihm vor allem den allerdings stark ausgeprägten Pietisten, und da man mit dieser Bezeichnung im allgemeinen ganz verkehrte Vorstellungen verbindet, ist Bach in den Ruf gekommen, seine Weltlichkeit ganz verloren und in einer Art vernebelter Gläubigkeit gelebt zu haben. Gewiß ist auch ein Teil dieser Ansicht begründet, aber sicherlich nur ein kleiner. Bachs Ausdruckswille umfaßt alles Menschliche, und über diesem Willen stand die Fähigkeit, ihn dahin zu leiten, wohin er gehörte. Ihn als Verstandesmenschen in erster Linie zu nehmen ist viel richtiger, als ihn in nebelhafter Vorstellung um sich herumphantasieren zu lassen und damit zu einem Bilde zu gelangen, das eigentlich keine der greifbaren Eigentümlichkeiten des großen Meisters erkennen läßt.

Auf die Bezeichnung „Meister" ist der Ton zu legen, besonders dann, wenn es sich, wie in unserem Falle, um einen Meister der geistigen und formalen Vollendung handelt. Und als solchen vor allem hat, trotz aller bescheiden klingenden Äußerungen, Bach sich selbst aufgefaßt. Schon sein Hinweis auf die „Mühe", die er sich gegeben, hat zur Genüge angedeutet, wo er das Ziel seines Strebens erblickt. Übrigens ist sein persönlicher Hinweis überflüssig. Wir haben, um ein Bild vom Komponisten Bach zu erhalten, nur nötig, zu verfolgen, welche Mittel er als die zu seiner, wie man wohl zugeben wird, vollendeten Ausbildung geeignetsten angesehen und mit einer fast beispiellosen Tatkraft und Logik angewandt hat. Es hat seine tiefe Bedeutung und, in einer nationalistischen Phantasien noch immer nicht ganz abgewandten Zeit, einen ausgesprochen sittlichen Wert, daß Bach ohne jede Voreingenommenheit von allen Seiten her Elemente, die zur Beförderung seiner künstlerischen Entwicklung zu dienen befähigt schienen, aufspürte, heranschaffte und sich einverleibte. Er hat einen nicht unerheblichen Teil seiner Zeit und Kraft darin aufgebraucht, Werke anderer Meister abzuschreiben. Das war sein erstes Mittel, sie in sich zu verarbeiten. Er kannte, sobald er lernen wollte, weder einen nationalen noch einen geistigen Hemmschuh. England, Frankreich, Italien, dieses vielleicht zu wenig, Deutschland boten ihm, wenigstens seinen Bestrebungen entsprechend, gleicherweise Vorbilder, an denen er studierte, mit denen er sich auseinandersetzte, um zum Bewußtsein dessen, was seiner Natur am meisten entsprach, zu gelangen und, immer sich mit anderen, ihm musterhaft Erscheinenden vergleichend, sich von ihnen aus überwachend, den ihm vorschwebenden Gedanken in die Form zu bringen, mit deren Beihilfe es ihm gelang, die Wirkung zu erzielen, die für den zu erreichenden Zweck am besten paßte.

Hat das Gesagte allein auf Bachs künstlerische Persönlichkeit Bezug? — Nein! — Es beleuchtet den ganzen Mann. Wir haben alles Recht, von dem besonnenen Verhalten in der Einrichtung seiner künstlerischen Betätigung Schlüsse auf sein Verhalten im gewöhnlichen Leben zu ziehen. Nur dürfen wir niemals vergessen: kein Mensch zeigt sich unveränderlich, und das Leben wirkt auf außerordentliche Naturen nicht minder ein als auf landläufige. Gewiß! — Die Anlage des Menschen schreibt die Wirkung der Ereignisse vor. Aber eben aus den nachweisbaren Wirkungen der Ereignisse auf Bach können wir uns Rückschlüsse auf seine Veranlagung ebenso bilden wie bei jedem anderen Menschen.

Gewisse, zum Teil bereits angeführte Tatsachen lassen darauf schließen, Bach war eine feurige, eine lebenbejahende Natur. Daß er in seiner Jugend nicht nur, sondern auch im vorgerückteren Alter heftig und aufbrausend sein konnte, beweisen die Vorgänge, die von Arnstadt und von Leipzig berichtet sind. Ein ruhiger Mensch zieht nicht den Degen und wirft nicht einem Menschen, wäre dieser noch so unfähig in seinem Berufe, die Perücke an den Kopf. Daß er mit Menschen oft genug nicht umzugehen verstanden hat, geht aus der Geschichte seines Kantorats mit zwingender Deutlichkeit hervor. Ein sinnlich nicht gesund angelegtes Wesen zeugt nicht, wie Bach es getan hat, zwanzig Kinder. Daß er in seinem Leben nicht immer, ja nur sehr selten auf Menschen gestoßen ist, die ihn wahrhaft zu verstehen vermochten, darf ohne weiteres angenommen werden, aber eine anschmiegsame, für die Eigenheiten anderer verständnisvolle Natur läßt sich dadurch nicht aus dem Gleise werfen. Sie hält unbedingt dem Ziele zu, das die Überwindung aller Schwierigkeiten heißt. Man kann schon in eines gewöhnlichen Menschen Erlebnissen schwer oder gar nicht erkennen, wie da, nach Goethes oder vielmehr Mephistopheles' Wort, „Glück sich und Verdienst verketten", oder die Gegenteile davon: um wieviel schwieriger ist es, in die Erlebnisse eines so großen, vom Schicksale sichtlich zu außerordentlichen Vorstellungen auf allen Gebieten berufenen oder — verurteilten Genies eine den Anforderungen des „Warum?" und „Weil!" entsprechende Anordnung zu suchen oder sie darin festzustellen! Zu richten ist stets ein heikles Geschäft, das man besonders dann unterlassen sollte, wenn man sich den unklaren Verhältnissen entgegengestellt sieht, unter denen ein zum großen Teile gar nicht in dieser Welt lebendes Wesen zu sein und zu wirken gezwungen ist. Gerade in einem solchen Wesen kann die Alltäglichkeit mit doppelter Kraft und, fast mathematisch sicher, in einer der Nützlichkeit entgegengesetzten Richtung wirken, wenn sie es nicht gar muß.

Wir haben im Laufe der Betrachtungen Gelegenheit gehabt, auf die wenigen sicheren, zur Charakteristik des Menschen Johann Sebastian Bach dienlichen Tatsachen hinzuweisen. Nicht auf erfundene und sichtlich so falsch erfundene „Characteristica", wie die den Sarg der Frau betreffende Anekdote. Aber, vorausgesetzt, wir hielten uns streng an wirkliche Tatsachen, so bleibt immer noch die Frage: „Was beweist eine Tatsache?" Aus Bachs späterem Alter wird erzählt, er habe einen sich sehr überheblich aufführenden Kollegen, obwohl der Wert des Gastes besondere Rücksicht nicht gerade zur unabweislichen Pflicht machte, sehr nachsichtsvoll, höflich und freundlich behandelt, anders also als den Organisten Görner, den ebenfalls mittelmäßigen Musiker, dem er die Perücke an den Kopf warf. Dieses eine Beispiel schon zeigt, auf Bach haben, wie auf fast jeden, auch gewöhnlicheren Menschen, die Persönlichkeiten, die Verhältnisse und besonders die Jahre gewirkt. Wenn wir also uns der selbstverständlich an sich reizvollen, sich aber schließlich als nur ganz nebensächlich anzusehenden Aufgabe widmen wollten, ein menschliches Bild von Bach zu gewinnen und nachzuzeichnen, so dürften wir es nur unter der Voraussetzung tun, das Unternehmen werde ein nur ganz unbestimmtes Ergebnis fördern können. Wir dürfen uns über diese etwas enttäuschende Erkenntnis mit dem Bewußtsein trösten: unser Fall ist nicht einzig in seiner Art. Es ist schließlich doch nur eine Verkennung des vom Geschicke dem Genius Zugeteilten, von seinem Verhalten unter gewissen, nebenbei bemerkt, wenig bedeutsamen Umständen aus Rückschlüsse auf seinen menschlichen und bürgerlichen Charakter zu ziehen. Selbst ihre Richtigkeit vorausgesetzt, was lernen wir daraus über den uns in erster Linie, ja ausschließlich interessierenden Künstler?

Man hat auch darüber Betrachtungen angestellt, ob Bach geizig gewesen ist oder nicht. Von einer Seite wird es behauptet, von der anderen als nicht sicher erklärt. Die Erörterung dieser Ansichten lehrt uns die Schwierigkeit, mit der wir zu kämpfen haben. Zunächst: was heißt „geizig"? In allgemeingültiger Weise wird die Frage niemand beantworten, und als der Weisheit letzter Schluß erklärt werden, in solchen Dingen entscheide das Gefühl. Man vergißt nur hinzuzusetzen: für denjenigen, welcher dies Gefühl teilt. Aber der zu Beurteilende ist gar nicht genötigt, andere Entscheidungen als seine eigenen anzuerkennen. Niemand eben hat einen wirklichen Einblick in die Verhältnisse eines anderen Menschen, wie oft auch immer das Gegenteil behauptet wird. Man darf Bachs Temperament mit ziemlicher Berechtigung cholerisch nennen. Der Choleriker ist sprunghaft, und Bachs wenige als verbürgt anzusehende Handlungen, außer aus der allerletzten Lebenszeit, charakterisieren ihn als sprunghaft. Seine künstlerische Standhaftigkeit widerspricht einer solchen Zuteilung keineswegs. Der Künstler und der Mensch decken sich durchaus nicht immer. Was stärker ist, gibt die Entscheidung. Ist es die künstlerische Kraft, so wird sie imstande sein, gewisse persönliche Schwächen, ja Fehler zu verdecken, unsichtbar zu machen, auszulöschen. Bei geringerer künstlerischer Kraft schlägt der menschliche Fehler trübend durch das künstlerische Deckmaterial.

Die künstlerische Kraft Bachs ist so ungeheuer, so einzig, daß auch rein menschliche Schwächen ganz anderer Art, als sie Bach nachgesagt werden, keine hemmende Wirkung in künstlerischer Hinsicht auszuüben imstande gewesen wären. Werden abfällig zu beurteilende Züge im Wesen des Meisters fast ausschließlich aus der Zeit der männlichen Vollkraft berichtet, so sind uns andere, z. B. seine Nachsicht gegen einen lästigen, überheblichen Kollegen aus der letzten Lebenszeit erzählt. Es liegt daher nahe, anzunehmen, das Gesetz der Veränderung im Wesen und Gehaben, das sogar von einer Umstimmung nach jedem siebenten Jahre spricht, habe sich auch bei Bach bewährt.

Es hat sich im neunzehnten Jahrhundert im deutschen Gemüte eine Vorstellung vom sogenannten echt deutschen Manne herausgebildet, als einem im wesentlichen auf den Angriff abzielenden, aber auch allen Anfechtungen hartnäckig standhaltenden Charakter, der sogenannten Kraftnatur. Jener Vorstellung (der auch das wirkliche Bild des mit Bach sehr häufig in einem Atem genannten Luther nicht entspricht) würde Bach nur als reiner Künstler, nicht als Gesamtwesen entsprechen.

Selbst bei Gestalten, von deren Leben und Wesen wir durch mannigfache Zeugnisse von Zeitgenossen und eigenen Äußerungen viel, unvergleichlich viel mehr wissen als von Bach: von Händel, Haydn, Mozart, Beethoven, Brahms, Wagner u. a. m., immer erhebt sich ein Hindernis für die vollkommene Einsicht in die Beziehungen des Künstlerischen zum Menschlichen und umgekehrt. Wer viel mit der Betrachtung des Verhältnisses zwischen menschlicher und künstlerischer Persönlichkeit sich abgibt und ohne, besonders ohne bürgerliche Vorurteile zu Werke geht, der wird, weil er es muß, schließlich sich zu der Meinung bekehren, es gebe nichts Trügerischeres als einen Rückschluß vom Künstlerischen eines Menschen auf seine Menschlichkeit. Gesetzt den Fall, daß man überhaupt sich darüber einigen kann, was man unter Menschlichkeit zu verstehen hat.

★

Waren nun die Erörterungen über die menschliche Persönlichkeit Bachs ziemlich ergebnislos für die Sache selbst, nämlich die Zeichnung eines Bildes, so sind sie doch nicht fruchtlos gewesen, da aus ihnen sich Grundsätzliches ergeben hat, mag es auch negativ sein.

Zu weit Positiverem werden wir gelangen, wenn wir die Antwort auf die wichtige Frage zu erteilen versuchen: ,,Wie hat Bach auf seine Zeitgenossen und die Nachwelt gewirkt?"

Sogleich sei bemerkt, daß wir unter Zeitgenossen und Nachwelt nicht nur die Musiker von Fach verstehen wollen, sondern auch die Laien, das heißt die Kreise, an die bei Abfassung dieses Buchs vor allem gedacht wurde.

Bachs Einfluß auf seine Zeitgenossen und die Nachwelt

Bachs Bedeutung ist zu seinen Lebzeiten nur wenigen Geistern aufgegangen. Gewiß fehlt es nicht an Äußerungen, die seiner Vortrefflichkeit etwa als Organist gerecht werden, wie er denn überhaupt vor allem als Instrumentalist sich der Aufmerksamkeit der Mitwelt aufdrängte, aber wie lebhaft die Huldigungen waren, mit denen man den Virtuosen empfing: es kann keinem Zweifel unterliegen, der Kunstgeist Bach, eben das Singulare, nicht bloß das Große schlechthin, das wir in ihm zu sehen gelernt haben, blieb seiner Zeit — einige wenige Ausnahmen bestätigen die Regel — durchaus verborgen. Wir hätten unrecht, diese Tatsache zum Anlasse für eine Verurteilung der Geistigkeit des um Bach in kleinerer und größerer Entfernung lebenden Kreises zu nehmen. Das Verständnis für überragende Erscheinungen überhaupt ist nicht zu häufig vorhanden, und ein Zeitalter wie dasjenige Bachs verstand unter einem berühmten Musiker entweder den Virtuosen, als welcher, wie schon bemerkt, auch Bach berühmt war, oder den Opernkomponisten von Erfolg. Daraus läßt sich schon ohne weiteres abnehmen, daß die Möglichkeiten, eine allgemeine Berühmtheit zu werden, für Bach sehr beschränkt waren.

Der Gebrauch, musikalische Kompositionen drucken zu lassen, wie er zu unserer Zeit allgemein besteht, war zu Bachs Zeiten auf engste Kreise beschränkt, und seine Befolgung bedingte, dies verdient hervorgehoben zu werden, fast stets ein Risiko des Komponisten selbst, da die Veröffentlichung meist unter Kostenbeteiligung des Verfassers vor sich ging. Daß er bzw. seine Rechtsnachfolger bei dem Erscheinenlassen seiner Werke nicht immer auf ihre Rechnung kamen, dafür haben wir aus dem Leben Bachs selbst ein als geradezu klassisch anzusprechendes Beispiel. Bachs vielleicht tiefste Schöpfung, die, selbst unter dem vom Meister für Wertschätzung geschaffenen Gesichtspunkte, als überhaupt unvergleichliches Werk zu bezeichnende „Kunst der Fuge", für die der vor der Vollendung des Werks verstorbene Meister die Kupferplatten hatte stechen lassen, fand so wenig Absatz, daß die Erben schließlich bestimmten, die Kupferplatten als Altmetall zu verkaufen.

Zu Lebzeiten Bachs selbst sind nur einige wenige Werke von ihm veröffentlicht worden, so wenig, daß sie im Verhältnis zu seinem Gesamtschaffen als kaum in Betracht kommend angesehen werden können, obwohl ein nicht unbedeutender Teil davon als endgültig verloren anzusehen ist. Es muß als phantastisch bezeichnet werden, daß z. B. bei einem Petersburger Kolonialwarenhändler die Urschrift der Sonaten bzw. Partiten für Geige solo gefunden wird, gerade in dem Augenblicke, als man im Begriffe ist, die Papiere zum Einwickeln von Heringen zu verwenden. Von einem der größten Wunderwerke Bachs, der weltlichen Kantate: „O, weichet nur, betrübte Schatten!", einer Gelegenheitskomposition für eine Hochzeitsfeier, wüßten wir nichts, hätte nicht ein bei der Aufführung mitwirkender Student, der die Sache nicht übel fand, eine Abschrift der Partitur genommen. Ist, um nur eins anzuführen, etwa ein Drittel der fünf Jahrgänge Kirchenkantaten verloren und, wie es den Anschein hat, unwiederbringlich, so liegt das, abgesehen von einer sicherlich kaum verantwortlichen Sorglosigkeit des Meisters selbst, an den Erben. Glücklicherweise ist noch genug geblieben, um uns heute ein klares und ziemlich lückenloses Bild vom Gesamtschaffen Bachs zu geben. Aber auf dieses kommt es bei der Beurteilung seines Einflusses auf seine ferner wohnenden Zeitgenossen wenig oder gar nicht an, wofür die Gründe angegeben sind. Die Ortsangehörigen lernten allerdings seine kirchlichen Werke kennen und durften über sie aus Erfahrung nach unmittelbarem Eindrucke urteilen.

Hierbei ist nun einschränkend zu bemerken, daß aus diesen Ortsangehörigen wiederum eine Auswahl getroffen werden muß, da es nach dem kunstgeschichtlichen Gesetz begreiflicherweise damals wenig Menschen geben konnte, die in dem geistigen Zustande waren, sich von der Bedeutung Bachs die richtige Vorstellung zu schaffen. Man hat der Leipziger Hörerschaft und Behörde manchen Vorwurf gemacht, daß sie es am wahren Verständnis für die ungeheuerliche Geistesgröße unseres Meisters habe fehlen lassen. Man hat damit in gewissen Grenzen recht, aber nicht durchaus. Es ist einmal nicht jedem, auch sonst sehr geistigen Menschen gegeben, sich schnell in einem gedanklichen Labyrinth, das Bachs Werke in ihrer überwältigenden Mehrzahl darstellen, zurechtzufinden. Unterliegt es doch keinem Zweifel, daß auch heute noch Bach mehr von seiner Berühmtheit lebt als von seiner Musik.

Immerhin muß man es den Leipziger Behörden und Studenten als ein Aktivum anrechnen, daß die einen, trotz vielfacher Reibungen, an denen Bach nicht immer schuldlos war, niemals ernstlich daran gedacht haben, sich von ihm zu trennen, die anderen für die Leitung ihres „Collegium musicum" keinen besseren Meister finden zu können glaubten als Bach. Daß eine begreiflicherweise kleine Anzahl großer Kenner — deren hat es zu Lebzeiten Bachs auch gegeben — sich seiner Bedeutung bewußt gewesen ist, unterliegt keinem Zweifel. Es ist aber wiederum außer allem Zweifel: einen nachhaltigen Einfluß selbst auf die allernächste Nachwelt hat Bach nicht ausgeübt. Das ersieht man aus der schon angedeuteten Art und Weise, wie mit seinen Handschriften umgegangen worden ist, und an der Behandlung, die seine weiblichen Hinterbliebenen erfahren haben. Sie lebten schließlich in der bittersten Armut. Bachs Witwe war erklärte Almosenempfängerin, und bekam ihre Unterstützung meist auch nur, wenn sie „etliche Musik" ablieferte, wahrscheinlich im wesentlichen Handschriften ihres Mannes. Und eine kurze Überlieferung lehrt, sie hätte mit ihnen nicht verfahren dürfen, wie geschehen, wenn die Söhne, vier Musiker von Beruf, darunter ein hochberühmter, in auskömmlicher Stellung befindlicher, es der Mühe für wert gehalten hätten, sich um die geistige Hinterlassenschaft ihres Vaters ein wenig ernstlich zu kümmern. Sie zogen es vor, zunächst der materiellen wegen, einander in die Haare zu geraten.

Eine wirklich pietätvolle Behandlung des Nachlasses hätte vor Verlusten, wie wir sie zu beklagen haben, bewahrt, vor allem vor dem Verluste der Originalplatten für „Die Kunst der Fuge". Eine gewisse Pflege scheint der Nachlaß nur seitens der Witwe erfahren zu haben — selbst wenn man in Erwägung zieht, daß sie sich von Handschriften ihres Mannes getrennt hat. Tat sie es doch vor allem, um nicht mit den Ihren dem Hungertode anheimzufallen. Und dies, während Philipp Emanuel, der Günstling des Königs Friedrich II. von Preußen, weder an die Frau noch an die Handschriften seines Vaters dachte.

Die Wirksamkeit des Andenkens an Bach als lebend gewesenen Menschen ist, man darf sagen, beschämend gering und kurz gewesen. Jedenfalls sind wir zu diesem Ausdrucke berechtigt, wenn wir in Betracht ziehen, daß unser Meister in Leipzig lange siebenundzwanzig Jahre gelebt und gewirkt und sich wenigstens den Namen eines Organisten bewahrt hat, sowohl durch seine Kompositionen, als auch, ja besonders durch sein Spiel, in dem Fachgenossen bewunderungswürdige Neuerungen entdeckten, besonders das Untersetzen des Daumens, das vielleicht da und dort einmal geübt worden, aber von niemandem so systematisch gebraucht und vorgeschrieben wurde wie von Johann Sebastian Bach. Auch gewisse Anforderungen, die er in seinen Stücken an die Geschicklichkeit der Füße stellte und selbst bei seinen Vorträgen glänzend erfüllte, ließen ihn als besonderen Beherrscher des Rieseninstruments erscheinen, für dessen Bau er übrigens außerordentliche technische Kenntnisse entwickelte, was einige seiner Bauvorschläge und Gutachten bezeugen. Wie denn überhaupt das Geschlecht der „Bache" — die Familie war in Thüringen ausnehmend populär — auch für auf musikalische Wirkungen bezügliche technische Vorstellungen besonders begabt gewesen zu sein scheint.

Unter den Kompositionen Bachs waren die für Orgel der Öffentlichkeit am besten zugänglich. Bedenkt man, in wie geradezu unerhörter Weise sie über fast alle zeitgenössischen, zum Teil auch diejenigen Händels, hinausragen, so darf man sich billig darüber wundern, die Schreibweise für Orgel im allgemeinen durch sie so wenig beeinflußt zu finden. Eine wirkliche Beeinflussung ist eigentlich nur bei Bachs Sohn Wilhelm Friedemann nachweisbar. Als Fugenkomponist vollends erinnert an Sebastian Bach in seiner Zeit und in der zweiten Generation niemand, als eben Wilhelm Friedemann. Alle anderen Schüler sind zwar tüchtig, aber unbeträchtlich.

Um so ungeheurer aber war Bachs Ruf für die Gefolgschaft in der Komposition für Cembalo und verwandte Instrumente. Aber er wirkt hier nur als ausgesprochener Rokokokomponist, d. h. als der Meister einfacher Grazie, nicht als derjenige ergreifenden Ernstes, der mehr auf das feierliche Barock, ja auf eine gewisse Mittelalterlichkeit und Hieratik, auf Quellen von Stilelementen höherer Ordnung hinweist. Die Abzweigung des Rokoko vom Barock, die in den bildenden Künsten so entschieden sich vollzog, konnte auch nicht ohne Folgen in der Musik bleiben. Der Geist der „Galanterie" schlechthin, der Geist der genießerischen Grazie verlangte gebieterisch sein Recht und zog italienische und französische Meister als Vorbilder an, übrigens nicht zuletzt solche, an denen Bach selbst nicht achtlos vorübergegangen war. Es ist nun als ein seltsames Geschick unseres Meisters anzusprechen, daß gerade er der Vater des Mannes war, der dem sogenannten galanten Stile zum glänzenden Siege verhelfen sollte, und zugleich der Vater des Mannes, in und mit dem der von Sebastian Bach in so unvergleichlicher Weise vertretene strenge Stil so überaus traurig enden sollte. Karl Philipp Emanuel und Wilhelm Friedemann Bach teilten untereinander gewissermaßen das geistige Erbe des Vaters, soweit es die Instrumentalmusik umschloß. Die Teile waren nicht gleichwertig, was die Verwertung in der Zukunft, wenigstens der nächsten betraf. Philipp Emanuel hatte das Bessere erwählt. Er ist derjenige gewesen, welcher auf Dittersdorf, Haydn, Mozart und, durch Haydn, auf Beethoven einen entscheidenden Einfluß ausgeübt hat. Man darf behaupten, ohne Philipp Emanuel Bach wäre die Musik der zweiten Hälfte des achtzehnten Jahrhunderts nicht möglich gewesen. Aber man darf hinzusetzen: Philipp Emanuel wäre nicht möglich gewesen ohne Johann Sebastian.

Die seltsame Stellung Sebastian Bachs in der Geschichte der Kunst, etwa derjenigen vergleichbar, die Goethe, der ein Jahr vor Bachs Tode geboren, zwischen zwei Jahrhunderten einnahm, verpflichtete ihn zur Berücksichtigung gewisser Strömungen in der Musik, die ihm von Natur aus etwas gleichgültiger sein durften. Es unterliegt keinem Zweifel: die musikalische Grundsignatur, auf der sich das künstlerische Bild Sebastian Bachs abhebt, ist vielleicht nicht unbedingt zelotisch finster, aber sicherlich auch nicht ausgesprochen weltlich hell. Ging Bach auch Derbheiten, wo sie angebracht waren, nicht aus dem Wege, so hat bei ihm doch alles Lustige, Freudige einen religiösen Einschlag. Den hat nun freilich jede große Kunst, selbst die dem religiösen Zwecke abgewandte. Das liegt in ihrer Natur als große Kunst. Die sogenannte Kammerkunst, wie sie sich, im Unterschiede zu der des Barocks, im Rokoko besonders durch Haydn ausgebildet hat, ist in gewissen, aber wenigen Äußerungen immer noch mit Bach verbunden, wie sich bei der Besprechung des Einflusses Bachs auf Beethoven zeigen wird.

Die Kunst Philipp Emanuel Bachs bedeutet eine Entwicklung eines immerhin geringen Teils der Sebastian Bachschen. Sie ist noch immer Kammerkunst, aber sie trägt schon den Keim des im besseren Sinne Salonmäßigen in sich. Gewisse Vorbilder Bachs in der Schreibart für Cembalo, wie Couperin und Daquin, um Namen zu nennen, haben nicht verschmäht, Salonmusik zu schreiben, so wenig wie später die größten Meister. Es richtet sich eben der Begriff nach den Ansprüchen, die in kultureller Beziehung vom Salon und an den Salon gestellt werden.

Die Bezeichnung ist unbestimmt wie alle anderen ihrer Art. Immerhin gibt sie eine Art Durchschnitt; sie bezeichnet eine Richtung. Sie bezeichnet die Betonung gewisser Empfindungen zu ungunsten anderer. Es wird auf den Wunsch nach Unterhaltung, gewissermaßen den Zeitvertreib schlechthin der Akzent gelegt, auf die Gebrauchstüchtigkeit. An Stelle der Kunst tritt eine Art Kunstgewerbe, ein sehr hochstehendes, aber doch eine Kunstübung, bei der die Zweckdienlichkeit, dies Wort im Sinne der Alltäglichkeit genommen, als entscheidend ins Auge gefaßt ist. Das Gefühl wird Sentiment, der Schmerz eine halb wollüstige Genußempfindung, alles Ursprüngliche wird ein wenig oder sogar stark abgeschwächt, an Stelle des Kulturellen tritt das Zivilisatorische. Der Künstler erfindet nicht mehr für sich als jemand, der die anderen nach sich ziehen will, der sich befähigt fühlt, sie nach sich zu ziehen, sondern der vor allem sich von ihnen ziehen läßt. Natürlich schneiden sich in Wirklichkeit die Verhältnisse nicht in der geschilderten harten Abgegrenztheit vor dem Auge aus. Umrisse lösen sich, verschwimmen und verwischen sich dort. Aber im wesentlichen wird man die zur Abgrenzung angeführten Merkmale der Geistigkeit wiederfinden.

Bach war trotz aller Abgekehrtheit nach innen ein zu sehr dem Leben zugewandter Mensch, um nicht seine Ideen mit der ihm wünschenswert erscheinenden Schärfe und Unzweideutigkeit zu versinnlichen. Ja, seine Abgekehrtheit verhalf ihm besonders zu dieser Schärfe. Ich sage: Bach kannte, als sinnlicher Mensch erster Ordnung, weil als sinnlicher Mensch von höchster Selbstbändigung, die Wirklichkeit zu genau, um ihr nicht soviel Platz zu geben, wie er durfte, ohne sich selbst und sein Genie zu verleugnen. Er geht in einer weltlichen Kantate so weit, die Anrede eines Burschen an ein Mädel mit Hilfe einer musikalischen Phrase zu verdeutlichen, zu der damals der Text lautete: „Mit dir, mit dir ins Federbett, mit dir, mit dir ins Stroh!" All dies gehört in die Welt Sebastian Bachs, wie seine zwanzig Kinder. Deshalb ist es nicht ein der Gesamtgestalt des Meisters abträglicher Zug, wenn er der Welt einen ihr, seinem innersten Gefühle entsprechend, niemals auf die Dauer strittig zu machenden Platz einräumt, sondern nur ein neuer Beweis für seine Totalität, eben jene Eigenschaft, die Goethe vom erdgeborenen Wesen, als dem Abbilde des Vollkommenen, verlangte, und die ihn bis zur Frage gehen läßt: „Doch wenn er keinen H... hat, wo mag der Edle sitzen?"

Man hat da und dort sich über den durch die Mitschuld Bachs herbeigeführten „Verfall" beklagt. Ein Einspruch gegen eine, auf dem Bedürfnisse der menschlichen Natur nach Abwechslung und Gegensatz beruhenden Entwicklung ist uns aus allen Epochen bekannt, in denen ein deutlicher Stilwechsel stattfand, d. h. einer Entwicklung, die das Bedürfnis nach einer Linie, einer neuen Form und ihrem Ausdrucke zu bekräftigen sich bemühte, der „alten Sachlichkeit" die „neue Unsachlichkeit" oder der „alten Unsachlichkeit" die „neue Sachlichkeit" folgen lassen wollte. Der berühmteste Einspruch dieser Art ist wohl der gegen den Verlust der Renaissance nebst Anschuldigung gegen Michelangelo als den für das ganze Malheur Hauptverantwortlichen. Man sieht: es ist immer ein großes Genie, dem man die Schuld in die Schuhe schiebt. Die Gerechtigkeit gebietet übrigens zu bemerken, daß auch der dem Vater bezüglich der Stilstrenge am nächsten stehende Sohn Wilhelm Friedemann sogenannte Salonmusik geschrieben hat. Das Bekenntnis zu ihr und die freundliche Aufnahme, die sie fand, beweisen eben: ihr Auftreten entsprach einer wirklichen Forderung der Zeit, wie zur unserigen das Erscheinen des Kinos und des Jazz.

Es bildete sich zunächst eine neue Form der beliebtesten „Fassungen" aus. Vor allem der „Sonate" und der „Symphonie". Den Anstoß für die Sonate und Symphonie gab natürlich vor allen anderen Philipp Emanuel Bach, aber er fand in Josef Haydn einen Anhänger von solcher Gelehrigkeit und Genialität, daß er sich bald in seiner eigensten Domäne nicht nur bedrängt, sondern auch aus ihr wie aus anderen, in denen er sich hätte geltend machen wollen, gänzlich ausgeschlossen sah. Die Entwicklung der Symphonie in rein formaler Hinsicht ist eigentlich nichts weiter als die Übertragung gewisser Baugrundsätze aus der Sonate, der eigentlichsten kammermusikalischen Bildung, auf eine neue, die, infolge des ihr notwendigen Orchesterapparats der „Kammer" sich entziehend, nach dem „großen Saale" verlangte.

Bach und Haydn

Schon in der „Partita" Bachs, einer lockereren Bildung im kammermusikalischen Sinne, war etwas von dem, was die „Sonate" werden sollte. Sie wurde es erst dadurch, daß, nachdem Philipp Emanuel Bach die Bahn der „Galanterie" gewiesen hatte, Josef Haydn die Zügel erfaßte.

Es war bei dem Vorstoß für die Umbildung der musikalischen Formen mit der bloßen musikalischen Potenz nicht getan. Die hätte auch bei Philipp Emanuel Bach ausgereicht, um einen besonderen Aspekt der Kammermusik herbeizuführen. Die Qualität allein, wie wichtig sie an sich sein mag, genügte dazu nicht. Es bedurfte der Einführung einer neuen Naturanschauung, einer, wenn man sich so ausdrücken darf, sentimentaleren, einer von der Art, wie etwa Klopstock sie angebahnt hat, wenn er mit dem Monde spricht, wie etwa Matthias Claudius sie später angenommen und entwickelt hat durch berühmte, Goethes nicht unwürdige, eindringliche Schilderungen. Jean Jacques Rousseau hatte da vorzüglich vorgearbeitet.

Die sogenannte strenge Form ist, bei Lichte besehen, gar nicht so streng, wie man sie machte. Aber man besah sie nicht bei Lichte. Deshalb fand man, vom Standpunkte der Abwechslung aus, nichts an sich klüger, als die „Sonate", eine Bezeichnung, die sich mit jeder Ordonnanz vertrug, aber einer gewissen Form zustrebte, die schließlich für alle Tonstücke, sofern sie sich aus mehreren Sätzen zusammenstellen, maßgebend wurde.

Normalerweise besteht jetzt die Sonate aus vier Sätzen, von denen der erste und letzte lebhafter bewegt sind, der zweite langsamer und nachdenklicher, reiner sentimental, und der dritte ein Tanzstück, ein Menuett, an dem ja sogar noch Schubert festhielt, obwohl es, wie wir sehen werden, vor allem durch Beethovens Geist einen so neuen Charakter und dadurch eine so neue Stellung in der gesamten formalen Ökonomie bekam, daß es einen neuen Namen erhalten mußte, nämlich den eines „Scherzo".

Orgelempore der Thomaskirche

Matthäus-Passion: „ ... und ging hinaus und weinete bitterlich"

Die Musik für Kammer und großen Saal nahm unter Haydns Händen eine neue Form überraschend schnell und endgültig an. Das hätte sie nicht gekonnt, ohne daß diese Hände sich nicht nur unaufhörlich rührten, sondern auch sich von der Berührung mit hergebrachten Formen und Ausdrucksweisen fernhielten. Das nach außen Strenge wurde abgemildert, natürlich ohne daß die für Haydn geradezu kategorische Forderung nach innerer Strenge ihr heiliges Recht verlor, wie ja denn überhaupt das Rokoko, das Zeitalter des Genusses, wie es genannt wird, dasjenige der größten Entdeckungen (Chemie, Blitzableiter usw.) gewesen ist, die ohne einen systematischen Fleiß, den schwersten von allen Fleißen, nicht denkbar sind.

Erscheint nun zwar ein Einfluß Sebastian Bachs auf Haydn, als den „modernen Komponisten", als den wahren Gestalter der Klaviersonate und den eigentlichen Erfinder des Streichquartetts in dem uns geläufigen Sinne des Worts, nicht nachweisbar, so darf man doch mit Sicherheit annehmen, Haydn hat wenigstens die Werke Bachs für Cembalo genau gekannt. Entnahm ihnen der Nachfahre nicht unmittelbar etwas für die Ausgestaltung seines Stils Wichtiges, so ergoß sich aus ihnen doch ein so fühlbares Gebot künstlerischer Disziplin, daß man, ohne den Tatsachen Gewalt anzutun, von einem Einflusse Sebastian Bachs sogar auf den Meister der modernen Symphonie sprechen darf.

Haydn aber wurde auch der Komponist der „Schöpfung" und der „Jahreszeiten", jener beiden Oratorien, vor denen, als den genialsten ihrer Art seit Händel und Bach, die Nachwelt bewundernd gestanden hat und immer stehen wird. Als Meister des Oratoriums steht Haydn zweifellos mehr unter dem Einflusse Bachs als, wie man annehmen sollte, Händels. Was Händel hätte beeinflussen können, war der Klang; doch hatten die Vorstellungen davon, besonders infolge der gänzlich neuen Auffassung von der Zusammensetzung des Orchesters (Überwiegen des Streichkörpers), sich so verändert, daß mit Händels Klang nicht mehr viel anzufangen war. Desto mehr aber war es geraten, bei der Behandlung der kontrapunktistisch wichtigen Stücke sich an das strengste Vorbild zu halten, das die Musik zu bieten hatte, nämlich Johann Sebastian Bach. Und so sehen wir denn, namentlich in den fugierten Stücken Haydns, die Einwirkung des Schöpfers der „Matthäus-Passion" viel deutlicher als diejenige des Schöpfers der Oratorien „Samson" und „Messias".

Sind auch Vorbehalte bezüglich der Anordnung, ja der gesamten Auffassung vom Fugieren zu ungunsten Haydns zulässig, so begründen sie sich mehr durch die Natur des Nachfahren, als durch seine Erkenntnis und Erfassung des im Begriff „Fuge" beschlossenen Stimmungsgehalts. Auch Haydn empfand die Fuge als eine Art Krönung des Werks, als die befreiende Tat, als das wahre Mittel, alle durch die voraufgehenden Sätze aufgehäufte Spannung in zielbewußter Weise zu entladen. Damit ist das Wesentliche des Verhältnisses gezeigt. Sind die Themen Haydns im allgemeinen, rein musikalisch betrachtet, im Verhältnis zu den meisten Bachs kurzatmig zu nennen, so erweisen sie doch an den ihnen zugewiesenen Angriffspunkten die ihnen zugetraute Hebelkraft. Ist die Auffassung der Natur im ganzen bei Haydn anders als bei Bach, hat der eine den Einfluß Rousseaus in sich aufgenommen, der andere vor dem Beginne der Herrschaft einer alleinseligmachenden Sentimentalität geschaffen, so drängen sich doch Ähnlichkeiten so auf, daß eine Art, wenn ich so sagen darf, unterirdischer Beeinflussung Haydns durch Bach ein Bewußtwerden durchsetzt. Der zweite Teil des „Weinchors" in den „Jahreszeiten" wird durch ein Orchestervorspiel eingeleitet, in dem geistig das anklingt, womit Bach die unglaubliche „Tanzarie" des Pan einleitet. Und ertönt nach dem Gewitter in den „Jahreszeiten" der Jammer der Landleute über den drohenden Untergang der Erde im Meere, so denkt man, trotz der verschiedenen Taktarten, an Bachs „Sind Donner und Blitze in Wolken entschwunden?", abgesehen davon, daß Haydn bei der beregten Gelegenheit von einem der bei Bach für den Ausdruck trüber Stimmungen besonders beliebten Kunstmittel, dem chromatischen Abstiege, erneut Gebrauch macht.

Bach und Mozart

Waren die Beziehungen Josef Haydns zu Sebastian Bach nicht sehr deutlich nachweisbar, sondern eher, wie wir sagten, unterirdisch, so stellen sich diejenigen, welche zwischen Bach und Mozart gewirkt haben, so klar dar und als so interessant heraus, daß man bei ihrer Erörterung länger verweilen muß. Sie sind um so merkwürdiger, als Mozart gerade als Komponist von Symphonien und Streichquartetten unbedingt in erster Linie als Schüler Haydns angesehen werden muß, also des Großmeisters, dessen künstlerisches Antlitz relativ am wenigsten Züge Sebastian Bachs widerspiegelt.

Das Genie Mozarts hat eine größere Spannweite als dasjenige Josef Haydns. Deshalb durfte er auch, ohne sich verlieren zu müssen, eine größere Anzahl von Einflüssen auf sich wirken lassen, falls ihm diese größere Anzahl nicht geradezu nötig war, um sich in seiner ganzen Fülle entwickeln zu können. Und wir werden ein sehr seltsames Bild davon erhalten, wie gerade der Großmeister, der die gültigsten und bedeutendsten Stücke des eigentlichen Rokokogenres, nämlich der italienischen Oper und schließlich der deutschen geschaffen, also gewissermaßen dem sogenannten galanten Stile die höchsten Weihen erteilt hat, je reifer er wurde, desto unmittelbarer unter den Einfluß Sebastian Bachs, als des Vertreters strengsten Stils, geraten ist.

Haben wir beim Gedanken an Mozart diesen vor allem als Komponisten im Auge, so dürfen wir nicht vergessen, daß er zuerst Virtuose gewesen ist, und zwar auf dem Cembalo und der Geige. Er geriet dabei unter den Einfluß Bachs in verschiedenster Hinsicht. Erstens lernte er nach Philipp Emanuel Bachs berühmter Klavierschule das Spiel des Instrumentes selbst. Aber da das beregte Werk der Violinschule Vater Leopold Mozarts, nach der Wolfgang Amadeus unterrichtet worden ist, unleugbar als Vorbild gedient hat, verschränken sich die Beziehungen in besonderer Weise. Mit den Klavierwerken Sebastian Bachs selbst hat der Knabe Mozart wohl so wenig Bekanntschaft gemacht wie der spätere Mozart mit den

Kompositionen für Violine von Bach. Das sieht man an seinen eigenen Kompositionen, die Michael Haydns Einfluß aufweisen und den mancher anderer, besonders italienischer Meister. Und auch den im ganzen nicht so deutlich wie in gewissen Einzelheiten, was ausführlich darzustellen hier nicht der Ort ist. Der junge Virtuose und der junge Komponist Mozart stehen gleicherweise im Banne des galanten Stils, eben desjenigen, welchen zu verleugnen ein Vergehen gegen den Zeitgeist bedeutet hätte.

Man vergesse aber niemals, dieser Zeitgeist ist in gewissen Grenzen auch derjenige Sebastian Bachs gewesen, und die Möglichkeit, ihn zu der Bedeutung, Fülle und Widerstandskraft auszubilden, von denen er bündigste Beweise abgelegt hat, verdanken seine Bekenner und Vertreter in erster Linie der Ausbildung des strengen Stils, der infolge der an ihm vor allem durch Sebastian Bach geübten Zucht befähigt worden ist, an seinen Sprößling Nährsäfte und Abwehrstoffe in überraschender Menge und Hochwertigkeit abzugeben. Hier handelt es sich um eigentlich noch verwickeltere Beziehungen, als die für Josef Haydn geltenden. Trotz aller Steuerhaltung Mozarts auf das Galante hin ist bei ihm doch ein stilles Sehnen nach Strenge fühlbar. Das freilich liegt weniger an der Einwirkung Bachs, die, wie wir sehen werden, noch immer leicht nachweisbar ist, als an einer Wesensverwandtschaft.

Es ist hier nicht die Stelle, an der ein ausführliches künstlerisches Bild Mozarts gezeichnet werden kann. Aber soviel darf gesagt werden: der bis zum Überdrusse uns vorgestellte „göttliche" Mozart ist ein Trugbild, eine philiströse, auf ungenügende, nur rein äußerliche Anzeichen sich stützende Auffassung. Das verhältnismäßig so leicht wahrnehmbare Dämonische, das für seine Zeit so seltsame Eintretenlassen stimmungsfremder Themen und Harmonien ist so lange übersehen worden, wie geglaubt worden ist, Mozart habe die Stücke, deren vollendete Fassung die Bewunderung der Kenner erregt, in so kurzer Zeit verfaßt, wie diejenige, in welcher sie niedergeschrieben worden sind. Übersehen worden ist zu lange eben jenes Element im Mozartschen Schaffen, durch das dieses auf einen

Geist wie Schubert, den wahren „Dämonisten" gewirkt hat. Man vergleiche, um sich die Ähnlichkeit der beiden großen Komponisten in der besagten Hinsicht klarzumachen, die Zwischenspiele im Menuett des Streichquartetts aus C-dur von Mozart mit dem Zwischenspiele im Scherzo des Streichquintetts aus, seltsamerweise, derselben Tonart von Schubert.

Durch eins der Werke Sebastian Bachs aber ist Mozart sicherlich unter seinen Einfluß gekommen, nämlich durch dasjenige, welches, seit Bachs Zeit selbst, den Pianisten macht, und als solcher ist Mozart doch zuerst vor die Öffentlichkeit getreten, nämlich durch: „Das wohltemperierte Klavier". Die unerhörte Genialität dieses unvergleichlichen Werks in rein kompositorischer Hinsicht muß auf einen Geist wie Mozart — und hier ist der Punkt, in dem er und Schubert unähnlich sind — faszinierend, vielleicht gar lähmend gewirkt haben, wobei zu bemerken ist, daß eines das andere nicht ausschließt, sondern daß jede wahre Faszination zunächst etwas Lähmendes hat. Äußerlich bemerkbar macht sich die besagte Einwirkung erst spät, aber dann deutlich. Die für Geige und Klavier konzipierte Fuge aus A-moll ist ein klarer Nachklang Bachschen Geistes, nicht weniger, als der Hauptteil der „Fantasie für eine Orgelwalze" oder die auf großartigste Wirkung durch Kontrapunkt angelegten zwei ersten Teile der Sonate für Geige und Klavier aus F-dur (Köchel-Verzeichnis Nr. 877). Hier äußert sich zwar der ganze Mozart, aber einer, welcher die höchste Schule des Kontrapunkts, eben diejenige Sebastian Bachs, durchgemacht hat.

Je älter Mozart wird, desto deutlicher wird in seinen Werken der Einfluß Bachs. Es ist kein Zufall, wenn erst im letzten Abschnitte der Quartettkomposition des Meisters die Fuge eintritt. Einen ganz besonders hohen Wert hat Mozart auf die Pflege der Bachschen Fuge, natürlich derjenigen des „Wohltemperierten Klaviers" gelegt. Davon gibt uns ein auch in psychologischer Hinsicht sehr interessanter Brief ein besonders beachtenswertes Zeugnis. Die bezeichnenden Worte lauten: „Als die Konstanze (seine Frau) die Fugen (gemeint sind welche von Sebastian Bach) hörte, ward sie ganz verliebt darein. Sie will nichts als Fugen hören, besonders aber in diesem Fach nichts als Händel und Bach. Weil sie mich nun öfters aus dem Kopfe Fugen spielen gehört hat, fragte sie mich, ob ich noch keine aufgeschrieben hätte, und als ich ihr Nein sagte, so zankte sie mich recht aus, daß ich eben das Künstlichste und Schönste in der Musik nicht schreiben wollte, und gab mit Bitten nicht nach, bis ich ihr eine Fuge aufsetzte — und so ward sie.‘‘ Dieser Brief, auf dessen Zweck hier nicht eingegangen werden kann, beweist klar, welche Bedeutung Mozarts Familie den Fugen Bachs und Händels beimaß, und daß ihr die Beschäftigung mit dieser Kunstform und das Verständnis für sie als eine Art Krönung künstlerischer Betätigung und Auffassung erschienen ist.

Wir unterbrechen hier für eine gewisse Zeit die Darlegung des von Sebastian Bach auf Mozart in gewisser Hinsicht geistig unmittelbar ausgeübten Einflusses, um uns derjenigen eines weiteren, mittelbar ausgeübten zuzuwenden, der für Mozarts Entwicklung von der höchsten Wichtigkeit gewesen ist, vornehmlich für diejenige des dramatischen Komponisten Mozart. Diese eigentlich zweite, mittelbare Einwirkung — wir sahen, die erste mittelbare ging von Phil. Emanuel Bach aus — erfolgte durch Sebastian Bachs jüngsten Sohn Christian, den sogenannten Londoner Bach. Besteht zweifellos eine starke Einwirkung auf Mozart von seiten Phil. Emanuels, so bezieht sie sich doch zunächst auf die Ausbildung des Klaviervirtuosen Mozart, aber auf den Kammerkomponisten Mozart nicht mehr als auf andere Komponisten jener Zeit, in der die persönlichen Geister in großer Anzahl vorhanden, und damit die Vorbedingungen für ein baldigstes Verlassen des Vorbilds gegeben waren. Mozart selbst war groß im Nehmen eines Vorbilds und auch im Aufgeben, sobald er glaubte, ihm alles zur eigenen Entwicklung Ersprießliche entnommen zu haben. Christian Bach aber ist sehr, auffallend lange ein Gegenstand der Verehrung Mozarts geblieben, ja, er war es zu gewissen Zeiten so sehr, daß Mozarts Urteil beeinflußt war durch die Stellung des zu Beurteilenden zu Christian Bach. So ist die harte Verurteilung des seiner Zeit so berühmten Abts Vogler, der Mannheimer Größe, des Lehrers Karl Maria von Webers und Meyerbeers, gewiß nicht zuletzt auf die Verurteilung Bachs durch Vogler zurückzuführen. Mozart schreibt unter dem 13. November 1777 an seinen Vater von dem Genannten: „Er verachtet die größten Meister, selbst den Bach!" Man hat unter „Bach" an einigen Stellen Sebastian Bach verstanden, was unzutreffend ist. Aus dem Briefe geht klar hervor, Mozart meint als den unter die „größten Meister" gehörigen Christian Bach.

Diese Verehrung hat ihre besonderen Gründe. Sie beruht auf der Tatsache, daß Christian Bach vornehmlich dramatischer Komponist gewesen ist, also das, als was Mozart, wenn wir uns von dem in seinen anderen Werken ausgebreiteten Genie nicht beeinflussen lassen wollen, vor allem anzusehen ist und was er eigentlich hat sein wollen, was zu sein er sich immer, wenn ihm die Betätigung als solcher nicht vergönnt war, ersehnte, wie es aus zahlreichen Äußerungen erhellt. Ist Mozart gewissermaßen der letzte italienische Opernkomponist deutscher Nationalität und einer der ersten deutschen, so kann keinem Zweifel unterliegen: wie er in seiner letzten Eigenschaft das meiste Holtzbauer, so hat er in seiner ersten das meiste Christian Bach zu verdanken. Gewiß hatte Mozart als Komponist italienischer Opern auch noch andere Vorbilder, aber keines hat so entschieden, auch von Mensch zu Mensch, auf ihn gewirkt wie der jüngste Sohn des Meisters, den er vor der Hand als den Vertreter anderer, vorläufig etwas außer Kurs gesetzter Anschauungen hoch verehrte, und — eines der seltsamsten Vorkommnisse in der Geschichte der größten Musikgenies! — gerade als neuer Vertreter jener etwas außer Kurs gekommenen Anschauungen als seinen letzten und höchsten Meister anerkennen sollte.

Mozart hat Opern von Christian Bach nicht nur gelesen, sondern auch gehört. In London und auch in Paris ist er Zeuge davon gewesen, daß, wie hoch auch die Kunst Händels als Opernkomponist geschätzt worden war, und, wie sehr man sich dem Genie des Oratorienmeisters immer noch beugte, man doch auf dem Gebiete der dramatischen Musik einen neuen musikalischen Inhalt und demgemäß einen neuen Ausdruck suchte. Aufs neue ging von Neapel ein Anstoß aus. Ein Anstoß auf Beweglichkeit. Sie ist es, die Christian Bachs Werke in so hervorragender Weise auszeichnet, und nicht nur seine dramatischen. Auf die Beweglichkeit auch der Kammerwerke Christian Bachs glaubt Leopold Mozart, der um den Erfolg seines Sohns stets Besorgte, hinweisen zu sollen, als Wolfgang entweder überhaupt etwas wenig tat oder, der Meinung des Vaters nach, dem Zeitgeschmacke nicht genügend Konzessionen machte. Christian Bachs Klaviersonaten befanden sich auch, wie wir aus einem Briefe wissen, unter den Werken, welche Mozarts Schwester in München studierte.

Sehen wir nun, wie, abgesehen vom Einflusse Sebastian Bachs durch seine Kompositionen, sich ein mittelbarer durch seine Söhne auf Mozart zeigt, so liegt der Fall doch vor allem so, daß der Opernkomponist Mozart wie der Kammermusiker Mozart das auch in Sebastian Bach sich kundgebende Galante aufgenommen hat, wie etwa die romantische Dichterschule das auch im Klassiker Goethe liegende Romantische.

Es sollten aber auf Mozart noch andere geistige Einwirkungen von Sebastian Bach ausgehen, nämlich auf Mozart, den Organisten und den Kirchenkomponisten.

Die Reise, die Mozart im Jahre 1789 nach Berlin und Leipzig führte, brachte ihn mit Sebastian Bachs Geist, dem lebenden, nicht an das Papier gebundenen, in nähere Berührung. Er hörte Motetten des Meisters, von denen die mit den Worten: „Singet dem Herrn ein neues Lied!" einen faszinierenden Eindruck auf ihn machte. Am 22. April 1789 saß Mozart auf dem Orgelstuhle Bachs in der Thomaskirche und spielte, während Doles, der Schüler und Nachfolger Bachs im Kantorate, und Görner die Register zogen, so, daß, wie eine zeitgenössische Stimme bezeugt, Doles über sein künstlerisches Spiel besonders deshalb entzückt war, weil er „seinen, den alten Sebastian Bach, seinen Lehrer wieder auferstanden glaubte". Es muß im Spiele Mozarts etwas gelegen haben, das geistig auf Sebastian Bach hinwies und nur auf einer innersten Verwandtschaft der beiden Meister beruht haben kann.

Diese Verwandtschaft, auf welche das Finale der sogenannten Jupitersymphonie („ein Stück sublimsten Kontrapunkts", so nannte es der ausgezeichnete Beurteiler einschlägiger Qualitäten, Moritz Moszkowski) mit nicht mißzuverstehender Entschiedenheit hinweist, bekundet sich noch stärker, ja, man darf beinahe sagen, entscheidend in einigen Kompositionen Mozarts, bei denen man andere Vorbilder, wenn er deren noch bedurfte, angezogen erwarten dürfte. In einer ganz wunderbaren, man darf sagen mystischen Weise wirkt nun, wie wir es haben erwarten lassen, das Beispiel Sebastian Bachs auch auf den Opernkomponisten Mozart, und es bildet sich in dem jüngeren Genie ein Element, das als ein einer Art Verehelichung mozartischen dramatischen und bachisch kontrapunktischen Geistes entsprossenes Novum anzusprechen ist. Es handelt sich um die Ouvertüre zu „Die Zauberflöte" und den Gesang der „Geharnischten Männer", aus demselben Werke, dem eigentlichen dramatischen Schwanengesange des Meisters der Opernmeister. Hier wird eine Art Bekenntnis abgelegt, das dem Bekenner und dem „Bekannten" zu gleich hoher Ehre gereicht. Wohl nirgends ist Mozart mehr er selbst und zugleich vom Bachschen Kontrapunkt beseelter, als in dieser einzigartigen Schöpfung, die wirklich die herrlichste Verschmelzung zweier Seiten Sebastian Bachs in einer neuen, einem neuen Zwecke sich widmenden Persönlichkeit darstellt. Es ist nicht nur das von Mozart gewählte Fugato, das die Bachsche Atmosphäre schafft, sondern auch die absolute Freiheit, mit der er eine der zu erweckenden Stimmung äußerlich so ferne liegende Ausdrucksweise wählt und zugleich in der originellsten Weise behandelt und meistert (man vergegenwärtige sich zum Beispiel die das Unheimliche, das Entsetzen schildernde kanonische Stelle nach dem zweiten Trompetensignale!). Mehr als der bloße Wunsch, sich in spezifisch Bachscher Form auszusprechen, erhärtet sein Erfüllen die Richtigkeit unserer Behauptung einer inneren Verwandtschaft Mozarts mit dem Thomaskantor. Und es ist keine bloße Schmeichelei eines Freundes, sondern eine Wahrheit, wenn der Arzt Mozarts, Barisani, in einem Huldigungsgedichte von dem zu Feiernden als dem Geistesgenossen Haydns und Bachs spricht. Im Nachlasse Mozarts befand sich bezeichnenderweise auch eine Handschrift Sebastian Bachs, nämlich die der aus dem Jahre 1727 stammenden Partita II. Und nicht minder bezeichnend ist es, daß Mozart, gelegentlich seines Spiels auf der Orgel Bachs, den nicht gerade katholischen Choral: „Jesus, meine Zuversicht!" präludierte und variierte.

Ist das Thema einer der großartigsten kontrapunktischen Arbeiten Mozarts, der in seiner letzten, unvollendet gebliebenen Komposition, dem „Requiem", befindlichen Doppelfuge: „Kyrie eleison!" zwar ausgesprochen Händelschen Charakters — die Tonfolge erinnert stark an diejenige der im „Messias" befindlichen Fuge „Durch seine Wunden" —, so ist die Behandlung, besonders die Aufstellung des Gegenthemas und vor allem die Hinaufführung zum Schlusse, insbesondere die ausgesprochene Absicht auf die Einführung des, als für den Ausdruck höchster Schmerzsteigerung charakteristischen, verminderten Septimenakkords doch vollendet Bachscher Signatur.

Eines der größten Stücke, vielleicht das größte Mozarts steht ganz und gar im Zeichen Sebastians Bachs und bedeutet eine Fortsetzung bester Bachscher Kunst, nämlich der schon kurz erwähnte Gesang der „Geharnischten Männer" aus der „Zauberflöte", jenes, trotz aller Herkunft von anderer Seite, höchst persönliche Meisterwerk, vor dessen Vollkommenheit in technischer Beziehung man staunend steht, und dessen Verlegung an die Stelle, an die es gesetzt ist, eine mindestens ebenso hohe Genialität des Geschmacks bezeugt, wie sie sich in ihm rein kompositorisch kundgibt. Dieses Stück, in dem ein Choral mit einer in Doppelfugengestalt auftretenden Figuration nicht nur äußerlich umgeben, nicht nur eingekleidet, sondern verwachsen ist, wie der Körper mit der Haut, hat eine über ihren eigentlichen, nächsten Zweck weit hinausgehende, kunstphilosophische Bedeutung. Sie weist auf die mystischen, metaphysischen Beziehungen zwischen den Geistern und besonders denjenigen hin, an welchen solche Beziehungen am leichtesten nachweisbar sind, nämlich den Kunstgeistern. Es ist eines der seltsamsten, erregendsten Schauspiele rein geistiger Art, daß in einer Art Zauberoper, sei es auch mit hochgeistigen und hochmoralischen freimaurerischen Einflechtungen, der Schöpfer auf den Gedanken kommt, eines der feierlichsten, im Grunde rein gottesdienstlichen Kunstmittel aufzugreifen und — man vergesse auch diese rein praktische Einzelheit nicht! — sein Werk mit einer Schwierigkeit für die Aufführung zu behaften, die dem Kenner unüberwindlich erscheint und auch tatsächlich kaum jemals überwunden worden ist. Zur wirklich der Bedeutung des Gegenstandes entsprechenden Wiedergabe wäre die Besetzung der Rollen mit zwei Meistersängern notwendig.

Wie gewaltig muß der Antrieb zum Schreiben dieses zu den tiefsten der Musik überhaupt zu zählenden Stücks gewesen sein, zumal bei Mozart, der bei aller geistigen und seelischen Freiheit als Mensch und Künstler, doch, beruflich genommen, genug Kind seiner Zeit war, um mit den für eine Aufführung geltenden Möglichkeiten, etwa der Besetzung der Rollen und der Ausschließung gewisser Einzelheiten zu rechnen, deren Verwirklichung ihm sonst sehr erwünscht gewesen wäre! Es ist nicht so, wie Zelter es in seinem Briefe vom 20. März 1824 an Goethe sagt, nämlich, daß ,,Mozart sich im figurierten Choralstile auch hat zeigen wollen" und daher in der ,,Zauberflöte" die Melodie von ,,Wenn wir in höchsten Nöten sein" zu einer Figuration singen läßt. Wäre es Mozart nur darauf angekommen, was Zelter hier in etwas suffisanter Manier andeutet, so hätte er das billiger haben können und sein Meisterwerk nicht der Gefahr einer fast unvermeidlich ungenügenden Wiedergabe auszusetzen brauchen. Zum Lobe Zelters muß übrigens angeführt werden, daß er nachmals seine eben wiedergegebene Ansicht wesentlich revidiert hat, wie der Brief an Goethe vom 16. Juni 1827 es zeigt. Hier spendet er dem gerade durch die zuerst etwas zu gering geachtete Stelle sich in seiner höchsten Genialität kundgebenden Großmeister das gebührende Lob. —

Das nicht schwer genug zu beklagende allzu frühe Abtreten Mozarts von der Weltbühne hat seine weitergehende Entwicklung auf Bach hin verhindert. Gerade Mozart, der gewissermaßen dazu geboren scheint, mit den Formen zu spielen wie ein des Gleichgewichts stets sicherer Meister, gerade Mozart, als der Goethe innerlich so nahestehende Gefühlskomplex und im Ausdrucke so nahestehende Gestalter, wäre für die Fruchtbarmachung des Bachschen Erbes im neuen Sinne die geeignete Kraft gewesen. Der Gedanke, der vielleicht lange schon, obwohl noch nicht bewußt geworden, Mozart vorgeschwebt hatte, er machte sich bei einem anderen musikalischen Riesengenie aufs neue bemerkbar: bei Ludwig van Beethoven. Sein Geschick besonders wird uns zeigen, wie die Musik in gewissem Sinne an Bach gebunden, wie Bach eine Art Schicksal, ein Verhängnis, eine Besessenheit der Musik überhaupt geworden ist, die anscheinend eine Zeitlang, aber nur eine Zeitlang, mit Hilfe von allerlei Kunststücken verheimlicht und eingekerkert werden konnte, aber schließlich alle Mauern hat durchdringen, alle Gitter einreißen können, um, in die Freiheit entsprungen, ihr Werk neu zu beginnen oder besser, da es eigentlich nie abgebrochen worden war, fortzusetzen.

Bach und Beethoven

Steht Mozarts Natur, infolge ihres, trotz aller Freiheit in der Anordnung der Dinge, innerlich auf Symmetrie gerichteten Wesens, der strengen Kunst nahe, so entfernt sich Beethoven von dieser erheblich. Schon von seinem Op. 1 ab, das, wie wir wissen, seinem Lehrer Josef Haydn wenigstens zum Teil mißfallen hat, macht sich durch ihn ein Geist der Aufsässigkeit frei, der, bei aller Achtung für die Lehre, der „Schule" mißtraut, sich von ihr nicht nur bewußt abzuwenden, sondern ihr sogar grundsätzlich feindlich entgegenzutreten sucht. Wie die Konvention, eben dasjenige, dessen Mißachtung, wie wir wissen, wohl der Hauptgrund für die Abkehr Goethes von Beethoven gewesen ist, von Beethoven im Leben ganz und gar als nebensächlich angesehen wurde, so auch in der Kunst. Beethoven ist natürlich auch Kind seiner Zeit und, als ihr künstlerischer Vertreter par excellence, folgt er ihren Gesetzen, aber nicht, um sie zu bestätigen, sondern um sie so genau zu kennen, daß es ihm bald möglich ist, zu finden, wo sich in ihrem Netzgewebe eine Masche gelockert hat oder gar offen geblieben ist und das Durchschlüpfen gestattet. Ist doch überhaupt die Betätigung des künstlerischen Genies nichts anderes als eine gehorsame Widersetzlichkeit gegen die überkommenen Regeln, ohne die es aber nicht auskommen kann.

Beethoven hat selbst so oft und deutlich seine Verehrung für Phil. Emanuel Bach kundgegeben, daß es überflüssig ist, den mittelbaren Einfluß Sebastian Bachs auf den größten Meister der Klaviersonate, der Symphonie und des Streichquartetts zu betonen. Die geistige Übernahme des vom Vater Bach dem Sohne Übertragenen ist unabweislich. Aber uns beschäftigt hier vor allem die Frage: „Was hat Beethoven in dem für seinen Genius Charakteristischen von Sebastian Bach unmittelbar übernommen?"

„Er sollte Meer heißen!" hat Beethoven einmal voller Bewunderung für ihn gesagt. Und doch hat Beethoven, sobald er flügge geworden war, es geflissentlich vermieden, sich an Bach anzulehnen. Gewiß ist ihm bei der Komposition der zweiunddreißig Variationen über ein Thema aus der „Eroica", besonders bei derjenigen der Fuge, Bachs Geist erschienen, aber Beethovens Hinblick darauf hat ihn mehr und begreiflicherweise auf Eigenes gelenkt, als auf den Gedanken, sich vom beobachteten Geiste auf dessen eigene Bahnen locken zu lassen. Die Fuge des genannten Werks hat nichts Bachsches im Bau, auch nichts von der Intention einer spezifisch Bachschen Komposition ihrer Art. Und das „Wohltemperierte Klavier" hat Beethoven doch schon als Knabe gekannt. Viel früher also als Mozart ist er der Versuchung, Fugen zu schreiben, verfallen. Und doch hat die Art seines Schreibens mit derjenigen Bachs weniger Berührungspunkte als diejenige des späteren Mozart, wobei allerdings nicht vergessen werden darf, daß der spätere Mozart angesichts der um 20 Jahre längeren Lebenszeit Beethovens kaum dem mittleren Beethoven entspricht. Es geht aber durch das Studium der Bachschen Fuge ein Anstoß in das bildnerische Gefühl Beethovens über, und das Samenkorn schießt in dem neuen Boden zu einem neuen Wesen aus.

Ein herrlicher Beweis für die Auffassung Beethovens von der Fuge als sogenanntem krönenden Wesen bietet die Tatsache, daß er an den Schluß des in seiner Art einzigen Quartettkomplexes op. 59, der „Rasumoffski-Quartette", eine Fuge, nicht Bachscher, sondern Beethovenscher Art gesetzt hat. Es handelt sich bei diesem hinreißenden Stücke nicht um das Aufgeben des Romantischen, das recht eigentlich das Urelement aller Werke Beethovens ist, sondern um eine Art Verpflanzung nordischer Bachscher Ästhetik in den Garten eines südlicheren Landes, in eine Wiener Landschaft, die so recht geschaffen scheint, nördliche und südliche Gebilde aufzunehmen und aus ihrer Vermischung neue zu erschaffen. Und hat Beethoven im beregten Satze, wenn man so sagen darf, aus den der Fuge voranstehenden das Fazit gezogen, so hat er durch die in das große B-dur-Quartett, op. 130 geradezu hineinbrechende „Große Fuge" sich, man muß sagen, eine Art Wut auf Bachs Meisterschaft von der Seele geschrieben. Hier handelt es sich um eine bewußte Gegenüberstellung seines eigenen Fugenstils und des Bachschen. Beethoven zieht gewissermaßen aus allen kontrapunktischen Äußerungen des verehrten Meisters die Möglichkeiten ab, um sie in einer eigenen Weise in Form eines vielgestaltigen Stücks, zu einem Leben in einer anderen Zeit erwachen zu lassen.

Es ist und bleibt für den ersten Blick seltsam, daß Beethoven gerade im noch nicht lange begründeten Genre des Streichquartetts, der wahrhaft Haydnschen Schöpfung, der feinsten Einkleidung des neuen Stils, seine dem Geiste Bachs huldigenden Musen auftreten läßt. Wenn irgend etwas, so ist das zu ganz romantischen Äußerungen geschaffene Streichquartett kein an sich geeignetes Feld für die Anbauung der Fuge. Vielleicht hat die Vierstimmigkeit, die den meisten Fugen eignet, zum Versuche angeregt. Es bleibt jedenfalls die Tatsache bestehen, daß Beethoven auch an einer Stelle, die ihm Möglichkeit zur Verwendung von mehr als vier Stimmen bot, an der Vierzahl festhielt, nämlich auf dem Klavier.

Es geschah durch die Schöpfung der Fuge als Schlußsatz der Sonate für das Hammerklavier op. 106, einer Arbeit von gigantischen Ausmaßen in jeder Hinsicht, sowohl was die Ausdehnung in räumlicher Beziehung angeht, als auch in Hinsicht auf die rein persönliche Auffassung von der Gestaltung der Fuge. Einer der ungeheuerlichsten Aufgaben noch dazu, für den ausführenden Künstler; eines Stücks, dessen Vortrag ohne Noten selbst von Busoni als „schwer" bezeichnet worden ist. Man darf von diesem Stücke sagen, es stelle ein eigenes Selbstbewußtseinsbekenntnis des Jüngeren gegen den Älteren dar. Thema und Ausführung sind ein Widerspruch gegen das Klassische. Und doch schwingt über dem Ganzen Bachs Geist, allerdings in nicht ausdrücklich zitierter Eigenschaft. Wirklich, Bachs Geist wird durch Beethoven erst zitiert bei der Komposition der Fuge in der As-dur-Sonate op. 110. Ja, es darf von einer unmittelbaren Anlehnung an ein Werk Sebastian Bachs gesprochen werden, nämlich an die im zweiten Teile des „Wohltemperierten Klavier" befindliche Fuge aus A-dur. Hiefür hat der Kieler Musikgelehrte Reinhard Oppel den unumstößlichen Beweis geliefert (siehe Bachjahrbuch 1925). Es zeigt sich dabei auch, wie sehr, bei aller Schönheit des Gedankens und der künstlerischen Haltung, Beethoven seinem Vorbilde nachsteht. Es hat wirklich den Anschein, als ob das Zeitalter des reinen Kontrapunkts vorbeigewesen wäre und ein neuer Tag zu neuen Ufern gerufen hätte. Ob Beethoven als Schlußsatz seiner unvollendet gebliebenen Sonate op. 111 eine Fuge geplant hat, ist nicht festzustellen. Aber möglich, ja sogar wahrscheinlich ist es. Es gehört ganz und gar zum Charakter Beethovens, eine künstlerische Idee, hier als Vollendung einer Klaviersonate vorschwebend, nicht eher zu verlassen als nach der Verwirklichung. Und daß er diese noch nicht erzielt hatte, das nicht zu empfinden, hatte er zuviel Selbstkritik. Der Tod nur hat ihn verhindert, zum Ziele zu gelangen.

Sehen wir hinsichtlich der reinen Fuge die Einwirkung Bachs auf Beethoven als nicht unbedingt positiv, so dürfen, wo nicht gar müssen wir sie in einer anderen Hinsicht als ganz außerordentlich und in ihren Resultaten wunderbar bezeichnen, weil sich in der Weise, wie Beethoven sich die Kunst Bachs ausgelegt und aus ihr die für die Entwicklung seiner eigensten Kunst geeignete Auswahl — nur selten ist dieser Ausdruck so am Platze wie an dieser Stelle — getroffen hat, am schönsten jenes mysteriöse Weben der künstlerischen Geister untereinander erkennen läßt, von dem wir schon mehrfach gesprochen haben, von dem man aber nicht oft genug sprechen kann. Es darf angesichts der ungeheuren Genies, um die es sich handelt, gar nicht die Rede davon sein, ob das spätere das frühere in einer Spezialität erreicht hat, sondern davon, was es dem früheren hat entnehmen können, um daraus etwas seiner, der des späteren, eigenen Natur, Eigenstes zu bilden, etwas seine Kunst Kennzeichnendes zu erraffen.

Vergegenwärtigt man sich, wie verhältnismäßig spät Beethoven sich dazu angeregt fühlt, wahre Fugen zu schreiben, und wie oft es ihm bei strenger Beurteilung mißlingt, so hat man die Empfindung, der Meister habe selbst den der Schöpfung der Fuge zugrundeliegenden Gefühlskomplex als ausgelebt angesehen. Zugleich aber die Notwendigkeit erkannt, ihr einen neuen unterzulegen.

Eine Ästhetik der Fuge fehlt noch, nicht die Lehre ihrer Regeln, die das große Unglück haben, gerade von den als Muster aufgeführten Meistern verletzt worden zu sein. Auch Beethoven geht mit ihnen nicht gerade sanft um, wie er denn ja auch bereits zur Zeit der Quartette op. 18 die ihm aufgemutzten „falschen" Quinten „gestattete". Und doch gibt sich in Beethoven ein Zug zur Fugenbildung, zum grundsätzlichen Anerkennen des Fugierten überhaupt als einer künstlerisch besonders hochzuachtenden Ausdrucksform kund. So wird er teils bewußt, teils unbewußt der Meister des Fugato.

Mit dieser Bemerkung soll nicht nur gesagt sein, Beethoven habe in der Abfassung des, am besten als kurzer, fugenartig gehaltener Satz definierten, Fugatos eine besondere Meisterschaft entwickelt, was in der Tat zutreffen würde, sondern sogar sie soll Beethovens besonders feines Bewußtsein von der Wirkung eines an einer bestimmten Stelle angebrachten Fugato betonen und ebenso sein

Thomaskirche in Leipzig

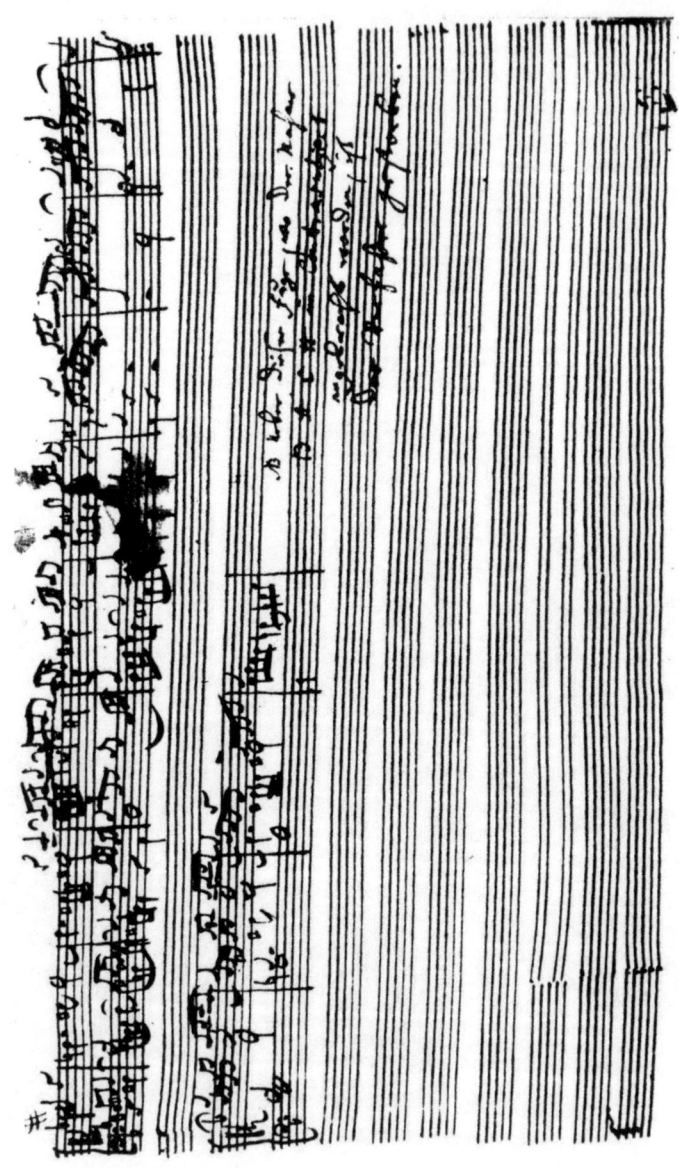

Schlußseite der „Kunst der Fuge"

Talent, dem als ersprießlich erkannten Stücke die ideale Form zu geben. In dem Werke, in dem er sich als ein Beherrscher einer vor ihm noch nicht gekannten Sprache erweist, nämlich in der „Eroica", bedient er sich der neuen Form — von einer solchen dürfen wir sprechen, trotz der Ouverture zur „Zauberflöte" — sogleich zweimal, zuerst im Trauermarsche, alsdann im vierten, dem Variationssatze, wenn man nicht auch ein Zwischensätzchen im ersten Teile der „Eroica" als Fugato ansprechen will, wozu man nach der gegebenen Definition berechtigt wäre. Bezeichnenderweise sind die angeführten Sätze deutlicher Ausdruck einer tragischen Stimmung. Es liegt auf dem Tondichter etwas Schweres, Unheimliches, dessen er Herr werden will, weil er seiner Herr werden muß. Die Heranziehung des Fugato behufs Erzielung eines solchen Ergebnisses ist charakteristisch für Beethoven und gestattet deshalb, bei ihm die Vorstellung vom Zwecke der Fuge anzunehmen, daß sie ihm als das kontrapunktische Symbol höchster tragischer Verwicklung erscheint. Bezeichnenderweise sind alle wesentlichen Fugati von Beethoven in Moll gehalten. Als die berühmtesten seien noch angeführt diejenigen aus dem zweiten Satze der VII. und dem ersten Satze der IX. Symphonie, Stellen, in denen die Kunst Beethovens in der Erweckung tragischer Empfindungen auf ihrer Scheitelhöhe steht. Im zweiten Teile des f-moll-Quartetts, einem zwar ein wenig beklommenen, aber doch in der Durtonart stehenden Stücke, dreht die Stimmung, sobald das Fugato beginnt, auf Moll zu. Als eine Ausnahme darf der in lydischer Tonart, einem F-dur mit h, statt b, gehaltene „Heilige Dankgesang eines Genesenen an die Gottheit" bezeichnet werden, ein Satz, der wenigstens den Anlauf zum Fugato macht. Das mächtigste Fugato Beethovens ist als eine Ahnung davon anzusehen, was Sebastian Bach als Quartettkomponist im Sinne der nachhaydnschen Zeit geschrieben hätte, er, der Komponist der „Kunst der Fuge", die wir zum Teil in der Übertragung für vier Streichinstrumente von Wolfgang Graeser kennen. Gemeint ist der gewaltige erste Satz des größten Beethovenschen Streichquartetts, desjenigen aus cis-moll.

Man ist diesem Werke im ganzen und dem ersten Satze im besonderen, seitdem man ein wahres Verständnis für Beethovens Schaffen der letzten Periode hat, stets mit besonderer Ehrfurcht begegnet. Nachdem sich uns die Größe der letzten Komposition Sebastian Bachs in ihrer Einzigkeit, selbst mit Bachschem Maßstabe gemessen, enthüllt hat, bewundern wir das Quartett Beethovens als eine geheimste Ahnung eines großen Genies für ein anderes unbekanntes doppelt. Mit ihm hat Beethoven sein eigenstes Werk gekrönt, nämlich die Schöpfung des Fugato aus der Psychologie des Werks heraus, und seine Vollendung in der dem gerade vorliegenden Werke entsprechendsten Weise.

Im Fugato hat er sich, nicht minder als Bach in der Fuge, zum typischen Meister gemacht, und es ist ein schönes Bild, wenn ein großes Genie einem anderen huldigt, nicht durch sklavische Nachahmung, sondern durch Auffangen einer Anregung, der zu folgen eben nur einem Genie gegeben ist, während etwa das Talent in mancher Hinsicht, was Form und Regelhaftigkeit betrifft, dem Vorbilde viel näher kommt, aber schöpferisch ebensoweit zurückbleibt, wie dem Talent hinter dem Genie zurückzubleiben bestimmt ist.

Bach und die deutsche romantische Schule
Schubert, Schumann, Mendelssohn, Brahms, Liszt, Bruckner.

Die deutsche romantische musikalische Schule ist eine nicht gleichartig gebildete Gemeinschaft. In ihr vereinigen sich die Träger der aufgeführten, berühmten Namen, aber auch noch manche andere, deren Anführung sich hier erübrigt, da nur von den Typen und ihrem Verhältnisse zu Bach die Rede sein soll. Den geringeren unter ihnen nachzugehen, lohnt nicht, da für sie in irgendeiner Weise zutrifft, was bezüglich der bedeutenderen zu sagen ist.

Der Vergleich mit Bach ist für jeden Musiker, ja für jeden Künstler der gefährlichste. Bei oberflächlicher Betrachtung könnte man annehmen, der romantische Musiker befinde sich, gegen Bach gehalten, in beträchtlich besserer, weil weniger abhängiger Lage als der streng-klassisch-kontrapunktistische. Dies stellt sich bei näherer Betrachtung als irrtümlich heraus. Das Genie Bachs ist so umfassend und intensiv, daß, wo er zugegriffen hat, für nachfolgende Kräfte nur übrigblieb, sich mit den von dem Riesengeiste gegebenen Anregungen auseinanderzusetzen und dabei die eigene Persönlichkeit, soweit es irgend geht, zu bewahren.

*

Unter allen Romantikern ist Schubert von Bach am wenigsten berührt worden. Dies wird schon durch das in Schubert als vorwiegend tätiges Element wirkende, rein Musikantische erklärt. Selbst dann, wenn Schubert sich als Kirchenkomponist, und als ziemlich fruchtbarer, betätigt. Er tut dies nun allerdings in einer aus Barock und Rokoko heraus entwickelten, ausgesprochen modern-katholischen Empfindungsweise, aber trotz ihrer wäre er vielleicht der in mancher Hinsicht gewiß, aber nicht absolut ausgesprochen protestantischen Art Bachs voll Verständnis und Hochachtung begegnet.

Einem sogenannten gelehrten Kontrapunkte ist Schubert, ohne selbst seinem Ruhme als Symphoniker zu schaden, lange genug aus dem Wege gegangen, aber seine Entwicklung hat sich doch nicht bewerkstelligen, geschweige denn gar vollenden können ohne die Erkenntnis, es fehle ihm etwas schließlich doch Unentbehrliches, Unersetzliches, die kontrapunktistische, ihres Namens wahrhaft würdige Meisterschaft. Und: sie zu erwerben hat ihn nur sein allzu früher Tod verhindert. In die letzte Lebenszeit Schuberts gerade fallen seine Übungen in der schulmäßigen Fuge. Welche Ergebnisse sie gezeitigt hätten, ist nicht ganz sicher. Naturen, wie diejenige Schuberts, gewöhnen sich selten an den vor der Hand trockenen Ton, der mit Studien bezeichneter Art selbst für den Höchstbegabten unauflöslich verbunden ist. Und ausgeschlossen ist nicht, Schubert hätte sein Ziel nur durch das Aufgeben ureigenster, wertvollster Güter erreicht. Selbst das Genie ist ein Hans, der zwar nicht unbedingt nimmermehr, aber doch sehr schwer lernt, was Hänschen nicht gelernt hat, und vielleicht um so schwerer, ein je größeres Genie es ist. Bachs und Beethovens Satzweise für die menschliche Stimme ist, bei aller Großartigkeit der ausgedrückten Gedanken, ein fast bündiger Beweis für die Richtigkeit des Sprichworts.

So schwach wie die Einwirkung Bachs auf Schubert gewesen ist, so stark, ja zeitweise entscheidend war sie auf andere Mitglieder der romantischen Schule. Und wie gleich hinzugesetzt sei, mit an gewissen Stellen außerordentlich segensreichen Folgen.

Zunächst bei Schumann. Bei ihm besteht als ein Grundsatz für die Auffassung des Musikalischen überhaupt die Neigung, danach zu suchen, wie der zu Beurteilende zu Bach steht. Und seltsam! Schumann kommt bei den aus dieser seiner Anschauung zu ziehenden Schlußfolgerungen zu dem Ergebnisse, die romantische Schule sei für Bachs Größe und künstlerische Auswertung viel offener, als die vorherige, sogenannte klassische. Ja! Er sieht selbst große, eigentlich klassische Meister nicht frei von dem Vorwurfe, Bach nicht genau genug gekannt zu haben. „Bach ist der größte Komponist der Welt!" sagt er. „Mozart und Haydn kannten Bach nur seiten- und stellenweise, und es ist gar nicht abzusehen, wie Bach, wenn sie ihn in seiner Größe gekannt, auf ihre Produktivität gewirkt haben würde. Das Tiefkombinatorische, Poetische und Humoristische der neueren Musik hat seinen Ursprung in Bach: Mendelssohn, Bennett, Chopin, Hiller, die gesamten sogenannten Romantiker stehen Bach weit näher als Mozart, wie diese denn auch sämtlich Bach auf das gründlichste kennen, wie ich selbst im Grund tagtäglich vor diesem Hohen beichte, mich durch ihn zu reinigen und zu stärken trachte." In der Reihe der Romantiker sich selbst zu nennen, davon entbindet Schumann der letzte Satz.

Interessant ist an diesem Glaubensbekenntnisse des edlen Meisters die Tatsache, daß er Beethoven mit Mozart und Haydn nicht zusammen nennt und ihm der Unterschied der Stellung zu Bach bei Mozart und Haydn nicht aufgegangen ist. Und noch mehr auffallen muß, daß ein Mann, dem die Verehrung für Bach geradezu Lebenselement war und der Schumann selbst verehrte, wie er von ihm verehrt wurde, auch nicht mit einem Worte erwähnt wird, nämlich: Liszt. Wir glauben, auf diese Seltsamkeit besonders aufmerksam machen zu sollen. Wie wir später sehen werden, ist es gerade die Einwirkung Liszts, die eines der größten Genies der Musik überhaupt, nämlich Richard Wagner, eine anbetungsvolle Verehrung für Bach niemals verleugnen ließ. Allerdings hätte die Verehrung eines Wagner für Bach den Komponisten Schumann, den Gegenfüßler des Komponisten etwa von ,,Tristan und Isolde", irremachen können, und wahrscheinlich hätte Schumann sie in Abrede gestellt, selbst wenn man sie ihm noch so unzweifelhaft nachgewiesen hätte. Und sogar, obwohl ihr Bestehen ganz besonders geeignet gewesen wäre, die Richtigkeit der Behauptung betreffend die ganz besonders kräftige Einwirkung Bachs auf die romantische Schule zu bestätigen. Denn wenn ein Meister der romantischen Schule als Repräsentant dienen darf, so ist es eben Wagner, der größte von allen.

Schumann hat schon sehr frühe dem Bachschen Genius geopfert. Bereits sein op. 7 ist eine ,,Tokkata". Wie sich bei einem Geiste wie Schumann von selbst versteht, geht er, besonders in der Anordnung der melodischen Linie, seinen eigenen Weg, aber es ist unmöglich, sich gewisser Vorbilder zu entschlagen, sobald man noch so Eigenes nach Fremdem bezeichnet. Schumanns op. 32 ,,Vier Klavierstücke" enthalten unter anderem ,,Gigue" und ,,Fughetta", wiederum Stücke in Formen, die ohne Gedenken an Bach, und diente es nur, um von ihm abzutreiben, unvorstellbar sind. Die ,,Skizzen" op. 53 und die ,,Studien" op. 56 stützen sich auf Bachs Inventionen, und um nur vier Opuszahlen entfernt von ihnen stehen — op. 60 — ,,6 Fugen für Orgel über den Namen ‚Bach'". Sie fallen ins Arbeitsjahr 1845, das Schumann, wie er selbst sagt, fast ganz auf das besagte Werk verwandt hat, ,,um es in etwas des hohen Namens, den es trägt, würdig zu machen, eine Arbeit, von der ich glaube, daß sie meine anderen vielleicht am längsten überleben wird". Schumann versichert C. F. Becker: ,,An Fleiß und Mühe hat es meinerseits nicht gefehlt; an keiner meiner Kompositionen habe ich so lange gefeilt und gearbeitet." In op. 72, vier Fugen, Charakterstücke in strengerer Form, waltet wieder das Nachwehen Bachs, aber nirgends ist es fühlbarer als in dem Werke, in dem Schumann sich dem letzten Goethe anschließt, indem er Szenen aus „Faust" mit besonderem Hinweise auf die letzte vertont. Für den „chorus mysticus": „Alles Vergängliche ist nur ein Gleichnis" zieht er — eines der seltsamsten Vorkommnisse in der Musikgeschichte — ein Thema des Meisters heran, der, seiner Ansicht nach und tatsächlich, Bachs Einfluß am wenigsten gespürt hat: Joseph Haydns berühmtes Quintenthema aus dem Quartett in d-moll, während er zum Beispiel in der Einleitung zum eigenen a-moll-Quartette, einem ausgesprochen fugiert gehaltenen kurzen Stücke, deutlich an Bach anklingt. Die Behandlungsweise des Themas im „Faust" wiederum ist so im besten Sinne bachisch, daß man selbst das Thema als bachisch empfindet. Schumann hat hier mit nicht mißzuverstehender Deutlichkeit auf seinen Zusammenhang mit zwei der größten Geister, die selbst wieder eng miteinander zusammenhängen, eben Bach und Goethe, hingewiesen, und zwar mit rein künstlerischen Mitteln.

Unabhängig von Schumann, geführt gerade durch eine Hauptperson des Goethekreises, nämlich Zelter, hat ein anderer, hochberühmter Romantiker den Weg zu Sebastian Bach gefunden und in das künstlerische Schicksal Bachs, wenn man so sagen darf, auf die glücklichste Art entscheidend eingegriffen: Felix Mendelssohn-Bartholdy.

Er hat, obwohl niemals selbst wesentlich Dramatiker, doch vom Drama her den Zugang zur Musik gefunden. Seine Musik zum „Sommernachtstraum", eine der seltsamsten Kundgebungen künstlerischer Frühreife, ist bezeichnend für die Veranlagung seines Talents. Es hängt am Worte, wenigstens dem Worte als dem Mittel zum Ausdrucke und der Übertragung von Vorstellungen. Es begibt sich etwas außer- oder innerhalb der Seele, das aber erst über das Wort, wie der Dampf eines Destillates über eine Kühlanlage, geführt werden muß, damit sich das Musikalische, wie gereinigte Flüssigkeit, absetze. Diese Art der Kunsterzeugung ist diejenige der rein Sentimentalen, dies Wort im Sinne Schillers genommen. Seine Ouvertüren schließen sich an Vorgänge auf der Bühne oder in der Natur an: „Ruy Blas", „Athalia" oder „Hebriden", „Meeresstille und glückliche Fahrt", „Lieder ohne Worte" (aber doch Lieder!) „Italienische", „Schottische Sinfonie", „Elias", „Paulus"; es bedarf nur der Aufzählung dieser Werktitel, um sich vom Ursprung der Mendelssohnschen Kunst, natürlich nicht ohne weiteres von ihrer Qualität, einen zureichenden Begriff zu machen. Kunst vom Worte her! Daher eine Kunst von innerer Verwandtschaft mit derjenigen Bachs, dessen wirksamster Apostel in Deutschland Mendelssohn zu werden bestimmt gewesen ist.

Die formale Begabung Mendelssohns, begierig sich auszuleben, und natürlicherweise zum Streben nach der höchsten Instanz angereizt, mußte in Sebastian Bach die Gottheit sehen, deren Kultus ihn in die tiefsten Geheimnisse der formalen Erkenntnisse einführen zu können schien. Ob Bach Mendelssohn zur Orgel zog, oder ob ein Hang zur Orgel ihn zu Bach zog, läßt sich nicht entscheiden. Fest steht, Mendelssohn hat niemals einen höheren Wunsch gehabt, als in seinem Kontrapunkte einen Anklang an denjenigen Bachs zu erwecken, ein Bestreben, in dem er vielleicht etwas zu weit ging, da er den Bereich nicht erweitert hat, während andere, außerhalb der von Bach begreiflicherweise immer gewahrten Kirchlichkeit, den vom Meister gegebenen Anregungen folgend, ein neues Feld suchten und fanden, wie schon Schumann. Wie es denn überhaupt seltsam ist, daß Mendelssohn in seinen Beziehungen zu Bach mehr Anreger der Begeisterung für den Meister bei anderen, als dessen eigentlicher Nachfolger gewesen ist.

Irgendwelche Fäden zu Bach haben sich im Mendelssohnschen Hause schon frühe gesponnen. Hat doch Mendelssohns Großmutter bei Friedemann Bach Unterricht gehabt. Mendelssohn selbst hatte wohl an Zelter einen umsichtigen, gewissenhaften, liebevollen Lehrer, aber nicht einen von wirklichem Schwunge; einen vor allem auf Erhaltung des Überkommenen, weniger auf Mehrung des Reichs bedachten Geist. Mendelssohn hat das hohe Verdienst nicht nur um die Kultur Deutschlands, sondern Europas und damit der Weltkultur dadurch, daß er, fast genau hundert Jahre nach der Erstaufführung in der Thomaskirche in Leipzig unter Bachs Leitung selbst, die „Matthäuspassion" in der „Singakademie" zu Berlin am 11. März 1829 zur Aufführung brachte. Er und der mit einer der seinigen gleichen Begeisterung am Werke beteiligte Schauspieler Devrient haben durch ihre Tat die musikalische Weltgeltung Bachs nicht nur begründet, sondern auch dem gesamten deutschen Musikleben und dadurch demjenigen Europas einen Orientationspunkt von absoluter Geltung gegeben. Daß der Stoß gegen den Willen des auf die Vorherrschaft des italienischen Stils bedachten Spontini erfolgte und, trotz ihm, sogar am 21. März wiederholt werden konnte, beweist: die Welt, die musikalische und die weitere, war reif geworden für die Entgegennahme und das Verständnis eines Werks, das als nationales zu gelten hatte und eben deshalb die beste Gewähr bot, ein Weltkunstwerk zu werden, das die „Matthäuspassion" ja auch geworden ist.

Mendelssohn hat sein ganzes, leider kurzes Leben hindurch Bachs Kunst geübt und schon bei seinem ersten denkwürdigen Erscheinen bei Goethe außer Beethoven Bach gespielt. Schon frühe besaß er eine eigenhändige Abschrift des „Orgelbüchlein" von Bach, ein unvollständiges freilich; denn aus ihm verehrte er seiner Braut und Clara Schumann je eine Fuge als Huldigung.

In die Bachsche, in ihrer Art ganz einzige Kunst der Choralfantasie von Mendelssohn allein eingeführt zu sein, gibt Schumann freudig zu. Für Bachsche Kantaten hat Mendelssohn sein ganzes Leben Propaganda gemacht, wie er selbst in ihnen nicht nur Wunder der Kunst sah, sondern ihn ganz persönlich angehende, sein Leben bedingende Faktoren. War unter den Choralfantasien die über „Schmücke dich, du liebe Seele!" die für Mendelssohn schönste, so legte er den Kantaten: „Liebster Gott, wann werd' ich sterben?", „Christ, unser Herr, zum Jordan kam", „Also hat Gott die Welt geliebt" und „Jesu, der du meine Seele" die Kraft bei, ihn über alle Mühen und Qualen des Lebens hinauszuheben und ihm das vollendete Glück zu schaffen.

So halb künstlerisch, halb menschlich wirken auf Mendelssohn die kirchlichen Werke Bachs, um die er noch das weitere Verdienst hat, daß er am 23. April 1843 die am 30. August 1723 zum ersten Male aufgeführte Ratswahlkantate „Preise, Jerusalem, den Herrn" zum ersten Male wiederholte.

Als Komponist steht Mendelssohn, wenigstens in seinen zunächst in Betracht kommenden Oratorien, zwischen Händel und Bach, etwas näher zum letzten, besonders in den Einleitungen, in denen Kontrapunkt strengster Observanz angestrebt ist und im wesentlichen erreicht wird. Die ein wenig quietistische, durch eine schwache Gesundheit geförderte Lebensauffassung Mendelssohns hielt ihn vor einer zeitweise sehr wünschenswert gewesenen, strengeren Selbstkritik zurück. Ein früher Tod, derselbe Schicksalsschlag, der Mozart und Schubert verdammte, bei allem, was sie geleistet haben, unvollendet zu bleiben, hat Mendelssohn, dem Schumann für das neunzehnte Jahrhundert dieselbe Rolle zuteilte, die für das achtzehnte Mozart gespielt hatte, nicht zu der Totalität gelangen lassen, die ihm vielleicht doch beschieden gewesen wäre, wenn er sich mit dem rauhen Leben mehr, als er dazu gezwungen war, hätte auseinandersetzen müssen. Nichtsdestoweniger enthalten seine Oratorien Stücke, in denen bester Bachscher Geist waltet und die eine lebhafte Bewunderung, wie etwa die von Wagner für einzelne Teile des „Paulus" geäußerte, als wohl berechtigt erscheinen lassen.

Ist Schumann unter Mendelssohns Ägide in die musikalische Erscheinung Bachs eingeweiht worden, so hat er selbst Brahms zu stark beeinflußt, um nicht auch als der geistige Einführer seines Schützlings in die Welt Bachs gelten zu dürfen.

Allerdings hat Brahms vom Beginn seiner Laufbahn ab bis zu einem, nebenbei bemerkt, ziemlich späten Zeitpunkte die Empfindung ungenügender Vorbildung in kompositionstechnischer Beziehung gehabt und danach gestrebt, das ihm fühlbare Manko auszugleichen. Er hat nachweislich durch das eifrige Studium Bachscher Werke vor allem das Rüstzeug zu erwerben getrachtet, dessen

Besitz der Dauer einer Anzahl seiner Werke mehr zugute kommen wird als die sich darin kundgebende Kraft der Erfindung.

Zwar waren, wie Frau Langhans-Japha berichtet, die ersten Studien in Hamburg auf Bach und Beethoven begründet, aber es waren doch im wesentlichen klavieristische. Jedenfalls spielte Brahms in seinem ersten, in seinem fünfzehnten Lebensjahre am 21. September 1848 im „Alten Raben" gegebenen Konzerte eine Fuge von Bach. Der durch den Vortrag Bachscher Solosonaten für Geige durch Josef Joachim und Bachscher Stücke durch Clara Schumann gemachte Eindruck war vielleicht bestimmender für den Komponisten Brahms als für den Virtuosen. In den Jahren 1856/57, während der Komposition der Bach-Imitationen, machte Brahms an Werken Bachs Studien über falsche Quinten- und Oktavenfortschreitungen und spielte am 27. Mai 1856 (mit wenig Erfolg) auf dem Musikfeste in Köln die „Chromatische Fantasie", dieses fast die ganze romantische Musik vorausnehmende Werk. In den Hamburger Streit, dessen Gegenstand die Vorführung Bachscher Werke in der „Bach-Gesellschaft" war, griff Brahms ein, und zwar auf seiten des braven Grädener, der die Unantastbarkeit der künstlerischen Kleinodien verteidigte. In Detmold läßt Brahms Bachs Tripelkonzert spielen, erkennt er Bachs Kontrapunkt künstlerisch sehr tiefblickenderweise als dramatisches Element, als die, wenn man so sagen darf, tonliche Verkörperung der den Hauptgedanken bekämpfenden und ihn unterstützenden Mächte. Er bringt, nicht zuletzt vielleicht, um auch in weiteren Kreisen diese seine Einsicht zu verbreiten, die Kantaten: „Christ lag in Todesbanden" und „Ich hatte viel Bekümmernis" zur Aufführung. In Wien spielt er, sobald ihm Gelegenheit geboten ist, die „Goldberg-Variationen". Schon damals schrieb Zellner von ihm: „Er spielt euch, wenn ihr wollt, den ganzen Bach." In der Singakademie führt er das „Weihnachtsoratorium" (Novität!) auf, sowie „Ich hatte viel Bekümmernis" und „Liebster Gott, wann werd' ich sterben?" Vor Wagner spielt er nicht nur seine „Variationen über ein Thema von Händel", sondern auch die Tokkata für Orgel aus F-dur. Zum Danke für besonderes Verständnis oder Entgegenkommen gibt er private Konzerte mit Bachschen Kompositionen, wie für Frau Ebner-Hauer oder die Mitglieder des Kölner Orchesters, das sich auf dem Musikfeste so ausgezeichnet gehalten hatte.

Seine Dirigententätigkeit ist in Wien in hervorragender Weise der Bekanntmachung Bachscher Werke gewidmet. Die von ihm aufgeführten „Christ lag in Todesbanden", „Liebster Gott, wann werd' ich sterben?", „Nun ist das Heil", „O ewiges Feuer" waren, wie die Matthäuspassion, Novitäten für Wien. Aber sein innerstes Verhältnis zu Bach, das ihn zum Beispiel nicht einen Augenblick an der Unechtheit der sogenannten „Bachschen Lukaspassion" zweifeln läßt, gibt sich in seinen Kompositionen kund. Das „Triumphlied" und Stücke aus op. 74, besonders dasjenige mit dem cantus firmus: „O Heiland, reiß die Himmel auf!" leiten auf Bach hin, wie schon das „Deutsche Requiem" ohne Bachsche Einwirkung nicht gut denkbar ist. Und es ist nur ein im natürlichen Verlaufe der Dinge liegendes Vorkommnis, daß Brahms im Jahre 1878 die Übernahme des Thomaskantorats angetragen wurde. Der Mann, der das Fugato im letzten Teile des Klavierkonzerts aus D-moll geschrieben hat, war in der Tat berufen, der Amtsnachfolger Sebastian Bachs zu werden. Die innere Verwandtschaft Brahms' zu Bach weist Hohenemser sehr schlagend nach. Wie Brahms Bach verehrte, das zeigt ein wenig bekanntes Vorkommnis. Gelegentlich einer Privatmusik bei Viktor v. Miller hatte er mit Joachim eine Sonate für Geige und Klavier von Bach gespielt. Bei der Ausführung des Klavierparts seiner eigenen, nun folgenden Sonate mit Geige aus G-dur machte er gleich zu Anfang unbegreiflich schwere Fehler. Bald brach er dann überhaupt ab mit der Begründung, er könne seine Sonate nicht spielen, sie erscheine ihm zu banal.

Unzählige Male hat er Gelegenheit genommen, Bach seine Verehrung zu bezeigen. „Bach zu spielen, war Brahms unermüdlich", sagt sein Biograph Kalbeck. „Als ich einmal in der Karlsgasse bei ihm eintreten wollte, begann er mit dem Präludium der großen Orgelfuge in a-moll. Ich blieb hinter der Glastür stehen und ließ mir keinen Ton entgehen. Nach dem Schluß rief er mich herein, sagte, da ich ihm dankte: ‚Nun wollen wir das Stück aber erst einmal ordentlich spielen', begann das Riesenwerk von neuem und übertraf sich selbst, ohne eine Spur von Ermattung zu zeigen."

„Wir brauchen garnicht dranzukommen, wo Bach noch so wenig bekannt ist. In jedem ordentlichen Chorkonzert sollte notwendig ein Stück von Bach oder Händel vorkommen", sagte er einmal in einer Unterhaltung über das Verhältnis der neueren Komponisten zu gewissen alten. Gelegentlich einer mit dem Berliner philharmonischen Orchester abzuhaltenden Probe zu einem Konzerte, in dem Hans v. Bülow die Pauke schlug, bat das Orchester Brahms, eine seiner Symphonien auswendig zu dirigieren. Er lehnte aber ab mit den Worten: „Ja, wenn es ein Stück von Bach wäre...!" Noch zur Zeit, als er seinen Tod klar vor Augen sah, hat Brahms das Lesen Bachscher Werke nicht aufgegeben. Unter den letzten Stücken, auf die sein brechendes Auge gefallen ist, befanden sich vor allem welche von Johann Sebastian Bach. Nach Anführung dieser Tatsachen, denen noch andere hinzugefügt werden könnten, ist es wohl unnötig, besonders nachzuweisen, wie stark die innere Wirkung Bachs auf Brahms gewesen ist, obwohl der Nachfahre, wie eben ein original begabter Geist, es verstanden hat, den von Bach ausgehenden Anregungen Neues abzugewinnen; ein vortreffliches Beispiel ist der vierte Satz der vierten Symphonie, um ein bekanntes Stück herauszugreifen; es ist eigentlich nichts anderes als eine Bachsche Passacaglia ins Brahmsische übertragen.

*

Mit Brahms schließt eine romantische Schule ab, neben der eine zweite bestand, die aber, infolge gewisser neudeutscher Eigentümlichkeiten, als besondere Deutsch-Romantische betrachtet werden will. Seltsamerweise beruhen diese „neudeutschen" Eigentümlichkeiten vor allem auf französischen, besonders von Berlioz ausgehenden Einflüssen. Sie liegen, äußerlich betrachtet, größtenteils auf dem Gebiete der Harmonisation und Modulation, aber sie sind nicht nur als äußerlich anzusehen, sondern entsprechen einem inneren Bedürfnisse und einer formalen und harmonischen Gestalt.

Die neudeutsche Schule verdankt die Ausbildung wesentlicher Züge außer Berlioz noch einem anderen Ausländer, nämlich dem Ungarn Franz Liszt. Er hat durch besondere Betonung der Programmusik, die, um verständlich zu sein, durch tonmalerische Mittel eigener Art zu wirken trachten mußte, das rein technische Rüstzeug der Musik selbst in zunächst den eigenen Zwecken entsprechender, aber schließlich, selbstverständlich, auch an anderen Stellen fruchtbringend nachwirkender Weise zu bereichern und verfeinern verstanden.

Jene Schule, die schließlich mit ihrer, ihr wenig ähnlichen Schwester in offenem Zwiste lag, ist nichtsdestoweniger in ihrem Innersten Bach ebenso verpflichtet wie diese, und, weit entfernt davon es zu leugnen, rühmt sie sich dieses Verhältnisses, ja, sie sieht in ihm eine Art Weihe ihrer eigenen Kunst, genau wie ihre Gegnerin.

Liszt erscheint auf den ersten Blick als das natürliche Gegenspiel der Klassizität überhaupt. Bei näherer Betrachtung gibt er das Bild eines die Klassizität in eigener Weise vertretenden Meisters. Seine Herkunft von der, neuen Ausdrucksmitteln, und wären es auch nur Klangspiele, unbedingt nachspürenden Virtuosität bringt es mit sich, daß er, um ihre Wünsche erfüllt zu sehen, auch anderen als reinen Göttern opfert. Aber in sich selbst wahr, das heißt seiner Natur getreu bleibt er immer. ,,Musicien-philosophe, né au Parnasse, venant du Doute, allant à la Vérité" (,,Musiker-Philosoph, geboren auf dem Parnaß, herkommend vom Zweifel, auf der Reise zur Wahrheit"), mit diesen scherzhaften, aber außerordentlich treffenden Worten hat er sich auf einer, unter anderen mit George Sand unternommenen Reise im Jahre 1836 ins Fremdenbuch des Hôtel Union in Chamounix eingetragen. Damals fünfundzwanzig Jahre alt, huldigt er Bach gelegentlich eines Vortrags auf der Orgel des Münsters zu Freiburg (Schweiz) durch eine improvisierte Fugierung.

Die Musik Bachs, deren unmittelbarer Verbreiter er bald werden sollte, begleitet ihn durch sein ganzes Leben. Am 1. Mai 1839 spielt er in der römischen Kirche S. Luigi dei Francesi eine Fuge von Bach. Er überträgt in mustergültiger Weise Bachsche Orgelkompositionen für Klavier. Sein Beispiel regt Bülow zur Herausgabe des „Italienischen Konzerts" und der „Chromatischen Fantasie" an. Auf seine Einwirkung ist die Aufführung der „Kantate zum Johannisfest", gelegentlich des 35. niederrheinischen Musikfestes, zurückzuführen, nachdem bereits auf dem unter seiner Mitwirkung gegebenen Karlsruher Musikfeste im Jahre 1853 Joachim die „Ciaconna" für Geige allein gespielt hatte.

Der Pianist Liszt hat den Komponisten Liszt sehr in den Hintergrund gedrängt, und um so mehr, als Liszt selbst mehr als einmal seine kompositorische Betätigung den klaviervirtuosischen Interessen dienstbar zu machen, ja aufzuopfern sich nicht gescheut hat. Aber diese Tatsache, die, wie zugegeben werden muß, häufig beklagenswerte Folgen nach sich zog, darf nicht die eigentlichen Verdienste Liszts als Tondichter vergessen machen; besitzt er, wie die über alles endgültig urteilende Zeit anerkennt, große, unleugbare, so beruhen sie auf der Größe einer durch das Studium der großen Meister, vor allem Beethovens und Bachs, gestützten inneren Anschauung, die ihn in den für seine großen Werke entscheidenden Momenten stets auf das Beispiel der Heroen hinwies und antrieb, es ihnen, wenn möglich, gleichzutun.

Es ist nicht nur als etwas Äußerliches anzusehen, wenn Liszt in vier seiner größten symphonischen Werke sich, wenn man so sagen darf, zur Fuge hinaufkomponierte.

Im „Prometheus" finden wir die sogenannte „Epimetheus-Fuge", in „Die Ideale" die sogenannte „Sandkornfuge", eine auf den Schillerschen Text unmittelbar zurückzuführende, also vom „Worte" eingegebene, im übertragenen Sinne als bachisch zu bezeichnende Eingebung. In der „Faust-Symphonie" bildet die sogenannte „Mephisto-Fuge" den eigentlichen, deutlich bezeichneten, von der Peripetie und Katharsis im Sinne der tragischen Dichter unmittelbar bezeichneten, unverkennbar bestimmten Höhepunkt. Man darf sagen, Liszt hat mit dieser Fuge, außer der noch zu erwähnenden „Prügelfuge" aus den „Meistersingern", die überhaupt beste und originellste ihrer Art seit der klassischen Zeit geschrieben.

Zu der in der „Dante-Symphonie" befindlichen „Fegefeuer-Fuge" ist zu bemerken, was Wagner zu dem ganzen Werke sagt: „Erst, als durch Bach und Beethoven unsere Musik auch des Pinsels und Griffels des ungeheuren Florentiners (Michelangelos) sich zu bemächtigen angeleitet war, konnte die wahre Erlösung Dantes vollbracht werden" (durch Liszts „Dante-Symphonie").

Liszts unmittelbare Huldigungen an Bach stellen, außer der schon eingangs erwähnten Übertragung der Orgelstücke für Klavier, die Variationen über den Basso continuo des ersten Satzes der Kantate: „Weinen, klagen, sorgen, zagen" und besonders das Präludium und die Fuge für Orgel über den Namen Bach dar. Dieses Werk ist noch heute als zum eisernen Bestande der nachbachischen Literatur für die Orgel gehörig anzusprechen.

Auffallend ist der geringe Einfluß Bachs auf Bruckner, soweit sich einer unmittelbar nachweisen läßt. Bruckners Natur war ausgesprochen romantisch-katholisch, Bachs romantisch-protestantische Natur konnte ihm nur mittelbar, rein musikalisch etwas sagen. Diese Einschränkung hat allerdings nur Geltung, soweit Bruckner als strenger Kontrapunktist in Betracht kommt. Da aber Bach ja nicht nur der Meister des strengen Stils, sondern auch gewissermaßen der Urvater der romantischen Musik ist, muß auch der Einfluß betrachtet werden, den Bach auf die so außerordentlich bedeutsame harmonische und modulatorische Gestalt Bruckners ausgeübt hat. Bei der Betrachtung dieses Verhältnisses ist, wie stets, wenn von Romantik im Hinblick auf Bach, als ihren Vater, die Rede ist, die chromatische Fantasie gewissermaßen als Motto voranzustellen. Aber nicht nur dieses fast alles Fantaisistische vorausnehmende Klavierwerk, sondern auch einige Choralvorspiele, besonders die Esdur-Fassung des Chorals „O Mensch, bewein' deine Sünden groß" sind zu berücksichtigen, wie überdies die Fantasie in G-moll für

Orgel, vor allem in ihrem mittelsten Teil, die noch ein so romantischer, ja geradezu das Ultramoderne vorausnehmender Komponist wie Vincent d'Indy, für die höchste Schule der Chromatik und vollkommenes Neuland der Harmonik erklärt hat. Man braucht, um ein präzises Beispiel anzuführen, nur das Andante der romantischen Sinfonie zu betrachten, eine reine, fast schubertisch anmutende, durch Verarbeitung einzelner motivischer Bestandteile abgewandelte Gesangsmelodie auf die Harmonisation, auf ihre überraschenden Abwechslungen und abwechselnden Überraschungen hin zu betrachten, um sofort als beste Charakterisierung ihrer Natur das Wort „bachisch" zu verwenden. Ein anderes Beispiel für bachischen Einfluß auf Bruckner wäre das groß ausladende Thema des langsamen Satzes der 9. Sinfonie, das in seiner schon gleich nach dem Anfang einsetzenden kühnen, man möchte fast sagen, ins Gesicht schlagenden Modulation das Bild gewisser Bachscher Vorspiele zu Arien mit obligatem Soloinstrument ins Gedächtnis ruft. Überzeugender aber noch als alle Einzelheiten erweist sich für die große Gesamtwirkung Bachs auf den Wagner naturgemäß nahestehenden Bruckner die Gesamtgestalt des Wiener Meisters, seine Kunstauffassung, Kunstübung und Ansicht vom Zwecke der Musik überhaupt. Aus ihr läßt sich ersehen, wie auf ihn, den sonst ausgesprochenen Fantaisisten, Bach, der größte Fantaisist, seine fördernde und befruchtende Wirkung ausgeübt hat.

Bach und Wagner

Das höchste Verdienst Liszts um Bach und die Musik überhaupt war die Vermittelung zwischen Bach und dem größten musikalischen Genie des neunzehnten Jahrhunderts: Richard Wagner. Er spielte Wagner die fünfstimmige Fuge aus Cis-moll aus dem ersten Teile des „Wohltemperierten Klaviers". Wagner sagt selbst dazu folgendes: „Liszt offenbarte mir durch den Vortrag dieser einzigen Fuge Bach so, daß ich nun untrüglich weiß, woran ich mit diesem bin, von hier aus in allen Teilen ihn ermessen und alles Irrewerden, jeden Zweifel an ihm kräftig gläubig mir zu lösen vermag."

Wie nun Bach auf Richard Wagner, einen wirklich als kongenial zu betrachtenden Geist, gewirkt hat, das ist so seltsam und wichtig zugleich, daß es Gegenstand einer besonderen Abhandlung zu werden verdient.

Es ist ein seltsames Schauspiel, daß Bach als klassischer, zum romantischen in Gegensatz gestellter Geist gerade um so stärker wirkt, je schöpferischer der Romantismus seiner Nachfolger wird. Wir sahen den urromantischen Schumann ihm so untertan, daß er in seiner Ergebenheit ihm fast erlegen ist. Das ist natürlich auch die Folge der Kraft oder des Mangels daran bei der einzelnen Persönlichkeit. Das neunzehnte Jahrhundert nun, reich an großen Gestalten aller Art, aber unfähig, sich ihrer recht zu bedienen, und schließlich in ausgesprochen materiellen Machtdünkel verfallen, hat das große Glück gehabt, einen Genius hervorzubringen, der, wie Bülow es, trotz seinem nachherigen Meinungswechsel, richtig gesagt hat, mit Bach und Beethoven verglichen werden darf: Richard Wagner, den größten dramatischen Tondichter, den Dichter und Schriftsteller ersten Ranges, eine Figur, deren Widerspiel in der Welt des Geistes, wenigstens in der redenden, sich kaum findet, in der bildenden vielleicht zweimal, nämlich in Lionardo da Vinci und Michelangelo. Man hat über Wagner, dem seine Theorien für seine Kunst wenig genutzt, für seine Wertschätzung als Mensch und Weltgeist sehr geschadet haben, viel Gegensätzliches gesagt, was nicht wundernehmen kann, da er nicht nur Künstler, sondern auch Parteiführer war und sogar einer von oft unglaublicher Ungerechtigkeit, die denn auch in parteiischer, ungerechter Beurteilung ihr Echo fand. Wir erwähnen diese Einzelheiten nur, um nicht den Gedanken, wir gingen ihnen geflissentlich aus dem Wege, aufkommen zu lassen. Hinzuzusetzen aber ist unsererseits noch, daß Wagners Befangenheit und Ungerechtigkeit eine Folge seines unerschütterlichen Glaubens an die Größe seines Genies und Werks gewesen ist, was immerhin gewisse Verirrungen zu entschuldigen vermag. Wir halten uns hier ausschließlich an den Dichterkomponisten Wagner und berücksichtigen den Menschen und Kritiker nur, soweit Äußerungen von ihm unsere Einsicht in sein Verhältnis zu Sebastian Bach zu klären und zu vertiefen befähigt erscheinen.

Wagner ist geboren in der Stadt, in der Sebastian Bach die letzten siebenundzwanzig Jahre seines Lebens gewirkt hat. Bachs jüngste Tochter, Regina Susanna, war nur vier Jahre vor Wagners Geburt gestorben. Doles hatte das Andenken an den Großmeister wachgehalten, trotz mancher Verwässerung der Werke des genialen Vorgängers. Weinlig, bei dem Wagner Kontrapunkt und Fuge studierte, war gewiß ein Verehrer Bachs, welch letztem Wagner von vornherein auf einem anderen Wege als dem der Theorie sich genähert haben könnte, nämlich demjenigen der Ausbildung zum Klaviervirtuosen. Aber wie Wagner in jeder Beziehung etwas Eigenes hat, so auch darin, daß er vielleicht der einzige Komponist von Bedeutung ist, der nicht gewissermaßen über das Klavier in die musikalische Produktion gekommen ist. Wirkliches pianistisches Können hat er niemals besessen; das einzige Stück, das er fehlerfrei hat spielen können, war, nach Mitteilungen von Ohrenzeugen, die Ouvertüre zum „Freischütz". Als Wagner, im vorgerückteren Alter schon, mit Josef Rubinstein Bachs „Wohltemperiertes Klavier" studierte, bedauerte er den Verlust des Schulheftes, in das er die bei Weinlig verfaßten Fugenstudien eingetragen hatte. Es klingt im Bedauern des Meisters ein Unterton, der ahnen läßt, wie gern er sich vergewissert hätte, in welcher formellen und geistigen Beziehung er damals zu dem von ihm angebeteten Meister gestanden hatte.

Irgendwie muß Wagner schon als junger Komponist sich an Bach erinnert haben. Wenn Dorn gelegentlich der Aufführung der „Kolumbus-Ouvertüre" (19. März 1838) behauptet, Wagners Kopf perpendikele zwischen Bach und Bellini, so spricht sich darin, neben einer gewiß nicht zu leugnenden Bosheit, eine nicht zu vernachlässigende Wahrheit aus. Vielleicht hat Dorn Bellini herangezogen, nicht so sehr um Bellinis selbst wegen, als behufs Bezeichnung eines von Sebastian Bach nicht nur verschiedenen, sondern ihm geradezu gegensätzlichen Typus. Hat er das nicht, sondern hat er es auf Bellini geradezu, mit Ausschluß eines anderen, der Art nach ähnlichen Meisters, abgesehen, so hat er eine fast geniale Ahnung gehabt. Denn noch in Wahnfried hat Wagner, im Verlaufe eines Gesprächs über eine Bachsche Fuge, auf einen Einwurf hin, Bellinis „eigentümliche Passion" lobend anerkannt. Und wenn in einem so frühen Werke wie der „Kolumbus-Ouvertüre" bereits ein „zu Bach Perpendikeln", sei es gleich als Zeichen einer Halbheit, aufgemutzt wird, so beweist es doch eben, daß die Gestalt des großen Meisters im Geiste des bald eigenste Wege suchenden Nachfahren lebendig war. Aber wie Wagner über die „Kolumbus-Ouvertüre" hinausgekommen ist, so auch über bloßes Perpendikeln zu Bach hin. Wir werden bald sehen, wir verstehen Wagner am besten, wenn wir ihn — und wir legen auf diese Bezeichnung einen ganzen besonderen Wert — als den eigentlichen Fortsetzer Sebastian Bachs auffassen, als den Meister, in dem und durch den der eigentliche Geist Sebastian Bachs nicht nur aufgefrischt, sondern in ganz persönlicher Art und Weise erneuert und als fortzeugendes Prinzip aufgenommen worden ist.

Natürlich sind uns Aussprüche Wagners über Sebastian Bach von hohem Werte. Es mangelt an ihnen nicht. Man braucht sich nur zu vergegenwärtigen, aus welcher anbetenden Bewunderung heraus Wagner die einzelnen mit Josef Rubinstein durchgenommenen Fugen zu charakterisieren sucht. Das Präludium aus Es-dur (Nr. 7 d. 1. T.) erzwingt ihm die Worte: „Das ist Wotan, das muß wild gespielt werden!" Man sieht: die unmittelbare Beziehung gibt sich hier Wagner kund, ja sie drängt sich ihm auf, und zwar so unabweislich, daß er in dem Ansturme der ersten Figur den Atem Wotans wiedererkennt, also vorgeahnt empfindet. Von der Fuge Nr. 6 d. 1. T. behauptet er: „Niemals kann das erreicht werden. Die unendliche Melodie (!) ist hier schon präformiert." Also wieder der Ausdruck einer Beziehung Bachschen Schaffens zum eigenen und sogar der Hinweis auf die Gemeinsamkeit der wenigstens von Wagner für sich als lebenswichtig betrachteten „unendlichen Melodie". Das Präludium aus Es-moll (Nr. 8 d. 1.T.) spielt er „noch mondscheinartiger. Da hört der Dämmer gar nicht auf". Im Präludium aus A-dur (1. T.) rufen ihm die Quintenfolgen einer Stelle im „Parsifal" ins Gedächtnis. Nach der Fuge Nr. 17 (As-dur) hat er geradezu getanzt. Bei der Fuge aus A-moll macht er die Bemerkung, sie sei zuerst vierstimmig gedacht und dann erst aufgeschrieben. Für den in ihr enthaltenen „canto", dessen Hervorhebung er Rubinstein besonders ans Herz legte, wollte er einen Text schreiben. Zwischen Studien zum „Parsifal" spielt ihm Hermann Levi den Schlußchor aus der „Matthäuspassion".

Das war vor dem Abschlusse des Lebens. Aber schon als Dresdener Kapellmeister hat Wagner Bachsche Kantaten aufführen lassen. Und Ferdinand Hiller schreibt an Schumann von einer „höchst persönlichen Darstellung der Motette": „Singet dem Herrn ein neues Lied!" Am „Grünen Hügel" hatte Wagner, dem Zeugnisse Robert Franz' zufolge, an Noten nur dessen Lieder und die Werke von Beethoven und Bach. Unnötig, die Worte Wagners nochmals anzuführen, die er in seiner Abhandlung: „Was ist deutsch?" Bach und seinem Werke widmet. Ohne zu übertreiben, darf man behaupten, wenig Meister sind von einem späteren Kunstgenossen so in den Himmel gehoben wie Bach von Wagner. „Tröster", so ruft er einmal im Gespräche aus, „hat es gar wenige in der Welt gegeben, Beethoven, Mozart, Bach, Weber — das, was ich die Originalmelodiker nenne." Dieses Wort stammt aus der späteren Lebenszeit des Meisters. Aber schon aus der Zeit des Pariser Aufenthalts, als Wagner, der nachmalige Komponist der „Meistersinger von Nürnberg", der wohl vollkommensten Kundgebung seines überragenden Genies, erst der Schöpfer des „Fliegenden Holländer", des „Tannhäuser" und des „Lohengrin" war, aber eigentlich alle seine späteren Werke bereits durchdacht hatte, sie wenigstens bezüglich ihrer Gestalt und Gefühlstragweite schon im Kopfe trug, war er so sehr an Bach geistig gebunden, daß Pecht berichtet, er habe durch Wagner überhaupt erst einen Begriff von Sebastian Bach bekommen.

Also, wo wir uns im Leben Wagners umsehen, stets die unvergleichliche Verehrung für den Meister der Großmeister.

Aber wir bedürften seiner Aussprüche gar nicht, um über sein Verhältnis zu Sebastian Bach aufgeklärt zu werden. Wenn Wagner selbst über das Verhältnis der „Meistersinger" zu Bach keinen Zweifel gelassen hat dadurch, daß er nach einer Erörterung zu Bachschen Fugen das Vorspiel zu den Meistersingern herausholte, um den „angewendeten Bach" zu demonstrieren, so hat er der hier verteidigten Behauptung, er sei der eigentliche Fortsetzer Sebastian Bachs, gewiß gestützt. Aber auch ohne sein persönliches Zeugnis würde man in der Sache klar sehen. Ist doch Wagner zugunsten Bachs seinem Grundsatze, sich an den Zeitstil zu halten, untreu geworden. Dem Stile der im 16. Jahrhundert spielenden „Meistersinger" entsprach die Meistersinger- und Lautenistenkunst, etwa die des Hans Judenkünig. Mit vollem Bewußtsein schloß sich Wagner, der angeblich bisher auf das „Neue" gepocht und jedes fühlbare Vorbild abgelehnt hatte, an Sebastian Bach an. Hiemit vollzog sich nicht etwas Neues; aber das werden wir noch wahrnehmen; ein bisher nur tiefer Blickenden Sichtbares wurde auch anderen, weniger scharfen Blicken enthüllt.

Die genialste Eingebung, die Wagner bei der Komposition des — hier ist die Bezeichnung als ehrenvoll am Platze — kolossalen Werks gehabt hat, die „Prügelfuge" im zweiten Aufzuge ist noch weniger leugbar „verwendeter Bach" als das Vorspiel. Hier ergab sich die Form aus dem Szenenspiele selbst, wenigstens für den genialen, an Bachschem Chorbau geübten Blick. Das Thema ist Bachscher Tradition, vom Konzerte für vier Geigen von Vivaldi her, eben dem, das Bach für vier Cembali bearbeitet hat. Das mag eine Äußerlichkeit sein, aber interessant ist es doch zu sehen, wie die Einwirkung selbst bis zur Übernahme des Themas geht, dem Bach sein Interesse zugewandt hat, das sich aber vor allem dadurch empfiehlt, daß es paßt. Betrachtet man die Behandlung der einzelnen Stimmen, so erkennt man die Hand, die ehemals Bachs Motette: „Singet dem Herrn ein neues Lied!" „höchst persönlich" dirigiert hat, nur daß sie, statt des Dirigentenstabs, die Feder führt. Die Stimmung, aus der das Ganze fließt, ist Bach nicht fremd, dem Bach der weltlichen Kantaten, besonders der: „Mer hahn ne neue Oberkeet" betitelten. Und wenn der Taufchoral Wagners sich in der Melodie den von Bach bearbeiteten anschließt, ist die Einwirkung nicht weniger eindrucksvoll als da, wo Wagner, vom Texte Hans Sachs' angeregt, in choralischer Vorstellung eine Melodie im Bachschen Sinne nicht nur erfindet, sondern so wunderbar harmonisiert, daß Bach selbst, der genialste Ausleger eines Textes mit Hilfe kleiner harmonischer oder melodischer Abänderungen, seinen Segen gegeben hätte. Wer genauer auf die harmonische Struktur der Wagnerschen Gedanken achtet, wird Bachsche Anregungen wundervoll ausgewertet finden. Es sei hier nur an den Schluß des harmonisch so genialen Chorals: „Durch dein Gefängnis" aus der „Johannispassion" erinnert. Und, um beim Harmonischen zu bleiben: wie in der „Taufszene", einer der für Wagners innere Größe bezeichnendsten, die Stelle:

> „So ist's nach Meister Brauch und Art,
> Daß, wenn eine Weise geboren ward,
> Sie einen guten Namen trag,
> Dran jeder sie erkennen mag!"

bei dreimal gleicher Tonfolge dreimal hintereinander verschieden harmonisiert ist, ist bester Bachscher Geist. Man erinnere sich, wie deutlich Bach es als seinen Grundsatz erklärt, in einem Komplexe wiederkehrende Tonfolgen grundsätzlich den Worten entsprechend zu harmonisieren, das heißt, in der Harmonie die jeweils durch die Worte auszulösende Stimmung durch Zusammenstellung von Tönen zu charakterisieren. Die Größe seiner Choralvorspiele, die bewunderungswürdige Charakterisierung des Stimmungsgehalts der einzelnen Verszeilen beruht auf der strengen Einhaltung des Grundsatzes, nicht zweimal dasselbe zu sagen, außer in der Absicht, es eindringlicher zu machen, als es durch einmaliges Sagen bleiben könnte. „Soll stimmen Ton und Wort!", wie es Hans Sachs in seiner wundervollen Anleitung für den Dichtungsgesang und die Gesangsdichtung zu Beckmesser sagt. Man könnte denken, Bach habe in seinem Innern alle Vorschriften Wagner-Sachs' sich selbst stillschweigend gegeben und es einem späteren, wie übrigens auch Bach es war, dichterisch begabten Nachfahren überlassen, diese Regeln in endgültiger Form auszusprechen.

Die dem Urbilde seiner selbst, Hans Sachs' eingeborene Geistigkeit führte Wagner über Luther, dem doch das in der Oper Hans Sachs gewidmete Huldigungslied ursprünglich von Hans Sachs selbst dargebracht war, natürlicherweise zu Sebastian Bach, der in Luther, dem Dichterkomponisten von „Ein' feste Burg ist unser Gott", einen der stärksten Anreger empfinden mußte. So ungefähr ist der geistige Vorgang, an dessen Ende die schönste volkstümliche, in Bachs Geist erfundene und harmonisierte Melodie steht, der heilige Gegensatz zum werktäglichen Arbeiterlied. Das hier singt sich der Schuhmacher, jenes ersingt sich der „Poet dazu".

Nicht nur poetisch ist Wagner in den „Meistersingern" den Weg zu Bach in seiner Weise gegangen, der Regel entsprechend, die er selbst gestellt, und der er dann gefolgt ist, nein: auch tondichterisch ist er in seiner Weise Bach gefolgt. Nicht nur in dem „angewendeten Bach" des Vorspiels. In auf den ersten Blick weniger sichtlicher Weise als dort, aber in bei genauem Zusehen nicht weniger verkennbarer, hat Wagner zum Beispiel im Vorspiele des dritten Akts das Sinnierende eines seelisch bedrängten Menschen nicht nur durch bloßes Modulieren, sondern durch Einführen und Beleben von Stimmen gezeichnet, deren stellenweise wenig melodisch anmutender, aber in echt Bachscher Art durch Bewegung des einzelnen Wesens herbeigeführter und aufgelöster Zusammenklang ein Bild vom Spiele der einander bekämpfenden Empfindungen gibt. Wie dann in dem ganz einzig genialen Schlusse des Stücks, nach Aufrollen der höchsten Menschheitsprobleme und ihrer Durchleuchtung mit Hilfe einer unerhörten Musik, der Übergang zum Alltag durch die unter härtester Schulfuchtel stehende, der Regel von außen her folgende Sequenz des Schusterlieds gegeben, und zugleich dieser Alltag durch den nicht anders als samten zu bezeichnenden

Klang des Orchesters geheiligt wird: das sind in poetischer Hinsicht echt Bachsche, aus erbarmungsvollem Schöpferherzen geborene Züge.

Sind nun „Die Meistersinger von Nürnberg" Wagners untrügliches, weil absichtlich abgelegtes Bekenntnis zu Bach, so bilden sie nicht das einzige. Ganz und gar nicht! Seit dem Zeitpunkte, zu dem Wagner die klare Vorstellung von seiner Sendung gehabt hat, derjenigen der Reform des musikalischen Theaters kurzweg, hat er instinktiv bei Bach Zuflucht, in dem Meister seiner Vaterstadt eine Art Schutzpatron gesucht. Der erste entscheidende Schritt geschieht im „Tannhäuser". Wie er eingegeben ist, kann leicht verfolgt werden, wenn man nicht nach äußeren, trennenden Eigenheiten, sondern nach geistig bemerkbaren, inneren Gemeinsamkeiten fahndet.

In einem so erfüllten, das heißt, einem Leben, in dem nichts Wahrgenommenes oder gar Gefühltes verloren worden ist, in einem im Sinne der Erfülltheit, in Deutschland wenigstens, nur mit dem Goethes zu vergleichenden Leben ist jede Kleinigkeit wichtig, geschweige denn gar eine zwar kurze, aber durch ihre scheinbare Seltsamkeit doppelt beachtliche Bemerkung. Gemeint ist die aus Wagners späterer Lebenszeit stammende über Sebastian Bachs „Chromatische Fantasie". Sie lautet ungefähr folgendermaßen: „Was soll man da vom Fortschritt denken? Seitdem sind die Formen eher kleiner geworden."

Was gerade „Die Chromatische Fantasie" den romantisch veranlagten Musikern bedeuten muß, ist schon angedeutet. Es erscheint in ihr ein ganz neues, völlig aus dem 18. Jahrhundert ins 19. hineinweisendes Sehnsuchtsgefühl, ein die Regel zunächst so schroff abweisendes, reines Klangverlangen, daß sie nicht verwunderlicherweise das typische Werk der musikalischen Romantik geworden ist. Ihr rhythmisches und harmonisches Auf und Nieder, das sich in ihm kundgebende Wogen einer von unerklärlichen Empfindungen gehobenen und niedergebeugten Seele, die, ihrer Macht und Ohnmacht gleich bewußt, ins Unbewußtsein flüchtet und sich schließlich in die scheinbar regelrechte Fuge wie in einen sicheren Hafen flüchtet; der irdische und zugleich überirdische Duft, der sich aus ihr erhebt, mußte gerade auf Wagner einen außerordentlichen Eindruck machen. Ausgewirkt in ohne weiteres erkennbarer Weise hat er sich in der Ouvertüre zu „Tannhäuser", und zwar an der Stelle, an der zum zweiten, besonders aber an der, wo der „Pilgerchor" zum dritten Male erklingt. Könnte vielleicht die Begleitung an der ersten Stelle ohne den letzten Kontrapunkt aus der Fuge der „Chromatischen Fantasie" zustande gekommen sein: niemals die letzte. In ihr hat ein späteres Genie in seiner Weise ausgelegt, was ein früheres in seiner Weise gesagt hat.

Bei Bach wie bei Wagner sieht man ein durch eine Art thematisches Ufer eingeschlossenes, riesenhaftes Wasser gegen die Wehr sich erheben und in ungeheurer Wut ankämpfen. Es spricht aus den Tönen beider Meister eine Art Verachtung gegen alles Seiende und dabei das Bewußtsein der Verantwortung dafür.

Ist es im „Tannhäuser" eine zwar kurze, aber darum nicht minder bezeichnende Phrase, so ist es im „Lohengrin" das ganze Vorspiel in seiner Anlage wie in seinen Einzelheiten, das auf den in den bedeutenden Vorspielen Sebastian Bachs sich kundgebenden Geist hinweist, sich von ihm her die Begründung seiner auf den ersten Blick erstaunlichen Ansprüche holt. Der ätherische, rein romantische Klang des Stücks hat den hochklassischen Aufbau verschleiert. Es ist tatsächlich ein Fugato in mehr als Beethovenschem Sinne des Worts. Denn Wagners Fugato ist nicht wie Beethovens nur eine Episode, sondern das einen in freier Melodie sich ergehenden Gesang tragende Hauptstück. Es bekommt durch seine Formung einen ausgesprochen religiösen Charakter, trotz manchen Weltlichkeiten, die es einleitet. Die Idee der Erlösung, die in allen Werken Wagners führende, erhält hier die dem Charakter des ganzen Werks entsprechende Auslegung. Hier ist in absolut musikalischer, gewissermaßen musikalisch abstrakter Beziehung das Bachsche große Vorspiel zum Muster genommen und die ihm zugrunde liegende ästhetische Idee in eigener Weise verwirklicht.

An ein bestimmtes Bachsches Vorbild sogar, nicht nur an Bachschen Geist muß man denken beim Vorspiel zu „Tristan und Isolde", jenem Werke, in dem der Romantismus in reinster Form sich ausbreitet, in dem die Liebe zwischen Mann und Weib, aus der Geschlechtlichkeit heraus, und doch über die Geschlechtlichkeit hinaus, der Gegenstand der Handlung ist. Das Vorspiel zu ,,Tristan und Isolde" ist das echteste Widerspiel desjenigen zur ,,Matthäuspassion". Im vorliegenden Falle ist der Eindruck beweiskräftiger als in anderen Fällen, weil diesmal der Rhythmus, vielleicht nicht nur zufällig, bei beiden Meistern derselbe ist. In beiden Werken ist der thematische Anteil, das heißt, das an Themen aus dem Werke selbst Stammende eigentlich nebensächlich. Man könnte sich vorstellen, die Meister hätten auch andere als die tatsächlich verwendeten Motive erfinden können, um sie als charakterisierende Mittel in den Vorspielen zu verwenden. Es könnte, um es noch deutlicher zu sagen, die zur Aufnahme des Folgenden wünschenswerte Stimmung auch anders herbeizuführen gesucht werden, als mit Hilfe der im vorliegenden Falle herangezogenen Bestandteile des Werkes selbst. Bach hat hier das geschrieben, was wir bereits im Beethovenschen Sinne symphonisch nennen dürfen, und Wagner ist ihm darin gefolgt, trotzdem ihm andere Vorbilder näherlagen, etwa die Ouvertüre zu ,,Euryanthe". Es hat durchaus den Anschein, ja, seinem abweisenden Urteile über Wolfram nach, ist es fast sicher, daß Wagner sich eines religiösen Untertons, der in ,,Tristan und Isolde" mitschwingt, ganz bewußt gewesen und daher geradezu auf eine religiöse Anspielung ausgegangen ist, natürlich auch hier unbewußt geleitet von einem gewaltigen, ewig vorbildlichen Nachklange. Hätten wir, statt des modernen Orchesters, die für Aufführungen alter Meister gehörige, deren Vorschriften entsprechende Instrumentenzusammensetzung, ,,corni ad libitum", wie es einmal bei Bach heißt, so wäre wohl kaum ein im weiteren Wortessinne modernes Werk Bachs Vorspiel zur Matthäuspassion klanglich so nahe wie dasjenige zu ,,Tristan und Isolde". ,,Ich höre keine Hörner", schrie der Meister wiederholt, als man bei einer Probe zum Werbekonzerte im Berliner Konzerthaus das Vorspiel zu ,,Tristan und Isolde" studierte. Man erzählt, der Meister habe die Hörner erst nach vierfacher Besetzung ,,gehört".

Ist Bach derjenige Komponist, der als der ernsteste Diener am Worte zu bezeichnen ist, wenigstens innerhalb der sogenannten alten Musik, so ist Wagner in der modernen der Meister, dessen ganzes Wesen vom Worte ausgeht, durch das Wort beherrscht wird, ohne Wort gar nicht existiert. Der Kampf Wagners gegen die „Große Oper", von der er herkommt und die, seiner Überzeugung nach, verleugnet zu haben eben deshalb sein höchstes Verdienst ist, stellt sich, von nahe betrachtet, nur dar als ein Kampf gegen den Mißbrauch des Wortes zugunsten eines musikalisch unpassend ausgedrückten, weil schon von vornherein erkünstelten Gefühls. Wagner brauchte zur wahren Entfaltung seiner Musik das Gedicht, dieses Wort in seinem höchsten Sinne genommen. Das Dichtwort ist ihm die Unterlage für seine Illustration, für seine fantastische Erweiterung der in den Worten angedeuteten Empfindungen, die auszudeuten, auszulegen, seine, man möchte sagen, predigerische Aufgabe war.

Es ist predigerische Aufgabe, zu zeigen, was zwischen den Zeilen steht. Der musikalische Prediger, der, welcher die Auslegung mit Hilfe von Tönen vollzieht, hat dazu kein besseres Mittel als die Heranziehung der Mittelstimmen, eben derjenigen, welche durch musikalische Zeichen andeuten, was zwischen dem geradezu Ausgesprochenen noch zuzudenken und zu fühlen ist. Bei Bach ist die Mittelstimme eigentlich gleich der Hauptstimme, sofern er kontrapunktistisch verfährt. Ergeht er sich in aufgelösteren Formen, dann sind die Nebenstimmen natürlich anders als die Hauptstimme, die Trägerin des Gedankens, aber in ihrer Weise gleichwertig ausgebildet, ein melodiebildendes Element eigner Art. Gerade diese Sorge um die Mittelstimmen, um das, was zwischen den Zeilen gesehen werden soll, ist es, was Hans von Bülow bei Wagner als so charakteristisch und wertvoll hervorhebt, es ist das, was ihm die ihm selbst als besonders befriedigende Leistung erscheinende Übertragung des Vorspiels zu „Die Meistersinger von Nürnberg" so sehr erschwert hat. Eben diese Berücksichtigung der Mittelstimmen ist es ja auch, was das Spiel der Bachschen Partituren so schwer macht. —

Wie Bach nachgewiesenermaßen seine Zeichensprache, das heißt gewisse Ausdrucksformeln für gewisse Gefühle oder Vorgänge hat — es existiert eine ganze Literatur über diesen Gegenstand—, so hat Wagner, wenigstens in einem und demselben Werke, sogenannte Leitmotive, über deren Sinn noch immer nicht volle Klarheit herrscht. Eben der ganz oberflächlichen Bezeichnung als Leitmotive wegen, die etwas auf eine Art Fahrplan Hindeutendes, einen Beigeschmack von platt Intelligenzlichem hat. Das Leitmotiv Wagners hat in Wahrheit nichts weniger als das. Es ist ein Mittel poetischer Auslegung, nichts weiter, genau wie die Bachsche Formel ein Mittel ist, ein typisch sich ausgebendes Gefühl typischerweise darzustellen.

So ist die Wirkung Bachs auf eines der größten Genies von der seinigen scheinbar ganz verschiedener Natur eine der tiefsten, die in der gesamten Musikgeschichte wahrzunehmen und zu verzeichnen sind. Wagner gehört zu Bach mindestens so sehr, wie er selbst sich als zu Beethoven gehörig betrachtet. Die wunderbare Beziehung zwischen den beiden voneinander so verschiedenen Heroen lehrt eindringlichst, wie wenig die Äußerlichkeit zählt, wie entscheidend im Grunde aber das innere Gesicht, der Widerschein aller Gaben, der kulturellen und charakterischen, sich behauptet.

Ja! Wagner ist der wahrhaftige Fortsetzer Johann Sebastian Bachs, derjenige unter den, Schumann zufolge, besonders auf Bach sich verstehenden Romantikern, obwohl er, wo nicht gar weil er von ihnen allen der größte ist.

Bachs Einfluß auf das Ausland und die jüngste Generation

Das Ausland ist dem Einflusse Sebastian Bachs etwas minder unterlegen als Deutschland, aber doch fühlbar. Am deutlichsten Frankreich, das ja unter den außerdeutschen Ländern an der Spitze der musikalischen Produktion steht. Allerdings hat es mit der Pflege Bachscher Werke später begonnen als Deutschland, auch infolge konfessioneller Verhältnisse. Als vorwiegend katholisches Land hatte es, vom liturgischen Standpunkte aus, noch viel weniger Interesse wenigstens am Kirchenkomponisten Bach, als, selbst zu seinen lauesten Zeiten, Deutschland. Als profaner Komponist, besonders als solcher für das Klavier, ist Bach in Frankreich stets hochgeachtet worden. Die eigentliche Bedeutung für das Musikleben Frankreichs hat Bach als Orgelkomponist.

Die neue Blüte der französischen Organistenschule, eingeleitet vor allem durch Guilmant, das eigentliche Schulhaupt der neuen französischen Organisten, beruht nicht zuletzt auf der systematischen Pflege Bachs, auf der Guilmant bestand und die er durchzusetzen gewußt hat. Auch die Meister, die nicht wie etwa Josef Bonnet, seine unmittelbaren Schüler gewesen sind, standen unter seinem, wie nicht oft genug gesagt werden kann, ausgezeichneten Einflusse. Gigout, Jean Huré, Vierne, Tournemire und andere mehr haben von ihm gelernt. Unter den älteren bedeutenden Organisten Frankreichs hat Bach viele Verehrer, besonders Widor, dessen Anregungen zum Beispiel auf den bedeutenden Biographen Bachs, Schweitzer, von entscheidendem Einflusse gewesen sind. Wohl der größte Kenner Bachs in Frankreich war der berühmte Komponist und Pianist Camille Saint-Saëns, der bereits von Wagner während seiner Pariser Zeit als einer der vorzüglichsten französischen Musiker gerühmt wurde. Saint-Saëns war fähig, auf Wunsch jede, für welches Instrument immer geschriebene Fuge von Bach ohne weitere Vorbereitung auswendig auf der Orgel vorzutragen, wie er denn überhaupt der französische Musiker war, dem vor allen anderen das Prädikat „altmeisterlich", das Wort im besten Sinne genommen, zukam. Unter der Leitung Gustave Brets steht die „Société Bach", die sich die Pflege der Gesangswerke des Meisters vor allem zur Aufgabe gemacht hat und sie, wenn auch oft mit nicht ganz zulänglichen Mitteln, aber stets lobenswertem Eifer zu lösen sucht.

In England ist die Pflege Bachs hinter der traditionellen Händels zurückgeblieben. Immerhin hat auch England, obwohl ein musikalisch nicht unbedingt beteiligtes Land, Bachs Bedeutung anerkannt.

Ganz wesentlich ist der Einfluß Bachs auf Verdi gewesen, dessen erste, freilich in engerem Kreise vollbrachte Großtat die Ausführung eines als Aufgabe gestellten Fugenthemas war, dem er selbstherrlich eine Begleitung durch doppelten Kanon beigab. Diese große Komplikation, die der junge Konservatorist sich freiwillig schuf, wählte er, wie er sagte, um das Thema interessanter und reicher zu machen. Wir sind berechtigt, anzunehmen, daß hier bereits ein Bachsches Choralvorspiel wirkte. Überhaupt ist die italienische Schule, trotz ihrer deutlichen Bestimmung, die rein gesangliche Melodie vor allem zu pflegen, nicht so unberührt vom Geiste des nordischen Kontrapunkts, also dem Bachs, wie man glauben dürfte. Die Meisterschaft der Ausdrucksweise ist das unbestrittene Erbteil der italienischen Meister von alters her, und sie in irgendeinem außer dem allerleichtesten Genre ohne soliden Kontrapunkt zu erwerben, ist unmöglich. Erscheint doch eine große technische, auf solidem Kontrapunkte beruhende Meisterschaft sogar bei einem so ausgesprochen in italienischer Schule gebildeten Meister wie Offenbach noch in merklichster Weise wirksam.

Kehren wir nun bei unserer Betrachtung und Darlegung des von Bach auf die Nachwelt ausgeübten Einflusses nach Deutschland zurück, so geschieht es, um besonders einen zunächst auf Brahms zurückgehenden Meister, nämlich Max Reger, zu berücksichtigen. Dabei bleiben wir dennoch in gewissem Sinne im Ausland, weil Reger, eine sehr komplexe Natur, von einem gewissen ausländischen Geiste sehr stark sich hat beeinflussen lassen, besonders dem über Liszt und Wagner nach Deutschland gelangten, neuharmonischen, im wesentlichen Berliozschen. Aber dieser Umstand hindert Reger nicht, sich Bach besonders nahe verwandt zu finden, und mit Recht! Ja, in gewissem Sinne ist in seiner Art Reger der Fortsetzer Bachs in Hinsicht auf die religiöse Schreibweise, wie etwa Wagner es in Hinsicht auf die im weiteren Sinne dramatische gewesen ist. Reger ist bewußt den Spuren Bachs nachgegangen, zunächst in seinen

Choralfantasien und Vorspielen. Sie sind der Niederschlag von aus Bach gezogenen, allerdings und glücklicherweise im Regerschen Medium gelösten Stoffen. Die persönliche, durch Liszt, Wagner und Berlioz beeinflußte Vorstellung Regers von der Verwandtschaft der Tonarten, die ihn zu eigenartigen, den „strengen Stil" besonders neu, ja seltsam anmutenden Verbindungen treibt, läßt uns seinen Kontrapunkt, der auf dem Papiere besonders meisterhaft erscheint, in rein klanglicher Beziehung oft allzu hart vorkommen. Nichtsdestoweniger stellt sich Reger als einer der von Bach positiv beeinflußten wirklichen Geister dar. Auch bei ihm kommt es zu der „Anwendung" Bachs im Wagnerschen Sinne. Allerdings nicht einer von Wagnerscher Allgemeingültigkeit. Die „Anwendung" bei Wagner hatte ihren Urgrund in seelischen Vorgängen, deren Anregung vom Worte oder der ihm adäquaten Empfindungssphäre ausging. Bei Reger liegt der Keim der „Anwendung" mehr im — allerdings spezifisch musikalischen — Materiellen, dem in harmonischer und modulatorischer Hinsicht Originellen. Die Bewegung der Stimmen hat nicht das, wenn man so sagen darf, Direkte, das diejenige bei Wagner in psychologischer Beziehung geradezu unvermeidlich macht.

Die Fuge Regers ist ein Muster der reinen Könnerschaft und als solches von hohem Werte für die rein kunstbetrachtende Intellektualität, deren neueste Entwicklung durch gelungene und mißlungene und von nicht gerade Bachschen Grundsätzen geleiteten Versuche hin und her gescheucht wird. Ist doch ihre Überzeugung, daß der dauerhaften Musik nicht mehr das thematische, in motivischem Sinne entwicklungsfähige Protoplasma Ursprung und Aufbaumaterial sein kann. Doch dürfen und wollen wir uns nicht vor der sogenannten ultramodernen Musik fürchten, denn sie bringt etwas, das zur Diskussion gestellt werden darf, ja muß, nämlich die neue Vorstellung vom Akkord! Sie ist nicht an einer Stelle entstanden, sondern entspringt einem ziemlich verbreiteten kulturellen Bedürfnisse. Sie hat sich ausdrücklich bei allen, mit der klassischen Musik als Melodieträgerin „Fertigen" eingestellt, allen denen, welchen die Musik als reines Klangspiel vorschwebt. Zu ihnen hat

Reger, trotz seiner bewußten Anerkennung der Wichtigkeit des Motivs, manche Beziehung. Neue Auffassung vom Akkord und Abzielung auf reines Klangspiel geben denn auch dem Kontrapunkte Regers, abgesehen von der inneren Überlegenheit, mit der er sich seiner Mittel bedient, ein eigenes Gesicht, allerdings auf Kosten der jeder einzelnen Stimme zukommenden Melodik.

Die Einwirkung des Bachschen Beispiels auf Reger ist in der Gesamterscheinung ebenso nachweisbar wie in Einzelheiten. Um nur eine davon anzuführen: Regers Kompositionen für eine Geige allein, in denen er ein Wagnis unternimmt, das in seinem Sinne, seit Bach, niemand unternommen hat, sind die Folge intimster Einwirkung des Altmeisters, der gerade in seinen Sonaten und Partiten für Geige solo, den neben dem „Wohltemperierten Klavier" schönsten Früchten des Aufenthalts in Köthen, gezeigt hat, wie man mit geringen Mitteln die höchsten Wirkungen erzielt. Und in den Schlußfugen Regerscher Orchesterstücke (Variationen über ein Thema von Mozart) oder im Schlußsatze des Streichquartetts aus Es-dur gibt er sich bewußt an Bach hin aus der glücklichsten, der zu erzielenden Wirkung sichersten Laune heraus.

Bei der Mannigfaltigkeit des Bachschen Genies ist es nicht zu verwundern, daß die Vertreter der verschiedensten künstlerischen Richtungen sich gleicherweise auf ihn berufen. Ein Beispiel haben wir ja bereits angeführt, als von dem Zwiste der sich um Joachim und Brahms scharenden, angeblich klassischen, in Wahrheit aber, wenn man so sagen darf, rechtsromantischen, gegen die um Liszt und Wagner sich sammelnden, linksromantischen Schule die Rede war.

Noch in der — eigentlich schon gar nicht mehr in derselben tonlichen Welt lebenden — neuesten Schule, welche selbst mit der linksromantischen in schärfster Absage lebt, wird auf Bachs Beispiel als das die Schule inspirierende hingewiesen. Nicht zu leugnen ist, daß Strawinski, eines der hervorragendsten Mitglieder der neuesten, unbedingt und ausgesprochen romantischen Schule, eine deutlich betonte Hinneigung zu Sebastian Bach hat. Dürfen wir den genannten Meister als ein Beispiel seiner Art für das Ausland, besonders Frankreich, anführen, so haben wir in Deutschland in dem allerdings nicht ganz mit Strawinski gehenden, in tonaler Beziehung aber ausgesprochen ultramodernen Paul Hindemith ein anderes Beispiel für die noch immer während Einwirkung Sebastian Bachs. Schon die eine Tatsache, daß er, nach Reger, den neuen Versuch macht, die Solosonate für ein Streichinstrument in seiner Weise neu zu beleben, weist auf Bachsche Gedankengänge hin. Man darf sich bei der Betätigung der Ultramodernen nicht daran halten, was sie für die an die alte Vorstellung vom Akkorde gewöhnten Ohren erzielen — wobei zu bemerken ist, daß einzelne unter ihnen den Begriff „Akkord" nicht mehr kennen, sondern nur den Begriff „Klang". Er ist für sie unabhängig von dem Anpassen der einzelnen Töne aneinander, also dem, was man gemeiniglich Harmonie nennt, sondern lebt nur durch die Bewegung der Notenfolge, am deutlichsten dort, wo unter unleugbarem Einflusse Bachs zwar „linearer", aber doch Kontrapunkt gemacht wird. Selbst in den extravaganten Äußerungen der modernsten Schule, etwa einer Sonate für Geige solo von Arthur Schnabel, ist immer noch ein, wenn auch nicht tonaler, aber geistiger Nachhall Bachschen Geistes spürbar.

Und geht man der Zusammensetzung der instrumentalen Körper, wie die modernste Schule (Hindemith, Strawinski u. a.) sie verlangt, nach — einer Zusammensetzung, die dem einzelnen Instrumente seine Individualität vor allem sichert und das, was die Modernen die Orchestration nennen, in zweiter Linie oder überhaupt nicht in Betracht zieht —, so findet man sich bald auf Bachschen Spuren. Denn Bach ist ja gerade der Meister, der, zum Beispiel bei der Arie, ziemlich grundsätzlich das solistische Zusammenwirken zwischen der Stimme und einem Instrumente als das für den Gefühlsgehalt, im allgemeinen gesprochen günstigste Ausdrucksmittel vertreten hat.

„Solistische Besetzung" ist sogar das Schlagwort bei den besseren Jazzkapellen. Und da sie das Modernste bedeuten, ist es nicht sophistisch, zu behaupten: auch abgesehen von der bei ihnen vertretenen Überzeugung vom Vorherrschaftsrechte des Rhythmus, einer der hauptsächlichsten Bachschen, ist selbst ihnen noch ein Hauch des größten musikalischen Genies aller Zeiten zugeweht.

*

Im Hause Bachs gibt es viele Wohnungen. Es haben darin viele Meinungen und sogar sehr verschiedene Platz. Unter den Vertretern Bachschen Geistes, soweit die Verkörperung seiner Gedanken in Frage kommt, steht in Deutschland an erster Stelle der Amtsnachfolger Bachs, der Kantor an der Leipziger Thomaskirche: Karl Straube, der Leiter des Thomanerchors, das eigentliche Schulhaupt der deutschen evangelischen Organisten und Kantoren. Neben ihm zu nennen ist für Berlin Siegfried Ochs. Unter den Instrumentalsolisten, die sich Bachschen Werken besonders gewidmet haben, verdienen die Geiger Karl Klingler, Bram Eldering, Karl Flesch, Adolf Busch und Robert Reitz besondere Erwähnung, von Cellisten vor allem Pablo Casals, von Organisten Günther Ramin. Angeregt durch Bachsche Kunst hat Wanda Landowska vor allem sich um die Wiederaufnahme des Cembalos als Konzertinstrument verdient gemacht. Als Nacheiferer zu nennen sind Anna Linde, Alice Ehlers, und Julia Menz.

Fast allerorten haben Dirigenten die Pflege Bachs in die Hand genommen. Es erübrigt sich, sie einzeln zu nennen, nur darauf sei hingewiesen, daß auch die katholische Kirche, besonders unter dem Einflusse Walter Braunfels' und des zur katholischen Konfession übergetretenen Schulze-Dornburg, sich der Bachpflege zuzuwenden begonnen hat.

Ein Ende der Wirkung Bachs ist nicht abzusehen. Solange, wenigstens in Europa und den von ihm geistig beeinflußten Ländern, Musik getrieben wird, wird auch Bach dabei sein und seinen Fluch austeilen oder seinen Segen geben.

Wir wünschen für unsere bescheidene Arbeit, sein Auge möge auf ihr nachsichtsvoll, wenn nicht mit Wohlgefallen, ruhen!

Verzeichnis der Abbildungen

I. Auf Tafeln:
1. Joh. Seb. Bach. Nach dem in der Leipziger Thomasschule befindlichen Gemälde von Hausmann (aus dem Corpus Imaginum der Photographischen Gesellschaft, Berlin).
2. Joh. Ambrosius Bach, der Vater Johann Sebastians. Nach einem in der Preußischen Staatsbibliothek, Musik-Abteilung, befindlichen, aus dem Bachhause in Eisenach stammenden Ölgemälde eines unbekannten Meisters.
3. Panorama von Eisenach aus der zweiten Hälfte des 17. Jahrhunderts. Nach einem Gemälde im Ratskeller zu Eisenach. (Aufnahme: Dr. Franz Stoedtner, Berlin.)
4. Hans Bach, ein Vorfahre Joh. Seb. Bachs. Nach einem Stich aus der Mitte des 16. Jahrhunderts (Staatliches Kupferstich-Kabinett, Berlin).
5. Diele in Bachs Geburtshaus. (Aufnahme: Dr. Franz Stoedtner, Berlin.)
6. Bachs Geburtshaus in Eisenach. (Aufnahme: Transocean G.m.b.H., Berlin.)
7. Bachs Orgelbank und Orgelspiel. (Im Städtischen Museum Arnstadt, Aufnahme: Eugen Beitz, Arnstadt.)
8. Bonifaziuskirche in Arnstadt, die erste Kirche, in der Bach als Organist gewirkt hat. (Aufnahme: Transocean G.m.b.H., Berlin.)
9. Orgelempore der St. Blasienkirche in Mühlhausen (Thür.). An der Balustrade rechts Bachs Wappen. (Aufnahme: Staatliche Bildstelle, Berlin.)
10. Kirche in Dornheim bei Arnstadt, in der Bach zum ersten Male getraut wurde. (Aufnahme: Eugen Beitz, Arnstadt.)
11. Schloß in Köthen. (Aufnahme: Staatliche Bildstelle, Berlin.)
12. Carl Philipp Emanuel Bach, der zweite Sohn Johann Sebastians. Nach einem Stich von Joh. H. Lips (Staatliches Kupferstich-Kabinett, Berlin).
13. Orgelempore der Thomaskirche zu Leipzig. (Aufnahme: Fritz Cölln, Leipzig.)
14. Partiturseite aus dem Manuskript der Matthäuspassion: „ . . . und ging hinaus und weinete bitterlich." (Preußische Staatsbibliothek, Musik-Abteilung.)
15. Thomaskirche in Leipzig. (Aufnahme: Fritz Cölln, Leipzig.)
16. Schlußseite der unvollendet gebliebenen Handschrift der „Kunst der Fuge", mit dem nachträglichen Vermerk von der Hand Philipp Emanuel Bachs. (Preußische Staatsbibliothek, Musik-Abteilung.)

II. Im Text:

Handschriftprobe Joh. Seb. Bachs: Schreiben an Herrn Klemm, Ratsmitglied in Sangerhausen. (Preußische Staatsbibliothek, Musik-Abteilung.)

Inhaltsverzeichnis

Vorrede 7
Johann Sebastian Bachs Leben 17
    Zeittafel 35
Die Werke Bachs 85
    Die Passionen 91
        Die Matthäus-Passion 92
        Die Johannes-Passion 107
    Das Weihnachtsoratorium 120
    Die hohe Messe in H-moll 130
    Bach als Komponist für die Kirche 158
    Bach als weltlicher Komponist 165
Zu Johann Sebastian Bachs menschlicher Erscheinung 169
    Grundsätzliches zum Thema: Künstler und Mensch 169
    Bachs Persönlichkeit 174
Bachs Einfluß auf seine Zeitgenossen und die Nachwelt 184
    Bach und Haydn 192
    Bach und Mozart 195
    Bach und Beethoven 204
    Bach und die deutsche romantische Schule (Schubert, Schumann,
        Mendelssohn, Brahms, Liszt, Bruckner) 210
    Bach und Wagner 224
    Bachs Einfluß auf das Ausland und die jüngste Generation . . . 236
Verzeichnis der Abbildungen 243